国家社会科学基金项目

国有控股公司控股方行为及其治理绩效实证研究

GuoYou KongGu GongSi KongGuFang XingWei JiQi
ZhiLi JiXiao ShiZheng YanJiu

徐 伟/著

中国财经出版传媒集团
经济科学出版社
Economic Science Press

图书在版编目（CIP）数据

国有控股公司控股方行为及其治理绩效实证研究/徐伟著.
—北京：经济科学出版社，2016.5
ISBN 978 - 7 - 5141 - 6985 - 0

Ⅰ.①国…　Ⅱ.①徐…　Ⅲ.①国有控股公司 - 企业管理 -
研究 - 中国　Ⅳ.①F279.246

中国版本图书馆 CIP 数据核字（2016）第 124520 号

责任编辑：王柳松
责任校对：刘　昕
版式设计：齐　杰
责任印制：邱　天

国有控股公司控股方行为及其治理绩效实证研究
徐　伟　著
经济科学出版社出版、发行　新华书店经销
社址：北京市海淀区阜成路甲 28 号　邮编：100142
总编部电话：010 - 88191217　发行部电话：010 - 88191522
网址：www. esp. com. cn
电子邮件：esp@ esp. com. cn
天猫网店：经济科学出版社旗舰店
网址：http://jjkxcbs. tmall. com
北京万友印刷有限公司印装
710×1000　16 开　15.5 印张　310000 字
2016 年 6 月第 1 版　2016 年 6 月第 1 次印刷
印数：0001—1200 册
ISBN 978 - 7 - 5141 - 6985 - 0　定价：46.00 元
（图书出现印装问题，本社负责调换。电话：010 - 88191510）
（版权所有　侵权必究　举报电话：010 - 88191586
电子邮箱：dbts@ esp. com. cn）

前　　言

中国国有控股公司作为国家资产管理体系实现"政资分离、政企分开"的关键环节及国有企业公司化改造的重要途径，始建于1987年。经历近30年的改革与发展，截至2013年国有控股工业企业的规模已达到规模以上工业企业的74.32%，利润总额达到57.34%。国有资本也逐步向关系国家安全和国民经济命脉的重要行业和关键领域集中，成为国民经济重要的支撑部分。国有控股公司的建立，较好地解决了中国经济转型时期，大多数行业生产集中度和专业化分工协作程度不高，企业效率低下，国际竞争力不强，国民经济控制力不足等突出问题，推动了国有经济的战略性重组，实现了国有资产的保值、增值及优化配置。但是，在长期渐进式的国有企业体制改革中，政府对企业的直接干预与国有资产出资人不到位、公司大股东超强控制权与内部人控制、公司董事会治理机制虚化与用人机制和激励机制不规范等因素的交互作用与矛盾冲突，一直困扰着国有控股公司，导致一些案件不断发生，以致国有控股公司的治理效率备受诟病。国有控股方应如何行使国有股权？国有控股公司功能如何定位？其绩效如何评价？这些问题始终是这一领域研究的中心问题。

股权分置改革以后，国有资产管理的投资主体、经营主体、监督主体的职能进一步明确，国有控股公司所有权约束和控制权收益激励进一步加强。但是，国有控股公司控股方所肩负的双重治理目标和所面临的政治晋升锦标赛的压力使国有控股方"扶持之手"和"掠夺之手"的双重效应仍然显著。尤其是"中石油高管违纪"事件的发生，又将国有控股公司的治理问题推到了风口浪尖。国有控股方将如何适应市场竞争，有效行使国有股权，保证国有控股公司双重绩效目标的实现？进一步成为这一领域有待深入研究的重要课题。

鉴于此，本书基于中国股权分置改革以后的制度背景，以国有控股上市公司为研究样本，针对国有控股公司所面临的双重委托代理问题，以及国有控股方所兼具的"扶持之手"和"掠夺之手"的现实矛盾，在对国有控股公司进行分类研究的基础上，探讨了国有控股公司控股方的行为效率、治理机制以及治理绩效，并通过对国有公司控股方控制机制和监管机制的分析，对国有控股公司经营效率提升的路径进行了探讨。重点研究内容如下：

首先，借助理论分析，系统梳理了国内外控股公司控股方行为效应、治理机制与治理效率等方面的研究成果。对公司治理相关研究理论进行了回顾；基于中国国有资产管理体制改革的实践，分析了政府治理和国有控股公司内部治理机制在中国经济发展中所发挥的重要作用；在此基础上，结合混合型组织治理特征，对国有控股方行为机理进行了静态和动态博弈分析，从学理上界定了国有控股方行为的影响因素，从国有控股方所需履行的行政职能和治理职能的实际出发，根据治理实施的路径和机制构建了国有控股方治理行为指数，以此对国有控股方的控制与监督等行为特征进行了量化分析。

其次，采用实证研究方法，以 2007～2013 年沪深 A 股市场非金融类的国有上市公司为基础研究样本，对其国有控股方的行为效应、影响因素以及治理绩效进行了实证研究。重点应用多元回归统计方法实证检验了国有控股方治理行为指数的有效性，并对国有控股方治理行为特征、国有上市公司与控股方之间的关联交易行为影响因素进行了实证分析；应用事件研究法，对样本中控股方发生股份减持的 185 家国有上市公司进行了分类研究，对其控股方在股份减持中的侵占效应及其影响因素进行了实证研究；以样本中被实施 ST 并成功"摘帽"的公司为研究对象，对其控股方在公司实施 ST 到被摘帽期间通过关联交易进行的支持效应进行了实证研究。

最后，应用规范研究和实证研究结合的方法，实证分析了不同类型控股方治理对企业经营绩效的影响。重点分析了不同行政背景控股方治理行为对国有上市公司非效率投资、R&D 投资以及公司价值等治理绩效的影响。

基于上述研究，本书得出以下主要结论：

第一，影响国有控股方行为机理的关键因素。

股权结构和治理机制所决定的控股方可获得的共享收益和控制权超额私有收益，文化和经济环境所决定的中小股东及利益相关者参与治理的偏好，法律、法规、国有资产监管体系的完善性所决定的控股方侵占成本、治理成本和侵占被查处的可能性，以及在"经济效益"和"社会效益"的双重治理目标驱动下，区域 GDP 水平、机构投资者参与的多方治理机制、基于"政绩观"的政府干预，均对控股方治理行为具有显著影响。

第二，国有控股方对国有控股公司存在"扶持之手"和"掠夺之手"的双重效应。

国有控股方控制权与现金流权的分离程度越大，其侵占的激励越强，而地区 GDP 水平、法治水平和政府干预程度对其侵占行为具有一定的抑制作用。高控制、强监督的治理机制利于促进控股方对上市公司的支持效应，而高控制、高激励的治理机制会抑制控股方的侵占性关联交易。另外，不同政府层级背景的控股方具有不同的"政绩"诉求，表现出不同的"侵占"和"支持"行为效应。市场竞争度越高，国有控股方对控股公司的支持效应越强，其中，中央控股方相对于非中央控股方"扶持之手"效应更为显著。

第三，不同行政背景控股方治理模式不同，中央和省级控股方相对于地方控股方对控股公司的控制性更强。

其中，省级控股方倾向直接控制董事会和公司内部关键人，而中央控股方倾向通过监事会、外部审计等约束机制对代理风险进行监管，地方控股方更倾向采用激励机制，加强对公司控制。另外，不同市场竞争环境下，控股方有效治理模式不同。低市场竞争环境下，地方国有控股公司的有效治理模式是弱控制、强监督、高激励；中央控股公司的弱监控、弱监督、高激励较为有效。在高市场竞争环境下，国有控股公司的有效治理模式是强控制、高激励、强监督。

第四，不同市场竞争环境下不同控股方的治理绩效存在差异，中央控股方对抑制非效率投资、促进 R&D 投资具有显著优势。

在低市场竞争环境下，国有控股方治理绩效要优于高市场竞争环境下的治理绩效，高控制、强监督的治理机制能够抑制非效率投资，而高激励治理机制容易导致控股公司投资效率低下；对创新投资而言，高激励、弱监督的治理机制利于省属控股公司创新投资的提升，而对于地方控股公司而言，高控制、强监督的治理机制利于创新投资。在高市场竞争环境下，高控制、低激励、强监督的治理机制利于抑制控股公司非效率投资，其中，强监督能够显著抑制地方控股公司的非效率投资，高激励反而容易导致中央、省属控股公司的投资不足；对创新投资而言，高控制、高激励的治理机制对不同类型控股公司创新投资均存在显著影响，其中高激励的促进作用尤为显著。

本书的创新之处在于：

基于国有控股公司的双重委托代理关系特征，从市场竞争度和控股方行政背景属性两个维度对国有控股公司进行了分类研究，突破了以往从单一代理问题、单一属性特征对控股方行为进行实证研究的局限性；从国有控股方治理行为实施机制和行为路径，构建了国有控股方治理行为指数，为量化研究控股方治理行为开辟了一个新的视角；在治理绩效研究方面，结合党的十八大提出的政府政绩考核观，将投资效率和创新投资作为国有控股方治理绩效代理变量，突破了传统用财务绩效作为控股方治理绩效的局限性。

本书为国家社会科学基金项目"国有控股公司控股方行为及其治理绩效实证研究"（项目编号：10BGL008）的最终研究成果。

徐伟

2016 年 2 月

目　　录

第1章

绪　　论

1.1　研究背景与问题提出

1.1.1　研究背景

20 世纪 60 年代以来，随着资源、技术、资本、信息和人才竞争的日益激烈，为解决市场失灵、维护社会经济秩序、集中社会资本、确保国民经济稳定运行和持续增长，国有控股公司逐步在各个发达国家与不发达国家兴起。中国对国有控股公司的探索最早始于 1987 年的深圳市。1987 年 7 月，深圳市政府建立了专门经营国有资产的深圳市投资管理公司。1993 年，党的十四届三中全会通过《中共中央关于建立社会主义市场经济体制若干问题的决定》，自此拉开国有控股公司改造与建设的序幕。1994 年底，中国石油化工总公司、中国有色金属工业总公司、中国航天工业总公司等部级行业性总公司首先改组为国有控股公司。与此同时，上海、武汉、北京、厦门、重庆等中心城市陆续开始组建国有控股公司试点。1998 年，各省区市组建国有控股公司全面展开。国有控股公司成为国有资产管理体系实现"政资分离、政企分开"的关键环节和完成国有企业公司化改造的重要途径。在国有控股公司改造中，其构建主要有以下几条途径：一是行业性总公司改组为国有控股公司；二是政府专业经济部门改组为国有控股公司；三是企业集团改组为国有控股公司；四是通过集中国有股权管理，组建国有控股公司；五是通过政府新的投资组建国有控股公司。国有控股公司的建立，较好地解决了中国经济转型时期，大多数行业生产集中度和专业化分工协作程度不高，企业效率低下、国际竞争力不强，国民经济控制力不足等突出问题。同时，通过国有资产的经营，产权运作，实施"抓大放小"的战略调整，积极推动中国国有经济的战略性重组，实现了国有资产优化配置。1998 年，全国国有工商企业共有23.8 万户，截至 2006 年股份制改革完成以后，国有企业减少至 11.9 万户。但是，国有资本直接支配或控制的社会资本达到了 1.2 万亿元，比 2003 年增长1.1 倍；基础行业的国有资本 3.3 万亿元，占全部国有企业占用国有资本总量的 70.6%。随着国有资本逐步向关系国家安全和国民经济命脉的重要行业和关键领域集中，国有企业在这些行业和领域的控制力持续增强。至 2013 年末，国有控股工业企业数仅占规模以上工业企业数的 21.35%，而资产规模达到规模以上工业企业的 74.32%，利润总额达到 57.34%，见图 1 - 1。同时，2013年，全国国有及国有控股的非金融类企业的总资产和净资产分别达到 29 万亿元和 12.2 万亿元。

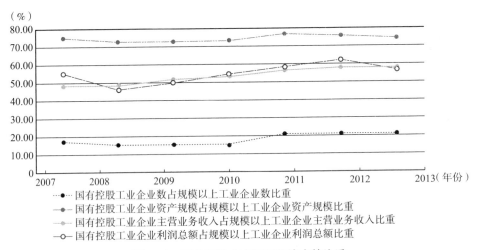

图 1 - 1　国有控股方在国民经济中的比重

经历 20 多年的改革与发展，国有控股公司较好地发挥了国有经济对其他所有制经济的辐射带动作用，并保持了国有经济在国民经济中的主导作用。但是，作为国家经营国有资本的手段，国有控股公司在有效利用国有资本，保证国有资产保值、增值，增强国有经济影响力和控制力的同时，还要为国民带来最大的福祉。这既是国有控股公司存在的逻辑，也是国有控股公司效率研究的中心问题。因此，在各国的现实经济中，对国有企业的绩效评价除了效率、效益、规模、增长等一般性指标外，还要将一些社会目标作为其评价的重要内容。

　　综上所述，在中国长期渐进式的国有企业体制改革中，国有控股公司的改造经历了不同的制度路径，形成了多个行政部门共同管理国有资产的局面。由于各部门的利益分割，在实际运作中形成了"政出多门""产权不明晰""责权不明确"的"九龙治水"局面，导致了以下问题的产生：国有资产流动重组的同时，伴随着国有资产大量流失；国有控股公司参与市场竞争的同时，伴随着市场竞争的不公平和大量的利益输送。另外，随着中国市场化改革的推进，在不完善的市场经济体制和国有资产管理体系下，受资本趋利的天性以及企业的功能分类和治理目标不明确的影响，一些公司控股方将原本应该用于非经济目标的有限国家资源，投入自由市场竞争中，损害了社会目标的实现。同时，一些国有控股公司控股方会因为追逐经济目标，侵害中小股东及利益相关者的利益，甚至牺牲公司的发展。例如：2003年，有的公司为了追求经济利益，不仅造成市场价格巨大波动，也导致了公司巨额亏损；2005年前后，一些国有煤矿控股公司，为追求经济利益，疏于对公司安全治理监管，导致一系列国有煤矿的重大矿难事故的发生。还有一些国有上市公司的控股方，为了追求资本扩张和经济利益，将上市公司视为"取款机"，掏空控股上市公司，侵蚀中小股东和其他利益者利益，导致资本市场公司治理风险的案件不断发生，这些事件的发生，使国有控股公司的治理效率备受诟病。

　　针对国有资产管理体制的不完善性，党的十六大提出了国有资产管理体制建设的新思路：一方面，进一步理清了国有资产的多重委托代理关系；另一方面，通过建立出资人制度，形成强化出资人权利、义务、责任相统一，管人、管事、管资产相结合的新管理体制。新国有资产管理体制不仅解决了多个政府部门对国有企业"九龙治水"混乱的管理局面，而且建立了以国有资产监督管理委员会（以下简称国资委）为最高层，国有控股公司为中间层，国有企业为基层的"三层级"国有资产管理模式。其中，中央和地方两级国资委作为政府的直属特设机构担当出资人角色，代表国家监督管理国有资产，实现国家所有权行使在政府层面的专门化和集中化；国有控股公司作为国有资产运营机构，是以实现国有资产保值、增值为主要目标的特殊企业法人。通过"三层级"国有资产管理模式，在政企之间形成"中间隔离带"，可以降低政府多元化目标给国有企业带来的政治成本，保证企业经营权的下放和经营目标的实现，促进政府从行政型治理向"政企分开""政资分开"的经济型治理转变。但是，这种"三级授权"的国有资产管理模式，由于多层委托代理关系和国有产权的天然属性，仍然使国有控股公司中，国有股权行使存在特殊性。这种特殊性在实践中突出表现为以下几个方面：

（1）国有控股方仅是股权主体的代表。国资委作为股东代表政府履行出资人职责，仅是名义上的控股方，实质上的股东是国家或全民。

（2）股权行使具有经济性与非经济性双重目标。尤其是国有股东代表的政治属性身份决定了其政治性目标。各级国资委在其权责范围内，拥有诸如国有资产管理规章制度的制定、国有资产的基础管理、安置下岗职工、派出监事会等权力。

（3）国有控股方具备超股东特权。国资委拥有企业高层的任免权、薪酬决定权、重大经营事项的决定权、资产处置权和收益分配权等一系列"出资人"的权力。

（4）国有股权行使效果的考核方式和路径具有特殊性。与一般公司股东不同，国有股东行权效果需要经过国资监管机构的考核。由于同时兼任"出资人""监管人""经营人""立法人"等多重角色，考核方式及其路径在实践中存在着许多不合理与不规范之处。

（5）股权行使责任追究机制的特殊性等。由于出资人制度没有法律依据，同时，出资人的权利、义务、责任关系一直不明晰，无法追究其法律责任。

新的国有资产管理体系运转的实践表明，完整的出资人制度并未建立起来，国有资产"出资人""经营人"以及"监督人"等多重身份，使国资委成了企业名正言顺的"老板加婆婆"。实践中，由于出资人、经营人、立法人、监督人等角色的法律关系混淆不清，同时出资人制度法律依据不足，出资人的权利、义务、责任关系不明晰，尤其是高额的代理成本和责任界定与追究的非市场性决定因素的冲突，引发了许多产权纠纷与投资经营中利益冲突的问题，导致了国有资产经营效率低下。因此，如何完善国有资产管理体系，提高国有资产的管理效率，成为国有控股公司管理实践的突出问题。

如何解决在经济转轨过程中，国有企业经营效率低下的问题？应该如何选择国有企业改革的路径？对于这一问题，理论界一直存在产权取向和市场竞争取向两种不同的主张。产权论者认为，国有企业效率低下的症结在于产权关系不明晰带来的政企不分、激励机制弱化、预算约束软化，通过界定产权和调整企业的产权结构，有利于形成一套有效的内部治理结构，从而提高企业绩效，主张明晰国企产权关系，改变产权结构，推动"国退民进"。[1][2]市场竞争论者则认为，国有企业效率低下主要是因为缺乏一个充分而公平的产品市场竞争环境，没有对国企形成一个预算硬约束，而市场竞争激励是提高企业绩效的关键，通过市场竞争催生企业治理机制是决定企业长期绩效的一个根本因素，因此提倡通过创造公平、公正的市场竞争环境逐步淘汰国有企业的旧体制。[3]国有经济体制改革的实践，一直综合着上述理论观点，探索着适合中国经济转型的国有企业改革之路。国有控股公司的建立，取得了不容置疑的成绩，中国国有企业改革，已完成了国有资本集中经营管理阶段。随着国有资本在国民经济中影响力、控制力的形成与稳定，国有资产的经营与监管逐步成为国有控股公司的重要职能和中心任务。

2005年，为进一步清晰国有企业产权结构，解决中国股权体系所特有的同股不同权、同股不同利、同股不同责问题，创造更加公平竞争的市场环境，证监会发布了《关于上市公司股权分置改革试点的有关问题的通知》，国有企业股权分置改革就此全面展开。《关于上市公司股权分置改革试点的有关问题的通知》力图通过股权分置改革，使国有股权行使主体与公司利益关联起来，加强对国有控股公司所有权约束和控制权收益的激励，改变国有上市公司控股方仅关心公司资产价值和实际控制权收益，忽视公司业绩和市场价值的局面，使股票市场价格成为公司控股方和中小股东共同的价值标准，促进控股方重视通过改善公司业绩提升公司市场价值，减弱控股方通过"隧道挖掘"手段对中小股东利益的侵占。尤其是2007年股份全流通制的实施，进一步解决了同股不同权、同股不同利、同股不同责的问题，形成了更加合理、规范的资本市场竞争环境。为进一步完善国有资产管理体系，2008年《中华人民共和国企业国有资产法》等制度相继出台，从法律上明确定位了委托人、出资人、经营人、监管人、司法人"五人"的权利、职责、义务，以及他们之间的法律关系，使之各有定位、相对独立、职责明确并互相协调，构成中国国有资产法律保护的基础性法律关系。从此，明确了国有资产出资人制度的法律依据，为国有股权的有效行使提供了法律保障。

那么，在中国资本市场的现实环境中，经过股权分置改革，尤其是全流通改革和《中华人民共和国企业国有资产法》的建立，国有控股公司控股方的控制权收益和治理目标取向发生了变化，相应的控股方治理行为将会发生怎样的变化？控股方能否依法、依规行使国有股权？是否仍然存在"扶持之手"和"掠夺之手"的双重效应？新的政府政绩观下，控股方治理目标和行为效率将受到哪些因素的影响？同时，在新的制度背景下，一直困扰着国有控股公司的治理问题能否得到有效解决，即如何在积极地行使国家所有权职能（例如，董事会的提名和选举）的同时，又避免强行对公司管理进行不适当的政治干预？如何确保形成一个民营公司与国有企业公平竞争的市场，并确保政府在行使其监管或监督权力时不扭曲这一市场竞争规则？这些问题是控股方与中小股东共同利益实现的基础，也是国有公司控股方国有股权有效行使的基础。

另外，2013 年纪检机构、司法机构和媒体连续披露了多起国有控股公司关键人（董事长）违规事件。同时，2013 年公布的世界 500 强公司中，共有 50 家公司出现亏损，其中中国有 16 家公司跻身其中，这 16 家公司全为国有控股公司。2014 年发布的中国 500 强企业中，有 43 家企业与上年度相比发生了亏损，其中的 42 家为国有控股公司。这些事件的发生，在一定程度上暴露了国有控股公司用人机制、激励机制、监督机制不规范以及公司治理机制弱化等问题。这些问题进一步说明，在全球开放竞争的大背景下，中国产业和企业面对的竞争不仅仅是产品和服务的竞争，更是资本争夺、企业效率和取信于投资者能力的较量。现代市场经济下的机构和个人投资者，对公司治理有关各方行为的规制程度、公司透明度、披露信息可信度，以及中小股东和利益相关者受保护程度比以往任何时候都更加重视。它与企业外部的软硬环境、市场效率一起构成了投资者决定进出的基本因素。可以说，规范有效的公司治理体制机制是中国企业获得国际竞争力和长期发展的必要条件。从这个意义上说，建立有效的公司治理体制机制是当今中国微观领域最重要的制度建设。因此，股权分置改革后期，国有控股方将如何适应市场竞争、有效行使国有股权？国有控股公司功能如何定位？如何面对依然发挥着激励作用的双重治理目标和"政治晋升锦标赛"，有效保证国有控股公司双重绩效目标的实现？如何建立有效的治理机制，以保证国有控股公司竞争力持续增长？这一系列问题亟须给予全面的理论解释和实证检验。

1.1.2　研究问题提出

鉴于以上现实问题的求解需求，本书基于中国股权分置改革以后的制度背景，以国有控股上市公司为研究样本，针对国有控股公司所面临的双重委托代理问题和国有控股公司国有股权行使过程中存在的特殊性，以降低国有控股公司代理成本，提高国有股权行使的科学性、有效性，提高国有控股公司的治理绩效，增强国有控股公司国际竞争力为目标，深入探讨中国国有控股公司的治理优化问题。以市场竞争环境和国有股权属性对国有控股公司进行分类，实证研究了国有控股公司控股方的行为效率、治理机制以及治理绩效。重点探索在不同市场竞争环境下，不同行政背景的控股方往往会采用哪些行为模式？不同行为模式下，控股方治理绩效如何？政府控制对国有控股公司价值是损害还是促进，哪些行为模式更适合国有企业的发展？针对这些问题，深入挖掘国有控股方在不同市场竞争环境下行使国家所有权职能的有效行为模式，并通过对国有股权行使与监管有效机制的分析，对国有企业经营效率提升的路径进行探讨。通过将公司治理优化研究从概念分析拓展到微观层次的机制选择，为国有控股公司治理机制重构提供一种新的理论分析框架，以及科学定位政府治理边界、深化国有企业改革提供有效的系统化政策建议，以促进国有经济持续、健康地发展。

鉴于以上现实问题，本书基于中国渐进的制度转型这一历史进程，针对国有控股公司普遍存在的终极控制问题，在双重委托代理框架下，沿着结构—行为—绩效的研究路径，探讨了国有控股方为均衡所承担的社会目标、经济目标以及政绩目标，在实施治理过程中如何进行行为模式选择，及其所产生的行为效应和治理效率。综合国内外理论研究成果，本书发现，尽管现有研究已经从不同角度检验了政府控制与国有企业行为之间的关系，但对下述几个方面问题的探讨还有待进一步深入：

（1）股权分置改革的完成，建立了股东之间的共同利益基础，在制度上消除了股东之间的利益冲突。然而，全流通体制能否对国有控股方建立起长效的激励机制？在上述制度背景下，国有控股方的行为模式发生了怎样的变化？是否仍然存在"扶持之手"与"掠夺之手"的双重效应？"侵占"与"支持"的路径和实施方式是否发生了变化？

（2）基于控股方与经营者、控股方与中小股东之间代理的现实问题，国有控股方存在怎样的行为模式选择机理？治理成本、控制权收益以及制度约束等因素，如何影响着国有控股方行为模式的选择？

（3）控股方控制国有企业会受到哪些因素的影响？控股方基于什么具体路径影响了国有企业的价值？不同行业竞争环境、政府干预及法律环境对不同行政背景控股方的行为和行为效率是否有影响？不同控股方行为模式是否存在差异？

（4）目前的国有资产管理体系，是否较好地解决了所有者缺位和产权虚置问题？晋升锦标赛是否使国有控股方仅注重眼前利益而忽视企业长期竞争力的培育？国有控股方的治理行为是否有利于创新的推动和投资效率的提升？如何通过机制优化提升国有控股方的治理效率？

以上问题是本书所要探讨的主要内容，本书在借鉴国内外学者相关研究成果的基础上，从分析国有控股方行为模式选择机理研究入手，提出了控股方治理行为测度指标模型，并在此基础上对控股方治理行为、"侵占"和"支持"行为效应进行了系统分析，并根据新的政府政绩观对国有控股方治理绩效进行了实证研究，进一步提出了促进国有控股公司治理绩效提升的治理对策。

1.1.3 研究理论与现实意义

1. 研究的理论意义

（1）针对中国股权分置改革后期，国有资产管理体系的变化和控股方与中小股东共同利益逐步形成的现实。基于国有控股公司的双重委托代理关系特征，从行业竞争度和控股方行政背景属性两个维度对国有控股公司进行了分类研究，系统分析了控股方行为模式对公司绩效的影响，突破了以往从单一代理问题、单一属性特征对控股方行为进行实证研究的局限性，为国有企业在不同行业竞争环境下的分类治理，提供了可操作性的对策建议。

（2）综合国有控股方在国有资产管理层面承担的"管人、管事、管资产"出资人代表的职责和公司治理层面所需履行的监督与控制职能，从国有控股方治理行为实施机制和控制路径出发，构建了国有控股方治理行为指数，为量化研究控股方治理行为开辟了一个新的视角。并实证检验了不同行业竞争环境下、不同行政背景控股方行为效应及其影响因素，为有效激励和约束控股方行为的研究提供了微观层面的经验证据。

（3）本书结论支持了政府对国有企业存在"扶持之手"和"掠夺之手"的双重效应，进一步扩展了该领域的研究。综合国有控股公司所需承担的社会目标、经济目标以及党的十八大提出的政绩考核观，对国有控股公司治理绩效进行了实证研究，并探讨了不同竞争环境下，不同行政背景控股方的有效治理模式，为提升国有控股方治理绩效提供了理论依据和重要参考。

2. 研究的现实意义

在全球开放竞争的大背景下，资本与资源的竞争是经济、政治以及军事等一切竞争的基础。党的十八届三中全会通过的《中共中央关于全面深化改革若干重大问题的决定》，也进一步明确了以加大国企公司治理为导向，提高国企运营效率，适应市场竞争需要的国有企业改革方向。本书针对中国国有企业改革的现实问题，研究了股权分置改革后期，国有控股公司控股方为适应市场竞争格局的变化，行使国有股权的途径、实施治理的机制及治理绩效，并通过分析国有控股方行使国有股权的治理机制，对国有控股公司经营效率提升的路径进行了探索。同时，根据国有资本分类管理、分类监管的现实需求，依据不同竞争环境、不同国有股权属性以及行使特征，对国有控股公司进行了分类研究，在此基础上，进一步探讨了提升国有控股公司治理绩效的有效治理模式。

因此，本书研究结论可能对深化国有企业改革，实现国有企业的分类治理，促进国有控股公司治理绩效的提升，具有一定参考价值和现实意义。

1.2 国内外研究现状

有关公司控股方行为的研究，主要是围绕着两个代理问题展开的：一是股权分散背景下由所有权与控制权分离而产生的股东与经理层之间的利益冲突问题（Shleifer，Vishny，1997；Becht et al.，2002），[4][5]即第一类代理问题；二是股权集中背景下由控制权的私有收益而产生的大股东与小股东之间利益冲突问题（La Porta et al.，1998，2000；Denis，McConnell，2003），[6][7]即第二类代理问题。最早对控股方代理行为进行系统研究的学者是施莱弗和维什尼（Shleifer，Vishny，1986），[8]他们发现控股方具有"天使"的一面，同时也具有"魔鬼"的一面，认为在股权分散的公司中，大股东的持股比例越高，其监督经理层的动机越强，降低经理层代理成本的可能性越大，控股方治理行为具有"支持效应"。但在股权相对集中的公司中，大股东的持股比例越高，其控制权私有收益的占有动机越强，从而产生了大股东与中小股东以及其他利益相关者之间的委托代理成本，控股方治理行为表现为"侵占效应"。较多学者的研究成果，不断证实了这一观点（Zingales，1995；Edwards et al.，1998；La Porta et al.，1998，1999，2002）。[6][9][10]

世界经济进入后工业革命时期以后，随着企业规模的不断扩大、资本的不断积聚，大部分国家的公司股权结构逐步呈现集中形态。其中，国有控股公司多是采用集团控股的形式进行国有资产管理与运营。不仅德国（Franks，2001；[11] Gorton et al.，1996[12]）、日本（Prowse，1992；[13] Berglof et al.，1994；[14] Claessens et al.，2002；[15]）等发达国家和中国等发展中国家，股权结构均处于集中状态（La Porta et al.，1998；[6] Claessens S.，Djankov S.，Lang L.，2000；[16] 冯根福等，2001，2002）[17][18]，而且，美国（Eisenberg，1976；[19] Demsetz，1983；[20] Demsetz et al.，1985；[21] Shleifer et al.，1986；[8] Morck et al.，1988；[35] Holdemess et al.，1988[33]）、意大利（Barca，1995）[22]，以及 OECD 国家（European Corporate Governance Network，1997）等以股权分散为特征的国家，其大部分公司的股权结构也趋向适度集中。

拉·波特、F. 洛配兹·西拉内斯、A. 施莱弗和 R. 维什尼（La Porta，F. Lopez-de Silanes，A. Shleifer & R. Vishny，1999，2000，LLSV）等学者对集中股权结构下，公司控股方的控制特征进行了深入研究，发现在股权集中情况下公司控制权与现金流权往往处于分离状态，尤其在金字塔股权结构下，终极控股股东利用现金流权与控制权的分离，会大大减低对中小股东及利益相关者的侵占成本。由此，提出了现金流权与控制权分离的股权结构下终极控股方与中小股东之间的代理成本问题。此后，有关集中股权结构下，终极股东行为的研究基本是在 LLSV 的研究框架下展开的（LLSV，1999，2000；Faccio et al.，2002；[23]刘芍佳等（2003）；[24]邹小芃（2003）；[25]万俊毅（2005）；[26]丁新娅（2005）；[27]唐宗明等（2003）；[28]叶勇等（2004）[29]）。因此，LLSV 的研究框架成为各国有控股公司控股方行为研究的主要范式。

亚洲金融危机爆发之后，控股方行为的研究成为公司治理领域的热点。相关研究从单一委托代理关系下的"代理型公司治理"问题和"剥夺型公司治理"问题研究，进一步扩展并聚焦到双重委托代理关系下的控股方、中小股东以及经理层之间的利益冲突问题，即"混合型公司治理"（Xu，Wang，1999；肖作平，廖理，2012）。[30][31]由于国有控股公司尤其是转轨经济国家的国有控股公司，普遍存在内部人控制问题（青木昌彦，1994），[32]因此不仅存在股东与经理层之间的利益冲突问题（Shleifer，Vishny，1997；Becht et al.，2002），[4][5]大股东与中小股东之间利益冲突问题（La Porta et al.，1998，2000；Denis，McConnell，2003），[6][7]同时，还存在控股、管理层和小股东三者之间的利益冲突（Shleifer，Vishny，1986；Holdemess，2003）[8][33]，即存在双重委托代理问题。

中国国有控股上市公司股权结构过于集中并且普遍存在"一股独大"现象，政府作为控股方不能直接对公司进行经营管理，只能派遣代理人员来行使这项职能，由此产生了严重的所有者缺位问题。因此，中国国有控股公司控股方行为比较复杂：控股方为了控制权私有收益，有动力监督管理层行为，降低管理层因不按股东利益行事而带来的各种代理成本（Holdemess，2003；Shleifer，Vishny，1997；姜国华等，2006）；[33][4][34]但也可能与管理层合谋，通过"隧道行为"侵占或转移上市公司资源，损害中小股东的利益（Claessens，Fan，2002；Denis，McConnell，2003；Morck et al.，2005）；[15][7][35]还可能在上市公司经营困难时，为集团公司整体利益通过关联交易等路径支持上市公司（武常岐，2011；曹裕，2014）。[36][37]尤其是股权分置改革以后，经过全流通进程变革，国有控股方的控制权收益和治理目标取向发生了变化，相应的控股方治理行为也发生了变化，吸引较多学者对国有控股方行为进行研究。目前，主要涉及以下几个问题：股权结构对国有企业治理效率的影响（穆胜，2011）、[38]集团控制中的委托代理问题（武常岐，钱婷，2011）、[36]国有企业性质的制度比较（邵传林，2011）、[39]国有企业中的会计制度对中国上市公司国有股权的影响（李斌，孙月静，2011）[40]等，其中，讨论比较多的是，集团控制中的代理问题和国有企业性质的制度比较。而在双重委托代理框架下，综合研究国有控股方治理行为、侵占行为和支持行为的较少。基于以上研究背景，本书对于国有控股方行为的研究，也是遵循 LLSV 的研究框架，针对双重委托代理关系下的控股方、中小股东以及经理层之间的利益冲突问题，即"混合型公司治理"问题，沿着结构—行为—绩效的研究逻辑，对国有控股方行为进行系统研究。本章重点梳理了控制权结构与控股方行为模式，控股方治理行为与公司绩效等方面的研究成果。

1.2.1　控股方行为模式

如上所述，现有研究主要在第一类委托代理关系框架下，对控股方治理行为展开了研究；在第二类委托代理关系框架下，重点对控股方侵占与支持行为进行了研究。其中，股权结构、行为实施机制与路径以及影响因素等，一直是行为模式研究的重点问题。基于结构与行为研究逻辑，本书重点梳理了股权结构与控股方行为模式、控股方行为实施机制等方面的研究成果。

1. 股权结构与控股方行为模式

（1）股权结构与治理行为

自詹森和麦克林（Jensen，Meckling，1976）提出代理问题后，施莱弗和维什尼（Shleifer，Vishny，1986）在对股权结构呈集中形态的控股公司研究基础上，基于公司控股方的控制权私有收益，提出了控股方委托代理问题，并引起了较多学者对此问题的研究讨论。[8][41]如默克、那卡摩尔和希夫达萨尼什维达等（Morck，Nakamur & Shivdasani et al.，2000）[42]通过实证研究发现，公司控股方的持股比例与公司价值呈显著的正相关关系，公司内部股东所持有的股权比例越大，公司的价值越大。同时，由于控制权共享收益的存在，在公司价值较高时，控股方对公司的侵占程度也相对较弱。杜尔涅夫和金（Durnev，Kim；2005）等的研究进一步证明，股权集中度越高，控制权共享利益对控股方所产生的正向激励也越大，这种情况下有可能会降低第一类代理问题所产生的成本，并且能够使控股方保持对公司经理层的有效控制，相应地，控股方发生"侵占"行为的边际成本也越高，在一定程度上也降低了控股方为追求私利而侵占中小股东利益的动机。[43]总之，大量研究成果证实，在后工业时期，随着经济竞争垄断的加剧，尤其是大规模、超大规模集团公司的出现，公司股权呈现较为集中的态势，随着所有权结构不断趋向集中，公司控股方的存在已经成为现实。控股方出于对自身利益的追求，开始倾向于在公司治理中扮演重要的角色，控股方逐渐从幕后走到前台。许多证据表明，在后工业时期控股方行为对公司治理的影响作用逐步加强，控股方治理已经成为公司治理的主要形态。

中国学者对于转轨经济背景下的公司控股方行为与股权结构关系也进行了系统的研究。冯根福和闫冰（2004）从公司股权的"市场结构"类型视角出发，通过理论模型推理认为，不同股权结构导致了不同的股东治理行为。[44]宋敏等（2004）[45]通过实证发现，随着控股股东持股率变化，控股方行为具有监督和"隧道效应"并存的双重效应；并且，非控股大股东对控股股东和管理层有显著的监控和制衡作用。刘孟晖（2005）、徐莉萍等（2006）进一步在终极产权的框架下，以股权特征、股权性质等股权结构因素作为控股方治理行为代理变量，分析了股东治理行为对公司经营绩效、现金股利等公司绩效的影响。研究发现，股权集中度和经营绩效之间存在着显著的正向线性关系，[46][47]同时，也显著影响着公司现金股利。结果证实了中国上市公司控股方治理行为显著影响着公司绩效。冯根福、刘志勇等（2008）又以股权分置改革以来2005～2007年中国上市公司为研究样本，对股权分置改革前后股权结构、产权属性作为控股方治理行为的代理变量，研究控股方治理行为对上市公司绩效的影响，经过研究发现，股权分置改革显著提高了整体上市公司的绩效，但是，"股改"前国有控股上市公司的绩效明显优于民营控股上市公司，而"股改"后国有控股上市公司的绩效却明显低于民营控股上市公司。[48]

（2）股权结构与侵占行为

施莱弗和维什尼（1997）等通过对不同国家的上市公司的比较研究表明，在股权相对集中的上市公司中主要的代理问题是控股方与中小股东之间的利益冲突，即第二类代理问题。[4]LLSV 等（1997，1999）进一步对金字塔股权结构的公司治理特征进行研究，发现居于"金字塔"结构顶端的控股方，通过金字塔股权设计很容易形成对底层上市公司的超强控制，进而产生了公司控股方的代理问题。此后，较多学者对金字塔股权结构下的控股方行为进行分析，普遍认为控股方可以通过关联交易、转移利润、同业竞争等一系列利益输送方式，将底层上市公司的资源转移到自己拥有较高现金流权的其他企业中，以实现其控制权收益的最大化，而其他股东无法通过"以手投票"的方法制止控股方的侵占行为（Tirole，2001）。[49]别布丘克（BebcHuk，1999），[50]沃尔芬森（Wolfenzon，1999）[51]进一步分析了可以形成控股权和现金流权高度分离的股权结构特征，认为金字塔式股权结构、交叉式股权结构及二元式股权结构都可以形成控股权和现金流权的高度分离，并由此滋生控股方侵占行为。弗里德曼等（Friedman et al.，2003）通过实证研究，进一步证实控股方通过金字塔控股结构、交叉持股和发行多重股权股票等方式，能够获取比与其股权份额相对应的名义控制权更大的实际控制，公司控制权和现金流权高度分离，可以使控股方更有可能通过侵害中小股东的利益获取控制权的超额私有收益。而且，两权分离度越大，越容易使控股方发生各种掠夺行为。[52]但是，拉·波特等（La Porta et al.，1998）、伯克莱森斯等（Claessens et al.，2000）等从外部治理的视角研究发现，虽然股权集中为控股方实施侵占行为获取控制权私有收益创造了先天性条件，但是，控股方的侵占程度受法律环境、经济制度环境的影响也较为显著。[6][16]本内森和沃尔芬森（Bennedsen，Wolfenzo，2000）从股权制衡的视角提出，在中小投资者保护水平较低的情形下，较高的股权制衡度可以使任何一个控股方都无法单独控制企业的决策，因此在一定程度上能够限制控股方侵占行为。[53]

国内学者根据中国资本市场的特征，也对股权结构与控股方侵占行为关系进行了系统研究。孙永祥、黄祖辉（1999）等认为，一定的股权集中度和股权制衡度能够有效地发挥其对控股方侵占行为的抑制作用。[54]屠巧平（2009）认为，股权集中度越高，控股方获取的控制权私有收益就越多，对中小股东的利益侵占就越严重，较高的股权制衡度有助于限制控股方对中小股东利益的侵占[55]。但是，杨淑娥（2008）通过实证研究指出，股权集中度较高时和来自控股单位的控股方在董事会的比例较大，尤其是当董事长是来自控股单位时，更容易引发控股方的"侵占"行为，且股权制衡度对控股方攫取控制权私有收益行为的抑制作用并不显著。[56]宋小保、刘星（2009）通过博弈分析也得出，控股方的控制权与现金流权分离更容易导致大股东对企业价值的侵占。[57]

部分学者对股权分置改革以后的股东侵占行为进行了研究。张利红、刘国常（2014）认为，在股权集中的制度环境下，侵占一直是大股东获取控制权私利的主要方式，而"股改"所带来的大股东股份减持则为大股东获取控制权私利提供了新的途径。[58]贾璐熙、朱叶和周强龙（2014）则通过研究多个大股东的合谋与制衡关系，发现国有公司控股方控制权相对较高，而且相对非国有企业其控股方的"侵占"行为更为显著，认为当实际控制人所有权处在30%～40%之间时，"侵占"现象最严重，同时两权分离度的增加也会加重"侵占"行为。[59]

（3）股权结构与支持行为

有关控股方支持行为的研究，也是围绕金字塔股权结构下控股方行为研究展开的。利安托和图荷马（Riyanto，Toohema，2003）研究发现，当上市公司由于种种原因经营不善而陷入财务危机时，其控股方通过金字塔股权结构可以更好地对公司提供相应的支持，以避免上市公司退市甚至破产，这对小股东来说是一种利益保险。[60]张（Cheung，2004）等以中国香港地区的上市公司为样本进行实证分析认为，支持行为和侵占行为结合在一起才更能够充分地解释金字塔股权结构普遍存在的现象。[61]王明琳（2007）的研究同样认为，控股方一味地侵占是不成立的，控股方只有在侵占的同时伴随着支持，才能维持金字塔结构的长期存在，并且正是由于支持行为的存在才能使金字塔结构中的企业在陷入困境时度过危机，而且，发现支持行为在金字塔结构中比在水平结构中能够更好地发挥其作用。[62]对此，有些学者提出了相反观点。如 Liu & Lu（2007），孟焰、张秀梅（2006），段亚林（2011）等学者提出，控股方通过关联交易对上市公司的支持只是为了满足特定的监管目标，而短暂的支持背后真正的目的是为了进一步更好地利用上市公司获得其控制权私有收益。[63][64][65]侯晓红（2006）通过动态模型分析，指出由于控股方拥有对公司的绝对控制权，控股方既有能力侵占上市公司获取控制权私有收益，也有能力在公司陷入困境时支持上市公司以保证自己的长期收益，并指出当上市公司陷入经营困境时，为避免上市公司退市，在必要时控股方甚至可能会用私有资源去支撑公司。[66]马忠（2008）通过实证研究认为，在控制权相对较弱时，控股方有动机提高企业价值，与其他大股东分享收益，但在控制权相对较强时，控股方存在谋求控制权私利的动机，与中小股东之间的代理冲突进一步加剧，控股方的侵占行为更为显著。[67]宋力（2010）通过实证研究发现，股权分置改革后，控股方通过关联交易支持上市公司的行为逐渐显著，其支持力度受到控股方持股比例、独董比例以及股权制衡度的影响。[68]

2. 控股方行为实施机制与路径

（1）控股方治理行为机制

施莱弗和维什尼（1997）提出的控股方代理问题引起了人们对控股方治理问题的探讨。[4]关于内部治理机制对控股方治理行为影响的研究，主要是从以下几个方面展开：

①董事会及关键人控制

公司治理中的第一层委托代理，体现为股东对董事（在德国以及中国的治理结构安排中还包括监事）的代理关系，股东的治理行为主要通过选任董（监）事并对董事会（监事会）实施控制得以实现。不同类型股东实现控制的方式与控制程度各异，控股方因相对持有的股份比例较高，有动力也有能力对管理层实施监督（Shleifer，Vishny，1986），[8]常常通过委派高层管理者、提交股东议案、向管理层施加压力乃至替换管理者等方法履行其控制职能（李维安等，2009）。[69]中小股东主要通过参加股东大会与股东诉讼等形式参与治理，而机构投资者更多的是通过代理权争夺，以对公司接管、高管更换等机制实现治理职能（Shleifer，Vishny，1986；Dong，Ozkan，2007）。[8][70]

大量研究成果表明，在集中股权结构下，以资本多数决策原则，控股方拥有强势控制权，控股方选派的代表很容易占据董事会的多数席位（王维钢，谭晓雨，2010）。[71]控股方控制了董事成员的任免，实际上也就控制了公司的战略决策。控股方往往会对经理层任命、经理层薪酬支付和控制权转移等重大决策问题进行影响（唐跃军，李维安，2009）。[72]施莱弗和维什尼（1986）[8]、格罗斯曼和哈特（Grossman，Hart，1980）[73]、卢克·伦内布格（Luc Renneboog，1997）均发现，股权集中度越高，董事会成员的替换速度就越高。W.丹尼斯（W. Denis，1995）对美国的研究、弗兰克斯和迈耶（Franks，Mayer，1995）对德国的研究、开普兰（Kaplan，1994）[74]对法国的研究、迈耶和伦内布格（Mayer，Renneboog，1996）对英国的研究都得出了相同的结论。卡普兰和明顿（Kaplan，Minton，1994）、[75]康和希夫达萨尼什（Kang，Shivdasani，1995）[76]也发现，日本的大股东倾向于更换业绩不良的经营者。伯克莱森斯等（Claessens et al.，2000）[77]和法乔（Faccio，2002）均表明，控股方向公司派出高层管理者已成为亚洲公司和欧洲公司治理的共同特点。张宪初（2005）[78]通过对中国国有控股公司实践的研究认为，在公司董事会存在强权的情况下，特别是董事长权力过分集中时，许多董事不敢直率地提出自己的意见以反对主要领导人，结果导致董事会形同虚设，个人主宰一切。如果董事长来自控制性股东，上市公司很难避免受到董事长进而受到公司控股方的左右。

②管层激励

高管激励包括对董事会和经理层团队成员的激励。詹森和麦克林（Jensen，Meckling，1976）研究发现，股权结构、高管激励结构等因素决定公司的经营绩效，且影响关系为正向显著。[41]此后，詹森（1986）、[79]康雍和墨菲（Conyon，Murphy，2000）[80]等研究也发现，高层管理者报酬包括显性报酬和隐性报酬，并且与企业规模正相关。较多研究成果都表明，如果没有合理的高管层激励制度而一味地企盼他们为公司利益相关者的价值最大化而努力几乎是不可能的。缺乏有效的激励约束机制，是经理层治理风险产生的主要原因。因此，控股方对高管激励的影响，主要是围绕控股方控制与经理层薪酬关系的问题展开的。从公司的经营和决策过程来看，控股方主要是通过控制董事会，进而通过董事会来监督甚至控制管理层的行为。因此，现有研究主要围绕控股方如果直接控制公司，他们是否会给被派遣的高层管理者支付过高的薪酬？如果控股方只是履行监督的职责，对经理层薪酬又会有怎样的影响？

伯克莱森斯等（Claessens et al.，2002）[15]认为，控股方一般会对公司经理层的任命和更换作出自己的选择。尽管职业经理人通常比公司的拥有者更有能力管理好公司，但发现控制性股东自己或其家族成员往往亲自管理他们所控制的公司，这种直接控制容易形成控制权收益侵占：如窃取公司利润、将公司资产以低于市场价的价格转移给自己的（全资或占更大股份）公司、分化公司机会（将更好的市场机会留给自己的公司）、个人或家庭成员在公司中占据更理想的位置或者支付更高的薪酬（Vermaelen，Banerjee，1995；Renneboog，1997）。这方面已经积累了大量的实证研究文献，其中最有影响的是伯克莱森斯等（Claessens et al.，2002）[15]对东亚9个国家（地区）的研究。但也有一些研究成果认为，控股方存在降低了经理层的代理成本。张等（Cheung，2004）[81]对412家中国香港地区的公司1995～1998年数据的实证研究则表明，管理者持股与其现金薪酬之间存在正相关关系，同时薪酬并不完全代表管理者的努力水平，其认为在存在信息不对称的情况下，在位的管理者利用其控制权为自己谋取了更高的薪水，因此管理者薪酬代表一定的代理成本。一些学者进一步研究发现，由于控股方可以对经理层实施较强的监督，降低了反映代理成本的经理层薪酬。如戈德堡等（Goldberg et al.，1995）发现，经理层薪酬与股权集中之间存在负向关系，认为由于经理层薪酬可以看作是代理成本的一个反映，表明股权集中降低了股东与经理层的代理成本。贝特朗等（Bertrand et al.，2001）[82]进一步通过实证研究发现，控股方的出现减少了经理层的机会收入（如石油行业公司的经理层可能因全球油价上涨导致公司业绩增长而获得与其努力程度无关的高额薪酬）。

中国国有控股公司高管激励一直是该领域研究的热点问题，目前大部分国有控股企业的高管人员是通过上级任命或者从内部选拔的方式产生，其薪酬体系和激励机制也有着特殊的方面。一方面，对高管的考核往往不是依据"企业家"标准，而要顾及其行政身份，将"业绩"与"政绩"混在一起考核；另一方面，大多数国有控股企业对其高管薪酬都实行年薪制，实行年薪制的根本目的是建立起企业经营管理者利益同企业的经济效益相联系的内部分配机制。但目前的年薪制却不尽合理。未能根据企业性质和特点进行有效的薪酬方案设计，普遍存在"一个地区一刀切"的做法，由于没有考虑企业的具体情况而导致激励效果的差异很大。

③监事会约束

监事会是德国公司和日本公司的治理模式中独特的治理机制。中国国有企业存在政府作为出资人代表缺位的问题，因此，以监事会作为政府强化监管机构，是对国有企业公司治理机制先天不足的完善和补充。自1993年颁布《中华人民共和国公司法》以来，监事会便成为中国公司内部治理的法定机构之一，代表股东与其他利益相关者对董事和高级管理者进行监督。因此，监事会也成为中国控股公司控股方实施治理的重要机制。何卫东（2003）发现，监事人数较多的公司相比监事人数较少的公司，信息披露质量更高。[83]张逸杰（2006）利用2001~2003年上市公司的混合数据研究发现，监事会的规模与公司盈余管理具有显著负相关。[84]目前为止，大部分关于中国上市公司监事会监管效果的实证研究皆认为，监事会监管不力，效果较差（Bhagat S.，Black，1999[85]；Peng，2004[86]；Dahya et al.，2003[87]；Xiao et al.，2004[88]；Peng et al.，2007[89]），其主要表现为企业总体治理水平较低，监事学历水平偏低和监事职业背景与其工作不匹配，监事会结构与规模有效性较差等（李维安等，2006）。[90]李维安等（2006）基于南开大学的公司治理指数的描述统计和回归分析发现，国有上市公司监事会治理状况略好于民营上市公司。就监事会运行状况而言，二者相差不多；就监事会结构与规模状况而言，国有上市公司显著优于民营上市公司；通过监事会治理水平对公司绩效的影响表明，监事会仍应作为法定的公司监督机构发挥其不可替代的监督作用。[91]塔姆和胡（Tam，Hu，2006）认为，导致监事会作用有限的原因是监事会独立性弱，其研究指出外部监事履行职责效果比内部监事强。高雷、宋顺林（2007）基于2002~2005年上市公司的面板数据分析指出，中国的监事最大权力也只是检举董事，并没有开除董事的权力，因此不能形成有效的制裁，监事会与"独立董事"和"审计委员会"等一些机构设置重复，许多公司的监事会成员大多来自企业内部，监事会的存在流于形式。[92]

（2）控股方侵占行为路径

经过国内外学者的一致研究，认为控股方的侵占行为大多基于控制权私人收益动机而展开。格罗斯曼和哈特（Grossman，Hart，1988）等提出控制权私有收益（Private Benefits of Control）的概念，对其定义为：控股方通过对控制权的行使而占有的全部价值之和，包括自我交易、对公司机会的利用、利用内幕交易所获得的全部收益、过度报酬和在职消费等，同时，将公司的价值分为共享收益和经营者所享有的私人利益。[93]弗里德曼等（Friedman et al.，2003）指出，控股方通过采取"金字塔"形控股结构、发行多重股权股票和交叉持股等方式，能够获取比其股权份额更大的实际控制。[94]形成了所有权和控制权的分离，使得控股方能更方便地实施对中小股东和利益相关者的利益侵害，这就产生了第二类代理问题，即控股方侵占。股权分置改革之前，学者一致认为控股方为获取控制权私有收益会通过"金字塔"式控股、关联交易、侵占上市公司收益等方式对上市公司进行掏空或侵占。拉·波特等（La Porta et al.）

在 1999 年就揭示了"金字塔"股权结构下控股方的侵占行为。[6]Jiang，Lee &
Yue（2010）通过研究"金字塔"结构下大股东的侵占行为，也得出了相同的
结论。[95]约翰逊（Johnson，2000）做了高度概括并形象地将其描述为"掏空
效应"。[96]罗纳德等（Ronald et al.，2005）对控股方获取控制权的私有收益的
途径进行了分析，认为侵占公司的当期收益、排挤小股东或出售控制权是控股
方获取控制权收益的主要途径，即控股方可以通过成本分摊、"隧道效应"或
通过溢价出售控制权来获取私有收益。[97]国内学者吴敬琏（2001）指出，控股
机构会采取多种方式来为自己的掏空目的打开捷径，包括非公允关联交易，私
分、抽逃资金、强制上市公司出具担保等不合理的手段。[98]这一观点也得到了
国内外广大学者的一致认同，他们一致认为，股权分置改革前控股方代理行为
主要以直接侵占上市公司和中小股东利益为主，表现为针对流通股东高价增发
配股、无偿占用上市公司资金、非公允的关联交易，已实现利润的转移等，如
弗里德曼等（Friedman et al.，2003），[94]李增泉（2004），[99]韩亮亮
（2009），[100]吴育辉等（2010），[101]林大庞（2011）。[102]

股权分置改革后的股本全流通，帮助中国资本市场克服了同股不同权和
"一股独大"的问题。近年来，控股方减持行为研究成为热点，研究视角主要
围绕"大小非"减持的动机及减持所带来的市场效应展开。刘亚莉、李静静
（2010）等通过实证研究表明，"大小非"解禁后减持成为中国控股方获取控
制权私有收益的一种新途径，控股方的控制权程度与股权转让溢价正相关，股
权制衡度、经营绩效与控股方的股权转让溢价负相关。[103]林振兴、屈文洲
（2010）等通过实证研究发现，控股方限售解禁股份的大宗交易减持具有显著
的折价，折价水平与被减持股份是否具有"控制权收益"显著负相关，并且
控股方限售股份减持行为存在市场择机性，控股方的大宗交易减持行为会给资
本竞价交易市场带来显著为负的财富效应。[104]曹国华、林川（2012）等通过
构建模型分析发现，控股方减持的影响因素包括减持价格、外部法律保护程
度、投资收益率分离度以及股权制衡程度，并进一步指出控股方持股比例、控
股方属性与控股方减持行为产生显著的正相关，股权制衡程度与控股方减持行
为显著负相关，而外部法律保护水平、减持价格、投资收益分离度对控股方减
持行为的影响不显著；[105]黄志忠（2006）通过模型理论分析和实证检验对控
股方减持行为进行研究，结果表明控股方减持的动机除了股票价格被高估之
外，公司业绩、公司对外的巨额担保以及控股方的严重掏空现象，也是影响其
减持行为的主要因素。[106]

（3）控股方支持行为路径

弗里德曼等（Friedman et al.，2003）等在研究中最早使用了"支持行为"

（Propping）的概念，并认为虽然控股方会在外部法律监督水平较低的情况下对上市公司和中小股东利益实施侵占，然而在一定的条件下，他们为了自身的长远利益也会利用手中的优质资源支持上市公司，并使中小股东和公司受益。[94]白等（Bai et al.，2005）通过对中国证券市场被 ST 处理的上市公司研究发现，由于中国上市公司被 ST 之后，财务状况如果不能在规定的期限内得到改善，则将失去上市资格，为此其控股方为了"保壳"会通过向被 ST 的上市公司注入优质资产等行为来支持上市公司，使得上市公司的业绩得到改善，从而保证其持续的控制权收益。[107]珍和王（Jean，Wong，2006）通过对中国 1998～2002 年的上市公司关联交易数据研究，发现控股方实施支持行为的主要动机是"制度性驱动""保壳"，以便能够获得配股再融资的资格以及保证其后更好地获得长期的侵占收益，并且基于此种原因实施的支持行为具有投机性和非持续性。[108]王亮（2010）也通过研究证实了用"制度性驱动""保壳"以便能够获得配股再融资的资格为动机的支持行为常常不会持续进行，此外，研究还认为股权分置改革对控股方的支持行为起到了一定的促进作用。[109]任凌玉（2007）通过对中国上市公司控股方持股比例、配股与行为间的关系进行研究，发现控股方为了保证上市公司的配股再融资的资格会支持上市公司，并且控股方对上市公司的支持力度与其持股比例显著正相关。[110]江妍（2008）认为，当上市公司被 ST 时，公司业绩的扭转关键在于控股方是否支持上市公司。[111]王浩、刘碧波（2011）通过定向增发的视角来研究中国上市公司发现，控股方对上市公司采取支持行为的目的是为了获取更多的侵占利益和控制权收益。[112]

江妍（2009）研究指出，支持行为具有多种形式，支持行为方式的不同造成的短期市场效应也有差异，而且，控股方的性质对其支持行为效果具有明显影响。[113]李增泉（2005）通过实证研究中国深沪上市公司控股方以及地方政府的"支持"和"侵占"行为对企业绩效的影响发现，当公司需要进行配股、避免长期亏损或者被"实施 ST"时，公司并购活动或者其他资产重组是常见的控股方支持行为。[114]吕长江、赵宇恒（2007）通过分析 ST 公司重组与业绩变化的关系和公司重组对 ST 公司生存的影响发现，公司重组对 ST 公司生存和业绩变化具有显著的影响，并且指出公司重组具有即时效应。[115]同时，通过比较摘帽公司和没有被摘帽的公司重组带来的市场反应，发现后者所带来的市场反应比前者更加强烈。任凌玉（2007）通过研究进一步证实了这一结论，发现控股方的支持行为对公司主营业务现金流量现状的改善并没有明显效果，只是表现为财务业绩账面上的支持。[110]当上市公司具有支持动机时，其关联交易对业绩有显著的正向影响，而当上市公司具有"掏空"动机时，其关联交易对业绩没有显著影响。控股方通过关联交易支持上市公司与其他方式相比支持上市公司的成本较低。通过这种内部性交易可以省去许多不必要的中间环节，从而能够为控股方的支持行为节约成本。并且，当控股方需要支持上市公司用以实现扭亏或者满足配股和增发条件时，控股方可以通过关联交易为上市公司注入优质资产，以提高上市公司的经营业绩。

1.2.2 控股方治理绩效研究

控股方治理对公司治理绩效的影响，包含正、负两个方面。正面影响部分，控股方治理有利于解决因两权分离引致的代理问题，提升监督的有效性，及时纠正管理层不当行为以及提出自己的投资建议。负面影响部分，控股方治理会在一定程度上使中小股东丧失监督积极性，同时中国国有控股公司控股方的缺位极易导致内部人控制问题，都会一定程度上影响公司效率。基于以上两方面基本研究结论，在本书中将对国有控股上市公司控股方治理绩效进行探讨。

有关控股方治理绩效的测度，一直没有形成统一的认识。控股方治理绩效是治理行为的结果，是治理行为对治理职能履行而达到的治理效果，最终体现为公司业绩的变化。因此，财务绩效一直被看作治理绩效的测度指标，并为国内外实证研究广泛采用。如皮尔斯和扎赫拉（Pearce, Zahra, 1992）、加戈（Garg, 2013）、于东智（2000）、李维安和曹廷求（2004）、王跃堂等（2006）、林润辉和范建红等（2010）、叶康涛等（2011）等。[116][117][118][119][120][121][122] 然而，近几年来，随着公司治理研究的深入，部分学者对用财务指标衡量公司绩效提出了质疑，如巴加特和杰弗里斯（Bhagat, Jefferis, 2002）认为，用托宾 Q 值作为公司绩效的代理变量，往往会导致公司治理与公司绩效之间的虚假回归关系，[123]孙裕君（2003）、王化成等（2008）也认为，公司治理研究中仅使用托宾 Q 衡量公司绩效的做法并不恰当。[124][125]

何志坤（Chi-Kun Ho, 2005）、查理顿（Chariton, 2007）认为，公司治理行为是决定上市公司生存能力的一个重要因素，因此应该将企业的市场竞争力作为公司治理绩效的评价指标，[126]较多研究将影响企业持续发展的投资效率作为测度企业竞争力的指标。另外，吴等（Wu et al., 2007）[127]、米乐和特里亚纳（Miller, Triana, 2009）等学者认为，创新可以使投资者获得较高的投资回报，创新又取决于公司治理的制度安排，因此认为创新也可以作为衡量治理绩效的重要指标。[128]

基于以上研究成果，本书将从财务业绩、市场竞争力和创新三方面来研究公司治理绩效，分别用托宾 Q 值、投资效率、R&D 投资率等指标衡量三方面的业绩，并对治理行为与治理绩效的因果关系进行实证分析。

（1）控股方治理行为与公司价值

自施莱弗和维什尼（1986）提出控股方代理问题以后，控股方治理对公司价值的影响一直是公司治理领域研究的热点问题，相关研究主要集中于股权结构、公司治理内外机制方面，本部分在借鉴已有研究成果的基础上，结合中国国有企业治理实践，重点梳理了董事会治理机制、高管激励机制等对公司价值的作用关系。

有关董事会治理机制的研究，主要集中在控股方派遣董事、董事会与总经理两职设置状况、董事长或总经理变更等方面。目前，已有研究表明在发达市场经济中，高管在股东单位兼职往往可以降低管理层和股东之间的委托代理问题，带来公司价值的提升（Anderson，Reeb，2003；Villalonga，Amit，2006）[129][130]。而在新兴市场中，控股方向控股公司派遣高管增强其对上市公司的控制，往往成为其侵占其他投资者利益的帮凶，从而损害公司价值（Claessens et al.，2002；郑杲娉等，2014）。[15][131]关于董事长、总经理两职设置情况对公司价值的影响，已有研究仍未形成一致的结论。如安德森（Anderson，1986）认为，基于公司稳定性的角度，董事长和总经理一体化使公司拥有稳定的领导核心，利于公司经营持续稳定；杨典（2013）通过研究也认为，董事长和总经理一体化利于公司价值的提升。[132]但詹森（1993）、[133]向锐（2008）、党文娟（2010）研究表明，董事长和总经理两职分开有利于公司价值的提升。[134][135]

在高管激励机制对公司价值作用关系这个问题上，学者们大多持积极态度。例如，在高管持股激励方面，张晖明等（2002）[136]，周建波和孙菊生（2003）研究得出，高管持股比例越高，越有利于公司价值提升[137]。李彬（2013）等重点研究了董事会持股问题，研究认为董事会持股比例越大，越有利于公司价值的提升。[138]但王艾青（2009）通过实证研究认为，两者之间不存在明显关系，[139]该结论进一步支持了科尔和盖伊（Core，Guay，1999），高明华（2001），[140][141]胡铭（2003）的研究结论，即国有控股公司中高管激励机制与公司价值之间没有明显关系。[142]在高管薪酬激励方面，阿姆斯特朗（Armstrong，2010）通过对美国上市公司进行实证研究，证明 CEO 薪酬高低与公司治理好坏有明显关联性，治理较差的公司其 CEO 薪酬极为偏高。但拉希德和阿萨拉尔（Rashid，Afzalur，2013）[143]通过对孟加拉国上市公司的研究，认为 CEO 薪酬高低与公司治理质量之间有明显关联性。而国内学者吴淑琨

（2002），王华、黄之骏（2006）研究则发现，高管激励机制与公司价值之间呈现倒"U"型关系。[144][145]郑志刚、许荣等（2013）认为，公司治理的完善，除了实现降低代理成本以外，还需通过鼓励经理人选择进取行为来提高业绩。[146]李紫薇（2015）对股权分置改革后公司价值与CEO薪酬关系进行了研究，认为高管薪酬激励对公司价值的提升没有显著作用。[147]

有关监事会约束机制对控股公司的公司价值的作用关系，目前研究相对比较缺乏，但已有成果充分肯定了控股方对监事会约束的积极作用。曹廷求等（2005）通过研究发现，控股方治理对控股公司效率具有重要影响，并从控股方性质以及控股方持股比例两个方面切入，发现国有控股方通过派遣监事会主席能够显著提高公司价值；兼职监事比例对控股方治理效率的提升也极为有利，认为国有控股公司控股方通过派遣监事会主席加强了对控股公司的制约，可以更好地提升公司价值。[148]

（2）控股方治理行为与非效率投资分析

非效率投资，包括过度投资和投资不足两个方面。在完美资本市场和公司内部不存在代理成本的理想世界中，公司投资的目的是公司价值最大化。但现实社会中，信息不对称会使得企业投资不足（Myers，1984）；[149]股东与经理人之间的代理冲突的存在，会引发企业过度投资（Jensen，1986）。[79]两者都不利于达到公司价值最大化，所以被看作非效率投资。企业出现过度投资问题的根源，在于所有权与经营权分离所形成的股东与管理者间的委托代理关系（唐雪松、周晓苏和马如静，2007）。[150]在集中股权下，控股方治理行为对企业非效率投资具有较重要的影响。其控制权收益的协同（激励）效应能够激励控股方有效制约管理者的过度投资行为（Jensen，Meckling，1976）；[41]同时，防御效应也会降低控股方对管理者过度投资行为的监督（Shleifer，Vishny，1997）。[4]有关控股方治理对企业非效率投资行为的影响，主要从以下三个方面展开。

控股方对经理层的治理，是通过对董事会机制进行控制的。董事会作为公司决策的核心机构，其治理质量是对公司治理的整体补充，利于提高公司投资决策的有效性，加强对企业经营的有效监督，减少投资不足（李维安，2002）。[151]理查德森（Richardson，2003）运用美国上市公司的财务数据，通过实证分析得出公司治理机制可以控制企业的过度投资行为。[152]贺贝贝（2014）研究表明，适当提高董事长、总经理两职合一以及其在企业外兼任的比例，可以很好地提升业务执行能力与相关经验从而有助于投资效率的提升。[153]而覃家琦（2009）、王艳林（2014）研究发现，董事长与总经理两职合一会削弱董事会对经理层的监督能力，导致公司过度投资行为。[154][155]董事会成员构成应该为董事会的基本决策功能服务，着力于提高决策效率与质量，而互补性的董事会结构则对提高投资决策效率具有积极作用（谢志华，张庆龙，2011）。[156]陈昌平（2011）的研究从公司治理的角度出发，证明了当企业股东与经理人之间的委托代理问题存在时，双方利益目标不同，会更容易导致经理人的过度投资行为。[157]

关于高管激励机制与非效率投资的作用关系研究结果比较趋于一致，普遍认为好的高管激励机制有利于减少企业非效率投资。在股权激励方面，丹尼斯（Denis，1997）和安德森（Anderson，2000）、康等（Kang et al.，2006）、吕长江（2012）、徐一民（2012）研究均表明，公司股权激励机制利于抑制非效率投资，即公司高管持股比例越高，越能够有效提高上市公司投资效率，利于公司绩效。[158][159][160][161][162]罗富碧（2008）也指出，对高管给予股权激励会对投资有促进作用，尤其股票期权的激励作用更明显[163]。在薪酬激励方面，詹森和麦克林（1976）认为，完善的薪酬契约机制可以有效地缓解企业的代理问题，促进高管接受正的净现值的投资项目，抑制高管的过度投资冲动，从而缓解投资不足现象。[41]杨淑娥、袁春生（2006）在研究中指出，企业的非效率投资主要还是高管追求私利的结果，为了保证企业投资效率的提升，完善的高管薪酬激励机制十分重要。[164]赵博（2012）则基于委托代理理论，论述了管理层激励与过度投资的关系，并从薪酬水平、持股比例、在职消费三个角度进行了实证检验，研究结果表明：有效的激励机制可以抑制公司的过度投资行为。[165]

监事会设置的根本目的，是监督公司投资决策，保证公司重大事项的合法性和公正性，监督董事会和经理人滥用职权损害股东利益，能够有效地降低公司的非效率资本配置。何金耿、丁加华（2001）研究表明，经理人决策权的约束机制的不完善，会导致经理人的机会主义动机加大，从而引发过度投资问题。[166]控股方通过直接派遣监事会成员、监事激励等方式对监事会进行有效制约是为了更好地实现对控股公司董事会及经理人的控制，从而更有效地提升投资效率，但由于中国监事会缺乏真正的独立性，其对投资效率的影响作用并没有得到发挥（李香梅，2013）。[167]

（3）国有控股方治理行为与 R&D 投资

大部分研究表明，在集中股权结构下控股方拥有的股权越高，投资决策的制定往往从企业的长远利益出发，注重企业长期盈利能力增长，有创新投资的动力，即股权集中有利于创新投资（Hill，Snell，1988；徐晓东，2003；任海云，2010）；[168][169][170]同时，股权度集中提升了控股方监控能力，降低了代理成本，使经营者对待投资的态度更为积极，对企业创新投资有积极的推动作用

（Shlerifer, Vishny, 1986；Hosono, 2004；Jakub Kastl, Salvatore Piccolo, 2013）。[8][171][172] 也有研究成果表明，公司控股方拥有股份越多，在进行高风险创新投资时，需要承担的风险就越大，如果控股方是风险规避者，往往不倾向于增加企业创新投资（Suk Bong Choi, 2011；杨建君, 2007）[173][174]；同时，对控制权私有收益的获取，也会在一定程度上抑制企业 R&D 投资（Morck, 2005；宋小保, 2007；鲍家友, 2006），[175][176][177] 或弱化 R&D 投资（罗正英, 2014）。[178]

如上所述，公司 R&D 投资是有关公司战略决策的重要问题，控股方不仅在 R&D 投资决策中起着重要的作用（任海云, 2010）。[170] 同时，控股方往往会通过一定的治理机制，影响管理层对研发投资决策的实施。有关公司控股方治理机制对公司 R&D 投资的影响主要是从以下几个方面展开的：

控股方控制董事会，能够有效地保证董事会按照控股方意愿进行企业决策，从而消除经理人的投机行为，促进企业的战略导向（包括 R&D 投资），这将有利于股东财富的增加（Baysinger, Kosnik, 1991）。[179] 周杰（2008）通过对中国企业的样本分析得出，在控股方单位任职的董事通过其积极的监督以及所具有的信息优势可以发挥有效监督控制职能，因此会对企业的技术创新产生积极作用。[180] 关于关键控制人的控制强度（两职合一）对技术创新投资的影响，国内外研究结果并不一致。董事长与总经理的两职合一，会导致权力过于集中，造成对经营者制约无效状态，容易造成决策的随意化，从而容易发生经营者的决策失误使企业陷入困境，阻碍企业的技术创新。扎赫拉等（Zahra et al., 2000）[181] 研究发现，两职分离能够正向促进企业 R&D 投资和公司绩效（尤其是公司的长期绩效）。中国学者的众多研究均支持了两职分离与企业 R&D 支出之间存在正向关系的命题（刘斌, 2004；刘伟, 刘星, 2007；夏芸, 唐清泉, 2008）。[182][183][184] 但也有不同的结论认为，CEO 和董事长两职兼任会促进企业的 R&D 投资（张宗益, 2007；余志良, 2009），[185][186] 两职合一能够有效地克服两个角色之间的矛盾和冲突，赋予经营者更多的创新自主权，有利于提高企业创新的自由度。同时，李国勇等（2012）研究认为，研发所带来的非物质激励远胜于物质激励，两职合一可以更好地满足管理者自我价值的实现以及对企业家精神的追求，从而加大创新投资。[187]

国内外学者关于高管激励机制对 R&D 投入的影响方面做了大量研究，主要集中在薪酬激励和股权激励两个方面。自从詹森和麦克林（1976）提出，经理人持股是解决代理问题的重要手段，[41] 这方面的理论及实证研究大量涌现。企业通过给经营者一定比例的配股，使得经营者成功变为企业所有者，同时，将他们的利益与股东利益相联系，经理人的目标就会与股东一致，在一定程度上就会减轻代理问题。对高管进行股权激励能够有效地鼓励经营者按照股东利益进行决策，使得他们去承担有价值的风险项目（Guay，1999；Xue，2003；Chen，Huang，2006）。[188][189][190]Wu 和 Tu（2007）研究表明，CEO 的股权激励对上市公司的研发支出具有正向效应，尤其是在公司业绩好的情况下，这个作用就更显著。[191]中国学者的研究普遍表明，经营者持股能够显著提高公司 R&D 投入（周杰，薛有志，2008；唐清泉等，2009；冯根福，温军，2008；刘伟，刘星，2007）。[180][192][193][183]夏芸（2014）基于管理者权力理论研究发现，高管权力会影响股权激励与 R&D 投资的相关性，权力越大，股权激励对 R&D 所产生的作用就越小。[194]但是，德夫斯克和佐姆（DeFusco，Zorm，1991）[195]有相矛盾的发现，他们的研究发现采用持股计划后，经理趋向于降低 R&D 支出。怀斯曼和戈麦斯 - 梅西亚（Wiseman，Gomez-Mejia，1998）的研究认为，经营者股权激励不能完全解决经营者的风险规避行为，其效果要视公司的其他环境而定。[196]国有企业进行公司制改革后，国有企业的最终控制人——政府拥有资产处置权和高管任命权。代理理论认为，中国国有企业由于所有者缺位问题的存在，不可能像私人企业那样达到高强度监督与激励（Qian，1996）。[197]政府在国有企业的资源配置中起到主导性作用，往往会导致正常的激励机制失效（杨其静，2011；逯东，2012）。[198][199]但也有学者研究认为，高水平薪酬与企业 R&D 投资存在显著正向互动关系（刘振，2014；卢锐，2014），[200][201]经理人薪酬能够有效地抑制管理者防御下的低投入（李秉祥，2014）。[202]同时，高管薪酬是公司股东与高管基于各自目的而达成的一种契约。管理者为了在未来的契约订立中拥有较好的讨价还价能力，往往愿意作出有利于企业长期发展的决策。同时，高薪酬往往可以吸引综合素质更高的经营者，能够在复杂市场环境下捕捉机会，加大创新投资，薪酬激励能够对企业创新投资起到显著的促进作用（唐清泉，2009；王燕妮，2011）。[203][204]同时，国企背靠政府这一天然优势加上所有者缺位使得研发后果大多由政府承担，这种收益与风险的不对等也会促进高管进行研发投资。

关于监事会的研究，目前主要集中在监事会对董事会和经理人的监督制衡机制。大多数学者研究监事会对企业 R&D 投资的影响，也主要从对董事会和经理人的监督制衡机制入手进行研究。直接讨论监事会对创新影响方面的文献并不多见。中国上市公司中，监事会与董事会并立，监事会的本源性质是通过业务监督与财务监督活动减少缔约风险，为股东以外的其他利益相关者提供参与机制，监事会作用的发挥，取决于监事会成员的独立性和对监事会的授权机制。来自控股单位的监事在一定程度上可以弥补目前体制的不足，控股方直接派遣监事会成员，尤其是监事会主席对控股单位能较好地发挥监事会的作用。

李维安等（2006）通过研究发现，中国上市公司的监事会对整个公司的治理效果改善不佳。[205]国内学者高雷、宋顺林（2007）通过中国上市公司的数据，实证分析了董事会、监事会与企业委托代理成本之间的关系，结果表明监事会特征与代理成本关系无显著关系。[92]王世权（2011）通过构建监事会治理指数考察了监事会治理的有效性，得出监事会治理指数与企业的财务安全系数、经理层治理水平、信息披露质量和利益相关者治理水平显著正相关的结论。[206]总体上，监事会制度在中国现阶段具有很强的经济合理性，监事会在公司治理中发挥了一定的积极作用。

1.2.3 文献述评

综合国内外研究现状可以看出，大部分研究成果主要集中在一般性上市公司控股方或者是民营企业，针对特殊法人——国有控股公司控股方的研究较少。相关研究主要集中在股权结构、公司治理机制、代理问题以及国有企业性质的制度比较等方面。在国有控股方研究中，有关国有控股方行为模式及其治理绩效的实证研究较少，相关研究还存在着以下问题：

1. 在不同的股权结构下控股方表现出不同的控股方行为，学者们普遍认为股权适度集中可以减少第一类代理问题所产生的代理成本，但同时也为控股方"侵占"上市公司和中小股东利益提供了可能，并且"金字塔"式、交叉型持股和二元式股权结构会进一步促进控股方侵占行为动机。

中国国有控股公司具有公司治理体制的特殊性，公司治理所面临的问题主要集中在双重委托代理关系下控股方、经理人和中小股东之间的利益协调，但这类问题的研究成果较少。

2. 有关控股方行为模式方面的研究，现有研究成果主要集中于行为模式选择、模式影响因素两方面。

其中，关于控股方行为模式影响因素的研究，主要是从治理机制、实施路径以及外部治理环境方面进行的。但是，在控股方控制权强度、不同政府层级背景以及外部法律环境方面影响控股方行为模式的研究成果较少。其中，较多针对控股方行为模式选择的研究成果，是从股东与管理者之间的第一层委托关系视角出发，逐步丰富和完善大股东、中小股东以及管理层之间双重委托代理关系的研究，另外，目前多数研究成果是从制度经济学的视角探讨控股方行为选择动机及其行为效应，而有关控股方在何种环境下能产生相应的行为动机，及行为效应产生机制的研究成果相对较少。同时，关于控股方治理行为机制的研究，主要集中在董事会、管理层激励机制研究方面，综合研究控股方通过董事会及关键人控制、高管激励及监事会约束对公司治理施以影响的研究成果较少；有关控股方侵占和支持行为的研究，主要集中在侵占行为路径及其影响因素方面，而关于支持行为，以及针对政府层级背景、行业竞争环境、地区经济发展水平等对控股方侵占与支持行为影响的比较研究较少。

3. 控股方治理绩效方面的研究。

有关公司治理绩效的研究，大多数学者是从公司治理角度出发，探讨公司治理对公司绩效的影响。很少有学者从控股方视角出发，研究控股方治理行为对治理绩效的影响，并且其中多数集中于国有企业和民营企业的比较研究。由于中国国有企业治理目标和管理体系的复杂性，因此，单独系统研究国有控股方治理绩效的研究成果较少。另外，根据结构—行为—绩效的产业经济学逻辑，财务绩效一直被作为公司治理绩效的测度指标加以研究的，而且绩效的衡量多是采用了托宾 Q 指标。近几年来，随着公司治理研究的深入，部分学者对用财务指标衡量公司绩效提出了质疑（Bhagat，Jefferis，2002；王化成，2008），提出应从公司经营投资、成长潜力、持续成长能力多方面衡量控股方治理绩效。目前，从公司投资效率、公司创新投资以及公司社会责任履行等方面研究公司治理绩效的研究成果不断增加，但是，综合各方面的业绩指标对公司治理绩效进行测度的研究较少。

鉴于此，本书在立足于中国经济转轨的特殊制度背景以及综合考虑控股方治理、外部环境等综合因素的条件下，以国有控股公司为研究对象，遵循“结构—行为—绩效”的研究思路，并结合政府具有“扶持之手”和“掠夺之手”的双重角色，系统地分析了控股方的治理行为模式以及治理绩效。具体来讲，本书在借鉴国内外学者研究的基础上，应用博弈分析方法，从控股方治理成本、控制权收益以及制度约束等方面，构建了静态博弈分析和动态博弈分析模型，研究了控股方行为模式选择机理，并对影响控股方行为模式选择的行为激励因素和制度制约因素进行了系统分析。在博弈分析结果的基础上，通过构建控股方控制指数，即“董事会及关键人控制”“高管激励”“监事会约束”对控股方治理行为进行了量化分析，并实证了控制权结构、政府干预、法律制度环境、市场竞争、控股方行政属性等影响因素对国有控股方治理行为的影响。在对控股方行为效应进行研究时，结合本书构建的控股方控制指数，基于双重委托代理理论和政府存在“扶持之手”和“掠夺之手”的观点，利用回归分析和事件研究法分别从关联交易、ST 公司被摘帽以及控股方股份减持方面进行了实证研究。重点验证了股权结构、治理行为、行业竞争环境、控股方行政背景以及法律环境等因素，对国有控股方“侵占”和“支持”效应的影响，突破了以往从单一视角对其进行研究的局限，并通过多个角度进行了实证检验。不同的控股方治理行为会导致不同的治理绩效，本书把公司价值、非效率投资和创造投资作为衡量治理绩效的代理变量，突破了传统用财务绩效作为控股方治理绩效的局限性。并运用规范研究和实证研究相结合的方法，对控股方治理绩效进行了实证检验，重点分析了不同行政背景下控股方治理行为对国有上市公司治理绩效的影响。总的来说，本书丰富了当前有关国有企业政企关系的理论研究成果，为未来国有企业改革探索提供了理论支持和改革建议。

1.3 研究方法与研究框架

1.3.1 研究方法

本书本着理论联系实际的原则，以终极控制型公司治理及其终极控股方行为模式为研究主线，在理论分析基础上，引入动态治理观，强调管理学、经济学、法学等多学科交叉创新研究的成果，采用定性分析和定量分析、规范分析与实证研究相结合、个体微观特征与市场宏观环境相结合的方法，综合运用多学科理论与方法，解决所提出的研究问题。

规范研究方面。主要是通过梳理相关文献、理论以及制度演变，归纳并演绎得到国有控股公司控股方行为模式的逻辑内涵、国有控股公司控股方行为特征、国有控股公司治理效率优化等研究命题或假设。结合转轨经济时期中国国有控股公司治理机制的特征，探讨了不同行政背景和行业竞争环境下，国有控股公司控股方行为的行为模式特征和差异性。其中，涉及的企业理论主要有委托代理理论、组织行为理论、制度经济学、产权理论，以及公司治理理论中的相关范畴。

实证研究方面。主要采用多元线性回归分析、Logistic 二元线性回归分析和事件研究分析方法等工具。通过对国有控股上市公司相关数据和有关行为特征的数据挖掘、统计分析和归纳，实证检验了规范研究得到的研究命题或假设。从公司的股权结构、控股方治理机制和公司外部治理环境三个层面，对国有控股方治理行为影响因素及行为效率、控股方侵占和支持行为效应及其影响因素、控股方治理绩效等有关研究命题和假设进行了统计分析和实证检验。

研究过程中应用的具体方法如下：

1. 理论分析法

主要运用文献检索的方法,对研究问题涉及的相关文献进行系统梳理和分析。应用双重委托代理理论、契约理论、混合型组织理论等公司治理理论,分析了国有控股公司控股方行为模式选择机理,建立了国有控股方治理行为及治理绩效的研究框架。结合中国转轨经济特点,寻找影响国有控股方行为模式选择的可能因素和国有控股方行为效率的影响因素,提出理论假设,并为实证研究结果进行理论解释。

2. 博弈分析法

基于终极控制型股权结构下的委托代理关系问题,以国有控股方治理行为机理为研究对象,从大股东与中小股东之间的委托代理关系、大股东与内部控制人(管理者)之间的委托代理关系两个研究视角,对国有控股方的治理成本、控制权私有收益、治理收益等行为激励因素,进行了单期静态情景和多期动态情景下的混合博弈分析。深入探讨了国有控股方行为模式选择的内在机理,为其后的实证分析和控股方治理机制的优化提供了理论基础。

3. 统计分析法

以 2007 ~ 2013 年的沪、深两市上市公司 686 家国有控股上市公司为研究样本,基于 CCER 经济金融数据库(以下简称"CCER 数据库")、国泰安 CSMAR 数据库(以下简称"CSMAR 数据库")、WIND 数据库、巨潮资讯网等资讯信息对国有控股方治理行为、行为影响因素及治理绩效等资料进行了数据挖掘。统计分析研究样本的年度特征、行业特征、股权结构、行业竞争环境特征、外部治理环境特征等分布情况,以全面了解国有控股公司控股方行为模式特征及其治理效率。

4. 事件研究法

采取事件研究法,运用市场模型对 2007 ~ 2013 年沪深 A 股市场发生股份减持的 185 家国有控股上市公司控股方股份减持后的累计超额收益率情况进行了统计分析,并根据其变化采用比较分析法筛选出 113 个典型样本。应用二元 Logistic 线性回归分析方法,建立国有控股方股份减持侵占行为模型,研究股权结构、治理机制以及外部治理环境对国有控股方侵占行为的影响。

5. 多元线性回归分析法

运用 SPSS 软件,采用相关分析、回归分析等数理统计方法,以沪、深两市上市公司2007~2013年686家国有控股上市公司为基础研究样本，从公司的股权结构、控股方治理机制和公司外部治理环境三个层面，分析了国有控股公司控股方治理行为、侵占行为、支持行为的影响因素。具体构建了以下回归分析模型：以控股方控制指数为治理行为代理变量，构建了国有控股方治理行为回归模型，分析了控股方治理行为的影响因素；基于国有控股方与上市公司之间的关联交易，分别构建了支持型关联交易回归模型和侵占型关联交易回归模型，分析了国有控股公司控股方的"支持"和"侵占"行为；以非效率投资回归模型、R&D投资回归模型，分析了国有控股方治理绩效的影响因素。

1.3.2 研究框架

本书遵循"结构—行为—绩效"的研究逻辑，沿着"研究对象界定—文献梳理与核心概念提炼—理论分析与模型构建—研究假设与研究设计—实证检验与结果分析—结论与政策分析"的思路，应用定性分析和定量分析、规范研究与实证研究相结合的方法进行了相应的研究。首先，在已有研究的基础上，结合中国股权分置改革后，国有企业改革不断深化的背景，对国有控股方、国有控股方行为模式、国有控股方治理绩效等核心概念进行了界定。在此基础上，以公司治理理论为核心理论，应用博弈分析方法，分别从控股方与中小股东之间的委托代理关系和控股方与内部控制人（管理者）之间的委托代理关系的视角，研究了国有控股方行为模式选择机理和影响因素；根据中国国有企业治理的体制和机制特征，在控股方与内部控制人（管理者）之间的委托代理关系研究框架下，从"董事会及关键人控制""高管激励""监事会约束"三个层面，构建了国有控股方控制指数，并以此为国有控股方治理行为代理变量，实证分析了国有控股方治理行为影响因素和行为效率；在控股方与中小股东之间的委托代理关系研究框架下，从公司的股权结构、控股方治理机制和公司外部治理环境三个层面，实证分析了国有控股方"侵占"和"支持"行为模式选择机理和影响因素；以"非效率投资"和"R&D创新投资"为国有控股公司治理绩效代理变量，从微观公司治理层面和宏观产业竞争方面，实证分析了国有控股方治理绩效的关键性影响因素。综合以上研究结果，进一步结合中国转轨经济时期国有控股公司治理特点，针对股权分置改革后的制度背景，提出完善国有控股方治理行为和提高其治理绩效的措施。研究的技术路线如图1-2所示。

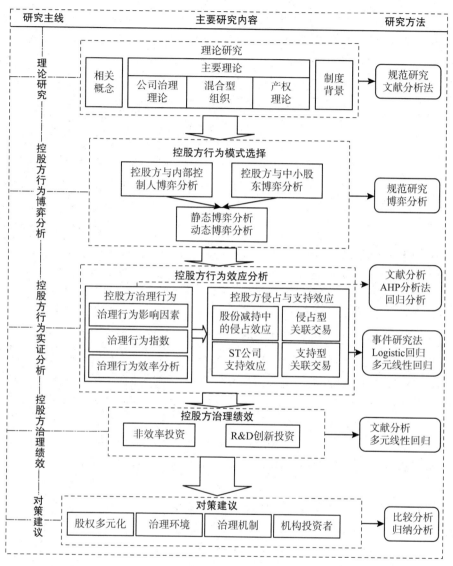

图 1 - 2　技术路线

1.4　研究内容和可能创新

1.4.1　研究内容

本书共分 7 章。

第1章绪论。对研究成果进行了简要介绍。具体包括研究背景、研究现状、研究方法、研究设计以及研究内容与可能创新等。其中，有关研究现状的分析，在系统回顾有关控股方行为已有研究的基础上，从结构—行为—绩效的研究路线，在公司治理双重委托代理关系研究的框架下，分别梳理了控股方治理行为、侵占行为以及支持行为模式选择的影响因素，控股方行为实施机制与路径，以及控股治理绩效等有关研究问题的相关文献。本章的研究有助于为后续有关控股方行为进行的实证分析提供重要的经验证据和理论基础。

第2章相关概念及理论回顾。本章在对研究所涉及的核心概念和关键研究问题进行界定的基础上，系统回顾了公司控股行为研究方面的基础理论，包括产权理论、公司治理理论、混合型组织理论、市场结构理论等；并对研究所依据的制度路径进行了梳理。简要概述了自股权分置改革以来，国有企业现代企业制度改革变迁的过程，基于国有资产管理体制改革的实践，分析了政府治理和考核激励机制对中国经济发展的影响。本章为后续的研究提供了理论支撑和制度背景的铺垫。

第3章公司控股方行为博弈分析。本章基于国有控股公司的双重委托代理关系，应用博弈分析方法，从控股方治理成本、控制权收益以及制度约束等方面，构建了静态博弈分析和动态博弈分析模型；分别从大股东与中小股东之间的委托代理关系和大股东与内部控制人（管理者）之间的委托代理关系两个视角，研究了控股方行为模式选择机理，并对影响控股方行为模式选择的行为激励因素和制度制约因素进行了系统分析。行为模式选择机理分析，有助于理解国有控股公司控股方行为的学理逻辑关系，为后续控股方行为研究提供了重要的行为理论基础。

第4章国有控股方治理行为及影响因素实证分析。本章根据国有控股方对控股公司实施控制的治理结构和传导机制，应用"董事会及关键人控制""高管激励""监事会约束"三层面的结构要素和机制要素构建了控股方治理指数，并以此作为衡量控股方治理行为代理变量，以2007~2013年沪深A股市场国有非金融类上市公司为研究样本，系统分析了控制权结构、政府干预、法律制度环境、市场竞争、控股方行政属性等影响因素对国有控股方治理行为的影响。本章重点解决了三个问题：（1）国有控股公司控股方治理行为受哪些因素影响？（2）政府控制对国有控股公司价值是损害还是促进？（3）不同政府层级背景的控股方在不同行业竞争环境下，治理行为对国有控股公司价值的影响是否存在差异？本章为有关制度环境、行业竞争环境影响企业价值的研究，提供了微观层面的经验证据。

第 5 章国有控股方侵占与支持行为效应及影响因素实证分析。本章在大股东与中小股东之间的代理关系研究框架下，结合政府存在"扶持之手"和"掠夺之手"的观点，主要进行了三方面的实证研究。首先，以 2007～2013 年沪深 A 股市场中控股方发生股份减持的 185 家国有上市公司为研究对象，利用事件研究法对其减持行为进行了分类研究，并对控股方减持行为中的侵占效应进行了实证研究。其次，以 2007～2013 年沪深 A 股非金融类国有上市公司中被实施 ST 并成功"摘帽"的公司为研究对象，对在实施 ST 到被"摘帽"期间的控股方关联交易行为中的支持效应进行了实证检验。最后，以 2007～2013 年沪深 A 股非金融类 686 家国有上市公司为研究对象，在对其与控股方之间的关联交易进行"侵占型"和"支持型"分类研究的基础上，实证研究了国有控股方关联交易行为中的支持效应和侵占效应。本章重点讨论了股权结构、治理行为、行业竞争环境、控股方行政背景等因素对国有控股方"侵占"和"支持"效应的影响，结论支持了政府对国有企业存在"扶持之手"和"掠夺之手"的双重效应，进一步丰富了该领域的研究成果。

第 6 章国有控股方治理绩效实证分析。本章根据《中共中央国务院关于深化体制机制改革　加快实施创新驱动发展战略的若干意见》《关于改进地方党政领导班子和领导干部政绩考核工作的通知》，将关系公司持续发展的"投资效率"和"创新投资"，作为国有控股方治理绩效代理变量，从两方面对控股方治理绩效进行了实证研究。首先，以 2007～2013 年沪深 A 股非金融类国有上市公司为研究对象，统计分析了控股方治理行为和外部治理环境对公司投资效率的影响并进行了实证检验；其次，从创新投资的视角，进一步研究了控股方治理绩效。重点选择了研发信息披露较为完备的 329 家上市公司作为研究样本，系统分析了企业 R&D 投资的影响因素。本章重点实证检验了政府干预是否使国有控股上市公司承担了较多的边际社会性支出？控股方是否为了短期的"政绩考核"，忽视了企业长期竞争力培育的投资？为有关制度设计和治理机制优化提供了微观层面的经验证据。

第 7 章总结与展望。本章在总结了全部研究结论的基础上，根据其他国家国有控股公司的治理经验，通过比较和归纳分析，提出了国有控股公司控股方治理机制建设对策和治理绩效提升路径建议。并分析了本书的创新点和研究局限，展望了国有控股公司控股方治理的有效行为模式，及其未来可能的研究方向。

1.4.2 研究创新

研究成果在规范研究和实证研究的基础之上，基于"结构—行为—绩效"的研究逻辑，对国有控股方行为模式、控股方治理行为、控股方"侵占"和"支持"行为效应、控股方治理绩效及相互作用机制进行了全面系统的研究，总结全部工作，可能存在以下创新：

第一，拓展了传统的委托代理理论，丰富了已有的国有公司治理研究的内容。本项目研究针对中国股权分置改革后期国有企业治理体制机制的变化，从国有企业治理的双重委托代理关系特征出发，对国有控股公司控股方的行为模式进行了探讨。并沿着结构—行为—绩效的研究路线，系统研究了控股方的治理行为、侵占行为以及支持行为效应的影响因素及其相互作用机制。突破了以往从单一代理问题对控股方行为实证研究的局限性。

第二，构建了国有控股方治理行为指数，提出了国有控股方治理行为分析的新框架。本书基于国有控股方对其控股公司具有强势控制的现实，根据国有控股方在行政管理层面承担的"管人、管事、管资产"的职责和公司治理层面所需履行的监督与控制职能，从国有控股方治理行为实施和影响方式的视角，构建了国有控股方治理行为指数，本指数着重于控股方治理行为的客观量化。另外，通过实证研究，提出了不同竞争环境下，不同的控制权结构和不同行政属性控股方的有效治理模式。为国有控股方行为研究开辟了一个新的视角，也为国有企业体制机制深化改革的研究拓展了思路。

第三，运用事件研究法、多元回归统计方法以及实证研究方法，系统分析了国有控股方的"侵占"与"支持"行为效应的影响因素。本项目通过对国有控股方侵占性股份减持和国有 ST 公司"摘帽"过程中控股方支持性关联交易的典型现象分析，结合国有上市公司与国有控股方之间的关联交易的大样本分析，实证分析了政府干预、行业竞争、控股方治理行为对国有控股方的"侵占"与"支持"行为效应的影响。进一步丰富了政府"扶持之手"和"掠夺之手"的双重效应的实证研究。

第四，突破了传统用财务绩效作为控股方治理绩效代理变量的局限性，提出了国有控股方治理绩效考量的新视角。本书根据党的十八大提出的新的政绩考核观，将"投资效率"和"创新投资"作为国有控股方治理绩效代理变量，重点研究了不同行业竞争环境，不同行政属性的控股方治理绩效。为国有控股方治理绩效研究开辟了新的视角，也为有关制度设计和治理机制优化提供了微观层面的经验证据。

第2章

相关概念及理论回顾

2.1 相关概念界定

1. 国有控股公司

国有控股公司，是指国家投资成立或改组成立的国有企业，是作为国有资产运营机构，以实现国有资产保值、增值为主要治理目标的特殊企业法人。目前，中国国有控股公司主要采用"三层级"国有资产管理模式，即国务院授权的国有资产监督管理委员会为最高层（名义上的国有控股公司的实际控制人），国有控股公司为中间层，国有企业为基层的股权控制模式，通过掌握企业具有表决权的股份，对企业实施资本运营、生产运营等经营的控制。其中，中央、省级、地方各级国有资产监督管理委员会（以下简称国资委）作为政府的直属特设机构承担出资人角色，代表国家监督管理国有资产，实现国家所有权行使在政府层面的专门化和集中化。各级国资委在其权责范围内，拥有诸如国有资产管理规章制度的制定、国有资产的基础管理、安置下岗职工、派出董事会、监事会等权力。国有控股公司，具有经济性与非经济性的双重治理目标。

本书根据《中华人民共和国公司法》《中华人民共和国企业国有资产法》以及国家统计局出台的《关于统计上对公有和非公有控股经济的分类办法》，将国有控股公司定义为：国家投资成立或改组成立的国有资产运营机构，以实现国有资产保值、增值为主要治理目标的特殊企业法人。该公司所有资本中，国家持有50%以上的股份；或国家持股小于50%，但持股比例相对大于公司中其他股东；或者虽然不大于其他股东，但按照协议是由国家掌握实际控制权的公司。

2. 国有控股公司控股方

控股方 (controlling share holder) 是指，拥有企业一定比例的控制权，能够对股东大会和董事会的决议起到很大影响，进而实现对公司经营和财务决策有效控制的股东。《中华人民共和国公司法》规定，控股方是指其出资额（或持有股份）占有限责任公司资本总额（或股本总额）50% 以上，或虽其出资额（或持有股份）比例不足 50%，但其表决权仍足以对股东大会、董事会的决议产生重大影响的股东。从金字塔股权控制链视角界定，控股方分为直接控股方 (immediate controlling share holder) 和终极控方 (ultimate controlling share holder)。直接控股方（公司第一大股东）是指，公司直接的第一层面控制人；终极控股方则是指，位于金字塔顶端，不被其他股东所控制的股东。在中国国有企业管理体系中，国有控股公司的终极控股方是全体公民，由政府代表全体公民行使终极股东权利。为实行政企分开、政资分开，政府特别设置直属机构国资委，代表政府行使终极股东权力，监督管理国有资产运作。因此，中央、省级、地方各级国资委代表政府履行出资人职责，是名义上的终极控股方。本书研究所涉及的国有控股公司控股方，是指国有控股公司股权控制链结构中的终极控股方。即以公开披露的国有控股公司终极控制人和股权控制链结构为界定基础，指国有控股公司控制链上独立的、不被其他股东所控制的，持有公司的控制权高于其他股东的终极控股方。按国有控股公司终极控制股东的行政背景属性不同，本书中将公司控股方分为三类：中央控股方、省级控股方以及地方控股方。①

3. 控股方行为

控股方行为是指，公司控股方为履行《公司法》和《公司章程》规定的责任和义务，为实现其治理目标，对控股公司实施治理的过程和方法。在双重委托代理关系下，公司治理的基本问题主要是控股方、中小股东以及管理层之间的利益冲突问题 (Shleifer, Vishny, 1986; Holdemess, 2003)。[8][33] 控股方的行为主要表现为三种形态：一是治理行为，即控股方对管理层实行监督、控制，降低管理层因不按股东利益行事而带来的各种代理成本 (Holdemess, 2003; Shleifer, Vishny, 1997; 姜国华等, 2006)；[33][4][34] 二是侵占行为，即控股方与管理层合谋，通过"隧道行为"窃取公司资源，最大化控制私有收

---

① 本书所涉及的地方控股方，是指省级以下控股方。

益，以此侵害中小股东利益（Claessens，Fan，2002；Denis，McConnell，2003；Morcketal，2005）；[15][7][35]三是支持行为，即控股方为获取长期控制权私有收益，可能会在控股公司经营困难时，通过关联交易向控股公司输送利益，进行支持（武常岐，2011；曹裕，2014）。[36][37]

在国有企业产权渐进式改革的过程中，国有控股公司控股方一直对公司治理存在较强的控制性，主要表现在以下两个方面：其一，政府为追求政治绩效参与所属国有控股公司经济活动，造成公司承担较多的社会负担，从而使公司发生较大费用；其二，政府掌握着许多人力、物力，为了使自己管辖地区的经济高速发展也会及时对公司伸出援助之手，提升公司价值。

因此，本书将控股方行为界定为在双重委托代理理论框架下，国有控股方为履行《中华人民共和国公司法》和《公司章程》所规定的责任和义务，以及所承担的经济目标和社会目标，对控股公司实施治理的过程和方法，具体包括：基于控股方和中小股东之间的委托代理关系所产生的侵占与支持行为；基于控股方与公司经营者之间的委托代理关系所产生的监督、控制等治理行为。

4. 控股方治理绩效

治理绩效是治理行为产生的结果。具体而言，是指在一定治理结构框架下，治理主体通过治理行为而实现的治理效果。因此，控股方的治理绩效是指，公司控股方在一定的治理结构下，对控股公司实施治理所产生的治理效果。大量研究成果表明，在中国特殊的经济环境下，国有控股公司控股方出于政治、经济双重目标，往往积极参与国有控股公司的经济活动，并对其绩效产生了重要影响（Wang et al.，2002；Sun，Tong，2003）。[30][207]因此，国内外学者对有关国有控股方控制与公司经营业绩、企业价值之间关系的研究，常常用公司业绩来衡量控股方的治理绩效（Volpin，2002；夏立军，方轶强，2005；王化成，2008）。[208][209][125]但是，近年来较多学者开始从投资、创新等公司具体行为选择的视角，来研究政府控制与公司绩效的相关关系。

基于以上分析，本书依据党的十八大提出的新政绩考核精神（《中共中央国务院关于深化体制机制改革加快实施创新驱动发展战略的若干意见》《关于改进地方党政领导班子和领导干部政绩考核工作的通知》），应用公司价值财务绩效指标——托宾 Q 衡量控股方治理绩效，还应用关乎公司长期发展的"投资效率"和"创新投入（R&D）"两个指标进一步衡量控股方治理绩效。

5. 非效率投资

投资效率是相对于最佳资本存量而言的一个概念观点，最佳资本存量是指，当资本的边际成本为边际收益时公司所处的资本存量水平。若企业的投资支出利于将资本存量向合意资本存量水平推进，则称为有效率的投资行为，否则，被认为是非效率投资行为。非效率投资行为，包括过度投资与投资不足两种形式。过度投资是指，投资决策者在投资项目净现值小于零的情况下，仍然选择投资的投资行为。投资不足则是指，投资决策者面临净现值大于或等于零的投资项目给予摒弃的投资行为。对于投资效率的衡量，学者们进行了积极探索、相关研究，如表 2 - 1 所示。

表 2 - 1 投资效率的不同衡量方法

衡量方法	定义	特点	应用
增量资本产出率（ICOR）	增加单位总产出所需要的资本增量，资本存量变动与产出增量的比值	度量宏观投资效率，表明一个企业的产出需要多少投资来带动，该数值越大，则投资效率越低	张军（2005）[210] 张玮婷（2015）[211]
FHP 模型	法扎里、赫巴德和彼得森（Fazzari, Hubbard & Petersen, 1988）以企业内部自由现金流与投资之间的敏感性效应作为企业是否受到融资约束的判别标准，从而判断企业在存在大量自由现金流时的投资行为	将投资支出与自由现金流联系起来，丰富了投资效率的范围，但不能准确测量出投资不足、过度投资	孙晓琳（2010）[212] 邓翔（2014）[213]
Vogt 模型	沃格特（Vogt, 1994）提出的现金流与投资机会交乘项判别模型（Vogt 模型），即在 FHP 模型的基础上增加了投资机会与自由现金流交乘项	弥补了 FHP 模型的不足，利用交乘项来判断企业是否存在投资不足、过度投资，但不能测量出投资不足、过度投资的程度	何金耿（2001）[214] 李延喜（2007）[215] 孙晓琳（2010）[212] 李香梅（2015）[216]
理查德森模型	理查德森（Richardson, 2006）通过构建投资期望模型来测量投资效率，用模型中的残差来反映非效率投资情况。若残差大于零则意味着过度投资，相反，若残差小于零则意味着投资不足。投资效率常用残差的绝对值来代替	不仅能够区分过度投资和投资不足，还能够测量过度投资或投资不足的程度	辛清泉（2007）[217] 魏明海（2007）[218] 李香梅（2015）[216]

本书在借鉴学者们研究的基础上，投资效率使用 Richardson 投资模型中的残差绝对值来表示，该值越大表示企业的投资效率越低；采纳该模型估量得出公司 i 在 t 年的正常资本投资水平，用公司 i 在 t 年的实际资本投资水平与估量

的正常资本投资水平之差（回归残差）来代表非效率投资水平，残差大于 0 代表公司过度投资，残差小于 0 代表公司投资不足。

$$INV_t = \alpha_0 + \alpha_1 Growth_{t-1} + \alpha_2 Lev_{t-1} + \alpha_3 Cash_{t-1} + \alpha_4 Size_{t-1} + \alpha_5 Ar_{t-1}$$
$$+ \alpha_6 INV_{t-1} + \alpha_7 Age_{t-1} + \sum Industry + \sum Year + \varepsilon$$

当年的投资水平，本书采用构建固定资产、无形资产和其他长期资产支付的现金与年初的总资产的比值来表示，$Growth$ 为上一年投资机会，采用托宾 Q 值来表示，Lev 代表上一年的财务杠杆，采用资产负债率表示，Age 代表公司上市年限，$Size$ 代表公司规模的大小，采用年末总资产的自然对数表示，Ar 代表资本市场股票的年回报率，$Industry$ 和 $Year$ 分别为行业、年度的哑变量。

6. R&D 投资

经济合作与发展组织即 OECD 认为，R&D 是指"为增加知识存储量和开发新产品而进行的一项系统性的创造工作，其中，包括对人类文化与社会的认识及运用这些知识开拓新的用途"。联合国教科文组织规定，R&D 是三项科技活动的最主要内容之一，并将 R&D 定义为：研发投资主要指，科学技术领域内一种系统性创造活动，即不断充实自己掌握的知识，并把这些新知识运用到新活动之中。中国将研究与开发的简称命名为 R&D，其中，研究是应用科学研究方法，探索并发现事物本质之所在；而开发则是将自己掌握的技术、知识应用到公司日常生产运营过程中，将可能性转变为现实。经济理论与研究分析显示，研发行为是提高生产力和公司核心竞争力的关键影响因素。

本书将 R&D 定义为利用已有的科学技术框架，将已储备的知识和不断增加的新知识运用到新产品开发中去的一种系统性创新活动。关于 R&D 水平的度量，国内外学者常用总量指标（即研发支出总量），或相对指标（即研发总量与资产或收入的比值）进行测度。本书用相对变量进行研究，并将公司规模、行业类型等设为控制变量，以在一定程度上消除样本之间的偏差。

7. 侵占效应与支持效应

侵占效应是指公司控股方为获取控制权私有收益对公司价值带来的损害。控制权私有收益是指，控股方利用公司的控制权占有的，不能为其他股东所共享的收益，包括自我交易、充分利用公司机遇、利用内幕交易所获得的全部收益和在职消费等。拉·波特等研究成果证明，当公司控股方有可能获得较大的控制权私有收益时，就会激励其采取"隧道行为"，损害公司价值，即"侵占效应"。

支持效应是指控股方利用投票权直接或委托代表参与并促进公司经营，为自己和全体股东带来财富的行为。实践证明，在企业面临困境时，控股方为了规避确定的损失而倾向于采取冒险行为，对企业继续进行投资，帮助企业度过难关，表现出支持行为效应。以期望未来长久地从企业获取收益（Demsetz，1985；王化成，2006）。[21][219]

关于侵占效应和支持效应的衡量方法，国内外学者作出了积极的探索。弗里德里希（Friedrich，2002）、吴育辉（2010）、张大勇（2011）、朱荼芬（2011）等分别通过事件研究法对控股方在股份减持过程中的侵占行为进行了研究；[220][101][221][222]李增泉（2004）、周晓苏（2008）则通过控股方对于上市公司资金占用情况对控股方侵占和支持效应进行衡量。[99][223]

本书在借鉴学者研究的基础上，结合国有控股公司特殊制度背景，主要通过国有控股方股份减持获取控制权私有收益和国有 ST 公司在"摘帽"过程中与控股方之间的关联交易的典型现象，以及国有上市公司和控股方之间的关联交易行为，测度分析国有控股方侵占与支持效应。

8. 侵占型关联交易与支持型关联交易

侵占型关联交易是指控股方通过关联交易对控股公司进行资金、资源转移或直接占用，以谋取自身利益最大化，进而对控股公司价值形成损害的关联交易。

支持型关联交易是指控股方通过关联交易，对控股公司进行资金、资源转移等形式的支持，以帮助控股公司摆脱生产经营困境，免受破产、兼并或退市等风险危机的关联交易。

有关控股方通过关联交易进行侵占程度的测量，学者们进行了较多研究探讨。李增泉（2004）根据控股方占用上市公司资金状况，分为"经营性资金占用"（以"应收账款、预付账款、应付账款和预收账款"之间的差额来测度）与"非经营性资金占用"（以"其他应收款、其他应付款"之间的差额来测度）。[99]姜国华等（2005）采用其他应收款与总资产的比重来测度。[224]周晓苏（2008）结合前两位学者的研究结果指出，用其他应收款与总资产的比重来表示控股方占用资金行为，用其他应付款与总资产比重来表示上市公司占用资金行为，可以用二者差额来表示控股方对上市公司的资金净占用。[223]

基于以上研究成果，本书主要根据国有控股方与控股公司之间的资金往来情况，测度其关联交易侵占或支持程度。具体测度模型如下：

控股方占款程度 =（应收账款 + 预付账款 + 其他应收款 - 应付账款 -
预收账款 - 其他应付款）/年末总资产

如果控股方占款程度大于零，说明控股方存在侵占现象，并以其值表示国有控股方侵占程度；国有控股方占款程度小于零，说明国有控股方存在支持现象，并以其绝对值表示国有控股方支持程度。

9. 政府干预度

政府干预是指，政府对区域经济的总体管理，是中央政府的重要经济职能。它是国家经济运行中，为了促进市场发育、规范市场运行，对区域经济总体的调节与控制。进行有效调控，不仅要关注区域财政收入、公司纳税的管理，而且还要关注区域公共目标、社会目标的管理。比如，人员就业、公共设施、公共服务的管理等。较多学者就政府干预程度的测度展开了研究，如游家兴等（2008），杨忠海和周晓苏（2011）认为，所在地区上市公司主营业务收入对所在地区政府干预影响较大，可以采用上市公司当年主营业务收入占所在城市主营业务收入总量的比重作为政治干预度指标。[225][226]但是，为保障区域经济稳定，政府不仅要关注公司的主营业务收入，还会关注公司的纳税额以及资产规模等，政府干预的目的就是促进当地的就业，提高财政收入，提高当地的税收和 GDP。国有控股公司的销售收入是当地财政收入和税收的重要来源，公司规模越大，提供的就业岗位越多，越利于解决当地就业问题。因此，本书定义：

政治干预度 =1/3（公司纳税额/所在省区市企业纳税额）+1/3（公司主营业务收入/
所在省区市主营业务收入）+1/3（公司规模/所在省区市公司规模）

10. 行业竞争度

行业竞争度是指，在市场中，一个行业的所有同类经济主体为提高自身竞争能力，追逐自身利益的最大化而排斥其他同类个体的行为表现总和。由此说来，推动经济个体参与行业竞争的内在因素：一是利益驱动，为追求自身利益；二是市场角逐与主体排斥，担心自己的各种物质利益在市场追逐中被其他经济竞争主体所替代。行业竞争环境是指，行业内所有企业及其竞争者共同参与所形成的环境，其竞争环境的激烈与否也决定着企业进入此行业的成本及进入壁垒的高低。市场结构下的行业竞争，影响着企业的进入、发展、存亡，在大市场环境下，企业竞争也受到企业竞争能力、顾客与供应商讨价还价能力、潜在竞争个体和替代产品威胁程度的影响。目前，对于行业竞争度的测量方法很多，国内外学者使用最广泛的计算方法是使用"赫芬达尔—赫希曼指数（HHI）"来衡量行业竞争程度，赫芬达尔—赫希曼指数（HHI）是指，一个行业内前 50 家最大企业市场占有份额的平方之和，如果该行业的总数少于 50 家则计算全部企业总数。赫芬达尔—赫希曼指数用来反映某一行业的市场结构状况，也就是说，HHI越大，市场行业竞争度越小。基于此，本书采用HHI指标衡量行业竞争环境。

2.2 基础理论回顾

1. 双重委托—代理理论

随着市场经济的发展，社会分工明细、高度专业化，导致所有权与经营权的分离，由此产生委托代理关系。米恩斯和伯利（Means，Berle，1932）在《现代公司和私有财产》中提出两权分离问题，为委托代理关系研究奠定了理论基础。[233]委托代理关系是委托人和代理人之间建立的一个有效机制，在此机制下委托人的目标是保护自身利益并实现自身利益最大化，代理人的目的是实现委托人委托目标的最大化并以此实现自身价值最大化。委托代理关系产生的根本原因，是由现代公司两权分离的特点决定的。总体而言，目前，现代公司委托代理问题主要分为两种类型：第一类，是公司股东与经营者之间产生的委托代理问题；第二类，是公司大股东与中小股东之间产生的委托代理问题。

（1）第一类委托—代理关系

公司股东与经营者之间的委托代理关系中，公司股东是公司的所有者，即委托人；公司经营者是公司的经理人员，即代理人。在第一类关系中，股东、经理人员的目标都是自身利益最大化，而两者的最大化目标一般是不相同的，股东是以达到所拥有利益最大化为目标，经理人则以工资、奖金最大化为目标。股东期望经理人员通过受托经济责任的履行来实现自身目标最大化，而经理人员由于自身原因常常会产生机会主义行为倾向，又因为信息不一致，从而容易导致经理人员不能实现股东目标最大化，与股东利益相偏离。在公司实际经营过程中，经理人往往会发生逆向选择、道德风险、机会主义、内部人控制等行为，在一定程度上导致委托代理问题。所以，需要建立能够确保经营者履行经济责任，代理成本达到最小化的一套约束激励机制，在现代企业制度中，这种约束、激励机制就是公司治理机制。

（2）第二类委托—代理关系

当公司股权处于较高的分散状态时，从治理成本和收益视角而言，公司各个股东没有较高的积极性对经理人进行监督、约束，此时公司治理的主要矛盾是第一类委托代理问题，即股东与经理人之间的代理冲突。解决该类代理问题的重要途径是股权集中化；在公司股权集中度较高时，控股方股东拥有较大的控制权，为获取更多的控制权收益，控股方往往会积极参与公司治理，甚至成为控制公司的主要力量。当控股方为获得较多独占的私有控制权收益时，控股方往往会通过对公司的控制地位对中小股东利益进行侵占。所以，公司治理的中心问题转变为第二类委托代理问题，即公司控股方通过控制权优势获取控制权私有收益，而对中小股东利益形成的侵害。在第二类委托代理关系中，控股方常常会实施各种"隧道行为"进行"内幕交易"，对中小股东权益进行侵占，甚至侵占公司资产对企业价值产生损害。所以，也需要建立能够确保控股方履行控股股东责任，保护中小股东及利益相关者责任不受侵害的监督与约束机制，即有关降低第二类委托—代理成本的公司治理机制。

2. 产权理论

产权理论（Property Theory）是现代经济学一个不可或缺的组成部分，它是在新制度经济学等基础上发展而来的。该理论认为，私有企业的产权人享有剩余利润占有权，产权人有较强的激励动机去不断提高企业的效益。自 20 世纪 30 年代，现代西方产权理论学家一致认为，资本主义市场机制没有传统微观经济学所描述的那么完美，实际的市场运行是存在缺陷的，缺陷主要在于外部性。而外部性产生的源头就是企业产权界限的含糊，所以交易过程中的摩擦会对企业行为和资源配置产生影响。因此，考察市场行为者的利润最大化行为时，必须对产权进行重点考察。60 年代，基本形成了以交易成本为核心的比较系统的产权经济学理论。可划分为以下主要组成部分：

（1）1960 年，科斯（Corse）在《社会成本问题》中对交易成本进行了深入研究，将交易成本拓展为社会成本类别，并联系社会成本与资源配置二者的关系，提出社会成本的"瓶颈"问题是如果市场效率不佳，那么，市场交易成本就会随之上升，而市场失灵的根本原因是对产权的界定不清楚。1973 年，科斯在《企业的性质》中第一次提出"交易成本"的含义，开创了企业产权的研究范畴。科斯第一次把产权引入经济学分析过程中，对产权的界定进行了系统阐述，在他的思想下，后世学者展开了进一步的研究，逐渐建立起以交易成本为核心的产权理论分析的基本框架。

（2）关于产权定义、类别以及性质的研究，在阿尔钦（Alchain）的《产权：一个经典注释》中有精细的阐述。他认为，"产权是用来约束人们在经济活动中如何享受经济品使用的权利"，其中，使用权、收益权和转让权都属于产权内容。阿尔钦分别对私有产权、共有产权以及国家产权展开了进一步研究，提出私有产权可以克服共有产权和国家产权的天然外部性，并且在当今社会中，对知识愈发重视，更应对私有产权的发展进行大力支持。

（3）有关产权与交易成本、市场信息费用之间关系的阐述，德姆塞茨（Demsetz）在《产权理论探讨》中作了详细说明，并系统回答了"什么是交易"的问题。在《一个研究所有制的框架》中，德姆塞茨提出，作为一种社会工具，产权的重要作用是引导人们将外部性内部化为激励，但所有制存在于外生现象和内生现象之中，假如交易成本不存在，那么外生性则表现出资源配置组合不受所有者的特性影响，内生性表现为加强了资源选择的确定性，国家所有制对私有制的取代更为容易，代理问题和机会主义在企业发展中愈加突出。

（4）张五常在科斯产权理论的基础上，把产权理论具体应用在土地制度上，在《私有产权和分成租佃》中以交易成本和产权理论为出发点，提出土地租约的安排与资源配置两者之间并不存在直接联系，而土地产权明确界定为私有才是影响资源配置的主要因素。

现实社会的各个领域，如公共财政、国家产权、产权结构、经济外部性等都是应用产权理论研究的结果。目前，产权理论主要在私有产权是什么、与资源配置的相关关系、产权结构与企业经济行为的关系以及企业组织管理体制等方面进行研究，并且随着应用范围的不断扩大，其理论产生的影响也越来越深远。

3. 制度逻辑理论

1985 年，奥尔福德和弗里德兰（Alford，Friedland，1985）提出"制度逻辑"概念并将其引入制度理论研究中，主要用来描述现代西方社会中内在的矛盾性实践和信念，[228] 认为西方社会主要存在资本主义、国家官僚主义和政治民主三种制度，三种制度之间相互联系、相互依存，从而对个体或组织如何参与政治竞争产生重要的影响。随后，他们在个体、组织和社会的相互关系的研究中，对制度逻辑的含义作了相关发展。制度影响因子造就了个体或组织行为，而这些制度影响因子存在于较高层次的社会系统中。他们的观点是，必须把个体与组织的行为放在社会大环境下，且必须突破原来功能主义的、决定论的观点，把社会看作是一种制度间系统，从而明确个体、组织与社会的内在联系。桑顿和奥卡西奥（Thornton，Ocasio，1999）进一步将制度逻辑的含义界定为：由社会建构起来的关于物质实践、假设、价值、信念以及规则的历史模式，个体通过这些模式生产和再生产他们的物质生活、组织时间、空间以及为他们的社会现实赋予意义。[229]

迈耶等指出，新制度理论的核心基于组织场域同构获取合法性，进而获取资源实现组织生存与成长。然而，随着时代变迁的发展，组织获取合法性的行为逐渐出现差异，传统的新制度理论过于关注稳定的、单一逻辑主导作用，尽管能够容忍或适应合法性压力下组织结构及其战略反应的差异性，但仍无法对组织合法性行为的差异性作出有效解释。由此，制度逻辑理论研究应运而生。制度逻辑，是指社会层面的文化、信仰和规则，能够塑造行为主体的认知及行为。制度逻辑理论是在新制度理论的基础上发展而来的，对组织趋同进行了进一步分析：①从组织方面，制度逻辑可以促使决策者作出较为合理的决策；②从外部治理环境方面，制度逻辑作为判断组织结构及其行为合法性高低的重要出发点和依据，会不断强化组织内外部利益相关者对组织身份和组织战略及行为的理解与认同。制度逻辑强调制度多元性，并以此解释在制度约束条件下组织合法化行为出现差异化的原因，提供了宏观层次的制度安排与微观层次的可观察行为之间的联系，从而为认识制度逻辑演化与制度变迁的微观基础提供了一个分析角度。

4. 混合型组织理论

混合型组织是指通过下放权力来调动人们的工作积极性，激发他们的创新意识，同时公司总部要将关乎公司发展的战略、决策权力集中起来，以此形成集权、分权相结合的组织。混合型组织自身拥有独特的特点，即在生产运营过程中独立自主，不以追求企业利润最大化为目标，而主要是以政府规定目标、任务为中心，一方面，要取得较好的社会福利，另一方面，要取得良好的经济利益，做到经济与社会相互融合；不仅由政府部门委托行使政府职能和社会功能，还要对社会资源进行调控，比如，土地资源、知识资源。该组织具备良好的疏导、协调、管理、创新等职能，拥有企业管理、职业发展的本质特性，有很强的开放性和融合度。该组织在企业制度、组织结构和公司运作方面具有较强的优势。

洛奇（Lodge）提出的"社会需求理论"对混合型社会组织表现的公共部门、私利部门以及中间性部门之间的相互联系作出了合理解释。他认为，如果政府想让企业经营符合社会的需要，那么，主要通过以下几种方式：（1）支持企业加入市场竞争；（2）政府调控在竞争中的劣势企业；（3）政府与企业建立较好的合作关系；（4）政府在公司的特许成立执照上明确提出，公司应满足一种预定需要（乔治·C. 洛奇，1994）。[230] 由"社会需求理论"得知，在当今社会经济迅速发展、市场竞争激烈的环境下效果较好的方式是，政府加大与企业之间的交流、共同进步，充分进行资源配置，达到提高竞争力的目的。因此，政府具有两种身份，它既是战略制定人，也是企业的合作伙伴，即形成混合型社会组织。由于该组织公共部门与私利部门之间属于一种合作关系，所以政府能够较好地实现自身职能，对于社会公共需求能有效地满足、有利于社会和谐；并且极大限度地不对市场机制造成破坏，不阻碍市场主体的成长，保证了发展的秩序与有效性、统筹并推动经济生活不断前进；有利于相应市场的形成与发展，并促进社会经济实体的健康发展，保证其成长性与竞争性不断得到加强。也就是说，这种非常态组织形式在社会经济生活中可以发挥其独特的作用。

5. 市场结构理论

无论是高竞争行业还是低竞争行业，它们都在市场环境中生存，与市场结构存在着密不可分的关系。我们所说的市场结构，主要是指特定行业中企业的数量、规模、份额以及相互之间的占比状况，市场结构的不同造就了公司不同的经营行为以及不同公司价值。集中率作为市场结构的重要影响因子，也是衡量某一行业竞争程度的主要因子，其主要反映了在某个竞争环境中，买卖双方所拥有的相对规模结构的指标。依据哈佛学派的产业组织理论，企业行为由市场结构决定，市场绩效由企业行为决定，即 SCP 范式。所以，行业集中度指标的大小，一定会对该行业绩效产生作用。市场集中率指标越低，反映该行业企业数量越多，企业间竞争越激烈。而市场集中率越大，行业产生的利润越大，行业处于市场垄断。在某种程度上，该指标的变化将会直接反映出市场竞争情况的转变、行业内企业分布状况以及市场垄断状况。

目前，中国正处于特定的转轨时期，可竞争市场的适用范围很小，行业的各种进入壁垒太多，进入成本很高，尤其对于国有企业来说，具有比重大、规模大、市场进入困难等特点。因此，中国市场更多地表现为原子式结构、企业规模较小，进入门槛较低，市场竞争比较充分。对于国有大中型企业占支配地位的产业来说，进入壁垒高，潜在进入者的竞争威胁几乎不存在或很难存在，并且对于那些虽然具有一定背景的非国有企业来说，短期内并不具备以无成本或低成本进入的实力，这就导致市场进入障碍，使可竞争市场优势受到阻碍。中国经济实际情况中公有制占主导地位，可竞争市场的优势影响能否表现出来，绝大程度上是由产权和相应政府控制政策决定的。对于具有较大沉淀成本的市场，因为进入市场壁垒较大，竞争优势受到很大阻碍；在一些竞争性产业中，尽管进入障碍不大，但竞争优势还是会与产权问题相联系，市场无法通过竞争体现出正常的退出，所以就没有办法使它的竞争优势作用表现出来。

6. 竞争理论

竞争理论的发展主要基于两种假说，一种是破产清算假说，另一种是充分信息假说。前一种假说是指，当企业处于高行业竞争环境下，由于自身经理人的松懈行为很容易导致公司绩效的降低，使得公司的竞争力变弱或面临企业破产的威胁。因此，企业经理人为了避免企业破产清算所导致的对自己的信誉及职业生涯的威胁，在这样的双重压力下为了提升公司绩效就会自觉地选择尽心尽力地工作。市场竞争会对公司经理层的行为，具有一定程度的制约作用。哈特（Hart，1983）[231]第一次运用模型推导了竞争对公司治理的影响，并发现由于管理层的努力和投入价格互为替代，当竞争环境越发激烈之时，企业成本则会随着高管的投入和努力相应地降低。施密特（Schmidt，1997）基于一个没有隐藏信息的模型分析也得到了相同结果。[232]这一观点进一步经阿吉翁和德瓦特里邦（Aghion，Dewatriipont，1999）以及雷斯（Raith，2003）等的实证分析得以验证。[233][234]

另一种为充分信息假说，体现为市场竞争下自发形成的公开信息，是企业主体之间可以相互比较而减少信息公开的障碍。某一市场中的主体越多，环境竞争激励程度加强，如此信息就会越充分，而股东对于高管的监督成本也随着信息公开程度的加大而进一步降低。市场竞争正是通过竞争对手公司之间的绩效比较来发挥信息的作用，绩效的正相关性使公司股东很容易分辨出管理者的经营努力程度，以此防止产生企业高管的松懈问题。沙尔福斯泰因（Scharfstein，1988）在哈特成果的基础上进一步得出，经理人市场通过信息公开导致的高管之间的相互比较使得声誉机制发挥了更好的作用。[235]卡鲁纳（Karuna，2005）以及瓜达卢普·M. 和佩雷斯·冈萨雷斯（Guadalupe M.，Perez Gonzalez，2005）均发现，激烈的市场竞争伴随着高管监督成本的减少并与经理人的激励情况呈正比关系。[236][237]

7. 创新理论

奥地利经济学家约瑟夫·A. 熊彼特（Joseph A. Schumpeter）在其著作《经济发展理论》（*The Theory of Economic Development*）一书中首先提出"创新理论"（Innovation Theory）的概念。在该书中，熊彼特将"创新"（Innovation）定义为是"生产函数的变动"，是现代经济增长的核心力量与强大动力。1928 年，在《资本主义的非稳定性》（*Instability of Capitalism*）一书中，熊彼特首次提出有关创新过程的见解，认为创新是一个不断的创造性破坏的过程。随着对创新认识的丰富，1939 年熊彼特在其《经济周期》（*Business Cycles*）一书中，第一次系统、综合地阐述了对于创新概念的理解，并创建了系统的创新理论。他提出："所谓创新，就是'建立一种新的生产函数'"，即"把一种从来没有过的关于生产要素和生产条件的新组合引入生产体系"。换一句话说，创新是利用现有储备的知识和物质，在特定的环境条件下，改进或创造新的事物，并能获得一定有收益效果的行为。

熊彼特关于经济生活中创新的观点，认为创新是内生的，即生产过程中自行发生的变化，而不是外部强加的结果，这在根本上强调了创新中究竟谁应处于本源驱动和核心地位。

20 世纪 60 年代，随着新技术革命的迅猛发展，罗斯托创新性地提出"起飞"六阶段理论，突出了"技术创新"在创新活动中的重要地位。但同时，技术创新也随着迅猛发展表现出越来越强的知识依赖性。创新逐渐变成高知识积累群体方能胜任的工作，在无形中造成了创新与应用间的壁垒。创新始于研究，在应用中扩散，是广为人们熟识的创新扩散方式。其中，罗杰斯的创新扩散研究最具有代表性，并从 60 年代起始终居于主导地位。

21 世纪后，在信息技术的推动下，知识经济已然形成，学术界也开始了对创新理论的进一步反思，创新被认为是各种创新主体、创新要素作用下的复杂涌现现象，是创新生态下技术进步与应用创新共同演进的产物。学术界在熊彼特创新理论基础上的一系列研究，使创新研究日益精致和专业，很多典型的创新模型不断建立，例如，技术推动模型、需求拉动模型、相互作用模型、整合模型、系统整合网络模型等，构建起技术创新、机制创新、创新双螺旋等理论体系，逐渐丰富并建立了对于创新理论的全面理解。

2.3　制度背景

国有控股公司是由国有资产监督委员会授权对一部分国有资产具体行使资产收益、重大决策、选举管理者等所有者权力的特殊企业法人。国有控股公司的出现，是改革开放 30 多年的重大成果，也是中国国有资产体制现代化建设的必然结果，它的出现为国有资产管理提供了新的思路和方向，同时也为国有资产管理注入了新的活力。其中，国有控股公司治理体系的建立和完善，主要经历了以下重要的国有企业体制机制改革历程。

2.3.1　现代企业制度建立

中国国有企业公司制改革是从 1996 年实施"抓大放小"的方针，拉开战略性改组序幕的，2001 年选取了 20 家经济基础较好的，同时技术创新能力较强的企业集团实施了战略性改组。继后，2002 年党的十六大明确指出，不能把公有制经济和非公有制经济对立起来；积极推行股份制，发展混合所有制经济；实行投资主体多元化。截至 2002 年底，大多数国有企业通过上市、中外合资和互相持股等多种方式实施了改革，并初步形成了企业投资者多元化的局面。自此，国有企业改革的目标和重点逐渐转向完善股份制和公司治理结构以及现代产权制度的建立。公司制和产权制度的改革，使得政府作为国有企业出资主体的地位得到了确认，但是政府作为出资人没有专门履行其职责的机构，因此，造成了国有公司内部人控制严重，所有者缺位现象普遍存在。为了解决所有者缺位问题，2003 年 3 月，国务院国有资产监督管理委员会，即国资委成立，并且规定由中央和地方政府代表政府来履行所有者的职责，国资委不行使政府的公共管理职能，从而实现了政企分离，进而解决了国有资产所有者缺位问题，并进一步保证了国有企业的独立法人地位。

2003 年 10 月，党的十六届三中全会进一步对中国国有经济发展模式进行了明晰，明确了大力发展混合所有制经济，积极推行股份制作为公有制的主要实现形式；同时，要求作为国有企业要建立"归属清晰、权责明确、保护严格、流转顺畅"以符合中国企业发展的现代产权制度。截至 2004 年底，中央及地方政府的国有资产监督管理委员会全部组建完毕，并且彼此之间并没有行政隶属关系，其交易行为主要依据市场原则进行，从而形成了中国国有资产监督管理体系。同时，针对中央国有资产管理委员会所属的企业，进一步规范了管理者的绩效考核以及薪酬管理体系，对人事制度、经营预算制度和公司治理机制进行了一系列改革，从而使得中央国资委控股公司的整体绩效得到了较大提升。同一时间，在中央国有独资公司中开展了董事会的试点工作，为的是能够在国有企业内部构建"董事会—经理层"的公司决策执行机制。

尽管产权制的改革为中国国有企业的发展增添了新的活力，但是依然不可避免地存在国有产权转让不透明导致国有资产流失的严重现象。郎咸平（2004）称这一现象为"国退民进"的盛宴。为降低国有资产流失的风险，国务院国有资产监督管理委员会于 2005 年出台了中小企业 MBO 禁令以规范管理层收购（MBO）行为，从而为产权制度改革的顺利实施提供了政策依据和法律保障。

2005 年 10 月召开的第十届全国人民代表大会常务委员会第十八次会议对《中华人民共和国公司法》重新做了修订，在原有的基础上对各法律主体之间的权利义务间的关系做了明晰，并进一步加强对股东利益的保护，促使国有企业继续推进公司治理结构的完善。会议同时对《中华人民共和国证券法》也做了进一步修订，在证券监管方法和手段上更加明晰，为保护中小投资者、促进企业创新和市场制度的完善提供了法律保障。2005 年《中华人民共和国公司法》和《中华人民共和国证券法》的修订和实施，也为"股改"顺利进行提供了法律保障。

此外，财政部在 2006 年 2 月 15 日发布了新的会计准则体系，实现了与国际会计准则体系之间的高度趋同，促进了后股权分置时代上市公司会计信息的披露水平，并进一步提高了投资者利益的保护水平和资本市场信息的透明度。进而，能够有效地保证投资者和利益相关者的知情权，促进社会对公司的有效监督，以保障中国证券市场的健康发展。

2.3.2 股权分置改革

作为由传统计划经济向社会主义市场经济转型的国家，股权分置是中国资本市场一种独特的经济现象，并且在中国资本市场发展的初级阶段发挥了积极作用。但是，由于中国社会主义市场经济的进一步发展，市场竞争更加激烈，股权分置现象反而逐渐对资本市场与上市公司的健康发展起到了阻碍作用。而且，这一问题随着新股发行上市的不断积累，其所产生的不利影响也越来越突出，尤其是在资本市场改革开放和稳定发展中，这一问题尤其突出。为了解决上述问题，中国于 2005 年 5 月开始实施股权分置改革，自此，中国证券市场迎来了一场深刻的制度性变革。股权分置改革后，中国股票市场进入一个全流通的时代，市场运行环境、市场主体、公司行为、国资管理体制都会发生重要变化。中国股票市场建立伊始，为了保证国家对国有公司的绝对控制权，在设计制度时就将上市公司股份分为流通股和非流通股。其中，流通股约占 1/3 可上市流通；非流通股约占 2/3。这一制度设计对中国国有经济的发展，起到了一定的促进作用。但是，由于与之相配套的法律、法制以及机制设计的落后与不完善，股权分置的弊端逐步凸显，影响了证券市场以至资本市场的稳定，给公司治理和资本市场的完善造成了很大的障碍。公司治理没有了共同的利益基础，国有资产管理体制的深化改革也被阻碍。从 1999 年开始，中国政府监管机构就曾尝试性地解决股权分置问题。2001 年，监管机构采取了"向公共投资者首次发行和增发股票时，均应按融资额的百分之十出售国有股"的方法，在 4 个月后也宣告失败。2005 年，第三次股权分置改革开始。2005 年 4 月 29 日，在国务院批准下，中国证监会颁布了《关于上市公司股权分置改革试点有关问题的通知》。通知的发布标志着股权分置改革正式拉开帷幕。采用非流通股股东向流通股股东支付一定的对价（补偿）为基本方式，使非流通股东获得了非流通股份可以上市流通的权利。

股权分置改革实施中，秉承"统一组织，分散决策"的总原则，具体按照"市场稳定发展、规则公平统一、方案协商选择、流通股东表决、实施分步有序"的操作原则进行，改革工作大致经历了三个阶段：（1）试点阶段（2005 年 4 月~2005 年 7 月）。选取部分企业，进行改革试点，共分两批完成；（2）全面铺开阶段（2005 年 9 月~2006 年 6 月）。在试点阶段的铺垫作用下，五部门于 2005 年 8 月 23 日联合颁布《关于上市公司股权分置改革的指导意见》（即《22 条》），① 肯定了"对价""补偿"改革方案，同时强调"改革要积极稳妥、循序渐进，成熟一家，推出一家"。2005 年 9 月，改革全面铺开，进入实质性阶段；（3）收尾阶段（2006 年 7 月~2006 年底）。2006 年 8 月底，沪深市场中，进行股权分置改革的公司总市值占比超过 90%。截至 2006 年底，股权分置改革工作基本完成。

股权分置改革使得国有非流通股得以上市流通，对国有控股上市公司治理机制的完善产生了积极作用。股权分置下，流通股东和非流通股东之间不存在共同利益。由于控股方所持有的股权不能流通，导致其所持有的股份价值与股票市场价格波动之间不能形成直接的联系，从而导致控股方对股价漠不关心，在此情况下，企业容易形成"内部人控制"现象，容易导致"内部控制人"通过资产并购与转让等方式获取控制权私有收益，损害流通股东利益。经过股权分置改革以后，控股方股权价值直接与市场股价挂钩，迫使控股方更加关注公司市值，从而使股东间的利益基础更为一致。公司控股方基于促进公司市值的需要，会督促公司高管层努力提高公司业绩、提升公司价值，使其损害中小股东利益的动机减弱，在一定程度上能够消除或缓解上市公司治理缺陷，提高其治理水平。很多学者的研究证实了这一点（陈明贺，2007；廖理，沈红波和郦金梁，2008；丁守海，2007）。[238][239][240]

股权分置改革使中国证券市场效率得以逐步提高，也使资本市场定价功能得到一定恢复。国有资产管理体制，作为重要的制度背景影响着国有上市公司的方方面面。股权分置改革以前，国有股不流通，国有资产管理不能遵循市场经济下的商业原则和资本运作管理原则进行运作，从而导致政企、政资不分，人事任命与指标考核等明显带有计划经济色彩，公司治理运作受到了严重阻碍。股权分置改革后，全流通的开放性资本市场为国有资产管理打造了一个崭新的资本运作平台。实现全流通后，国有资产管理体制发生了深刻的变化，这些变化有助于改善国有控股上市公司治理机制。尤其在管理层激励和约束方面，《上市公司股权激励管理办法（试行）》的发布，对上市公司股权激励机制的发展起到了促进和规范作用，进而使得公司治理结构得以进一步完善。

---

① 五部门联合发布《上市公司股权分置改革指导意见》，见新华网．http：//news．xinhuanet．com/stock/2005－08/24/content_3394626．htm．

2005 年股权分置改革启动后，证券监管部门首先全面推进了上市公司资金侵占的清欠问题，因为控股方侵占上市公司资金对国有控股上市公司治理一直产生着阻碍作用。6 月，中国证监会发布了《关于集中解决上市公司资金被占用和违规担保问题的通知》，自此开始了全国范围的清理和偿还上市公司占款活动。11 月，中国证监会发布了《关于提高上市公司质量意见》，明确指出控股方不能以任何名目（包括借款、提供担保、代偿债务、代垫款项等）对上市公司资金进行侵占。已侵占的资金，必须在 2006 年底前进行清偿。为此，中国证监会于 2006 年 5 月进一步下达了《关于进一步加快推进清欠工作的通知》，要求年内必须确保完成清欠任务；并且，针对控股方所持有的股份建立了"占用即冻结"的机制；地方人民政府和相应国资管理部门加大干预，营造有利于上市公司清欠的氛围；同时，再次重申"严格执法"，追究拒不偿还占用资金的单位和主要责任人的责任。监管部门整体对监管力度的加强，有力地推动了清欠工作的进行，有效地解决了上市公司长期遗留的问题，提高了上市公司的价值，同时强化了对控股方的约束机制，夯实了公司治理的基础，有利于国有控股公司的长远发展。截至 2006 年 8 月底，占总市值 90% 的上市公司进行了股改，为中国证券市场进入全流通时代做好了充分的制度准备。

2.3.3　全流通时代

2008 年，中、工、交、建四家国有银行在各自完成股份制改革后顺利上市，意味着中国股权分置改革已基本完成，中国资本市场也由此开启了一个全新的时代。2008 年第十一届全国人民代表大会一次会议和全国政协十一届一次会议提出了，优化资本市场结构，促进股票市场稳定健康发展，着力提高上市公司质量，维护公开公平公正的市场秩序，建立创业板市场，加快发展债券市场，稳步发展期货市场。对于国有控股上市公司的公司治理来说，股权分置改革有效地化解了流通股东与非流通股东之间的矛盾，股票价格和市值成为股东们共同的关注点，以此奠定了公司治理的基础。但全流通时代，还存在较多的公司治理问题，如内部人控制、控股方对中小股东进行利益掏空等问题仍然存在，同时在新的制度背景下国有控股上市公司治理也会衍生出一些新的问题。

伴随着全流通时代的到来，由于公司控股方和关键控制人的财富与流通市场股票价格联系紧密，也为控股方和关键控制人利益侵占提供了新的机会。如控股方、关键控制人在公司信息方面处于优势地位，他们利用信息优势操作市场的可能性加大。上市公司通过虚假的信息披露操纵股票价格，控股方或关键控制人可以利用持有的股票赚取收益。尤其是在全流通时代，流通市场并购机会加大，上市公司可能会利用虚假并购来诱导投资者。另外，全流通环境下，市场操作的主体存在不确定性，市场监督难度加大。股权分置改革前，市场操作大多是通过流通股股东的"庄家"与非流通股股东中的控股方或实际控制人之间的内幕交易来实现。股改完成后，由于上市公司控股方和管理层在公司经营上存在短视倾向，导致出现了操作市场的主体转变成上市公司控股方或实际控制人的倾向。控股方股权流通和上市公司高管的激励股权得以流通变现，应当能够激励控股方和高层管理者，关注公司长期价值的提升和公司长期战略的实施，但是这种激励效应的基础是高效运行的金融市场。由于中国国有上市公司高管的任职期限同上市公司存续期理论之间相互矛盾，导致了一些上市公司高管倾向于采取短视行为。另一方面，控股方为达到股票变现的目的，会采取短期化经营方式。在有效的金融市场运作过程中，公司高管的这种短期行为不利于公司股价的提升，因为投资者会辨明阻碍上市公司长期发展的不利行为，从而出售股票，导致公司股价下跌，使其短视行为受到惩罚。但在失效的金融市场下，公司高管的短视行为会导致市场失灵。

针对股权分置改革出现的新问题，2007 年党的十七大明确指出，深化国有企业股份制改革，健全现代企业制度，优化国有经济布局和结构；以现代产权制度为基础，发展混合所有制经济。[①] 2008 年 10 月 28 日，第十一届全国人民代表大会常务委员会第五次会议颁布的《中华人民共和国企业国有资产法》，对中国 30 年经济体制改革做了一个总结，它的颁布标志着中国国有资产管理体制制度化建设方面的进一步迈进，产权清晰、责权明确的新型国有资产管理体制逐步建立，在股权全流通时代，国有控股公司是国有企业经营模式转变的必然结果。首先，从规模经济和多元化经营上来看，生产的社会化和资本的集中化必然会催生国有控股公司的出现；其次，从公司制度演变的方面来说，国有控股公司的出现是基于现代公司形态演变和发展的必然趋势；最后，从国际竞争和跨国经营的层面上来看，国有控股公司的产生是国家与国家之间相互竞争的必然结果。《中华人民共和国企业国有资产法》给出了委托人、出资人、经营人、监管人、司法人的"五人"区别法律定位与关系的雏形，指出了"五人"相对独立、职责明确并互相协调，并对关联方的定义明确界定为，本企业的董事、高管、监事及其近亲属，以及这些人员所拥有或者是实际控制的企业。该法明确指出，国有独资企业、国有独资公司、国有资本控股公

---

① 胡锦涛在中国共产党第十七次全国代表大会上的报告，见新华网 . http：∥news. xinhua-net. com/newscenter/2007 – 10/24/content_6938568. htm.

司不得无偿向关联方提供资金、商品、服务或者其他资产，不得以不公平的价格与关联方进行交易。这不仅对国有控股公司内部人控制行为起到了抑制作用，也进一步减少了控股方侵占途径，从而更好地保护了国有上市公司和中小投资者的利益。

中共中央组织部联合国有资产监督委员会于 2009 年 2 月下发关于重新界定党委会与董事会的职责边界的相关文件，董事会因此获得更大的权限以及独立性，并且，对"新三会"（董事会、监事会、股东会）与"老三会"（党委会、职代会、工会）的关系进行了科学的安排，这具有突破性的意义，对保证政企的独立性和政企分离具有极大的意义。2009 年 4 月，国务院国有资产监督管理委员会正式发布《董事会试点中央企业职工董事履行职责管理办法》，再次对央企职工的权利和义务做出了明确的规定，尤其指出公司职工董事享有与其他董事同等的权利和义务；同时，牵涉到职工切身利益的决策的制定必须有职工董事的参与。该文件的发布为更好地保护利益相关者的利益提供了法律依据，并且该办法制约了控股方的侵占行为，同时对外部利益相关者的监督起到了很好的激励作用。

2.4 本章小结

本章在国内外学者研究的基础上，首先，总结了有关公司治理的相关理论基础，主要梳理了委托理论、产权理论和制度逻辑理论等，对控股方治理行为模式及治理绩效所涉及的相关概念和主要理论进行了界定，为后续章节的实证研究奠定了理论基础；其次，简要概述了国有企业的发展和现代企业制度建立与完善的发展历程，重点概述了现代企业建立、股权分置改革、全流通时代（深化企业改革）三个重点发展时期，国有企业所经历的从放权让利、自负盈亏、自主经营的经营主体到产权明晰、责权明确的市场主体的改革变迁过程，以及政府与企业分立、行政分权、财政分权改革目标的实现过程；最后，针对中国行政权与财政权分开改革的实际情况，系统总结了国内外学者对中国经济增长之谜的解释，基于国企改革的历程，对于政治晋升激励体制对经济发展产生的作用进行分析研究。从政绩考核和官员激励视角，分析国有控股方行为模式选择以及国有控股方治理行为特征，有效地解释了政府干预对国有企业的控制行为。

第3章

国有控股方行为博弈分析

一般公司治理研究的重点在于，治理所有权与经营权分离状态下委托人监督缺失造成的内部人控制问题，但是，随着公司规模扩大和治理理论的发展，单纯分析委托人和代理人之间的治理问题已不足以满足公司治理需要，控股方与中小股东的双重委托代理关系逐步成为公司治理研究的重要问题。首先，按照"资本多数决策"的议事规则，控股方享有的股权优势往往大于其实际持有股份的比例，对公司享有实际的控制权，他们的决策结果能够左右中小股东的建议，且控股方享有其他股东不能接近的机会，再加上潜在的"代理风险"因素，便可能产生控股方滥用控制权；其次，在信息对称性方面，中小股东及其他利益相关者与控股方相比，对公司信息的了解有着严重的不对称劣势，由此会造成中小股东和控股方之间的委托代理问题；另外，控股方、中小股东及其他利益相关者在公司经营中具有不同的利益目标，在不确定的制度诱因和环境诱因的作用下，他们之间的利益将会产生冲突，如控股方为获取更多的控制权收益，就会不履行控股方的责任义务，损害中小股东和其他利益相关者的利益，产生控股方的代理风险。

国有控股公司实质是由国家实际控制的企业，国有资本股本所占比例较高，导致国有控股公司不能以利润最大化作为企业经营的终极目标，而是以提高企业经营业绩和社会福利为终极目标。因此，基于社会利益最大化的目标，政府干预使国有企业承担了过多的社会成本和地方官员的政治诉求，导致国有控股公司中普遍存在复杂的双重"委托—代理"关系。而政府干预的特殊体制也使企业偏离利益最大化企业目标，"委托—代理"关系烦琐，代理成本偏高，很多学者认为政府干预导致了国有企业效率低下，对国有控股公司的绩效产生了很大的影响，许多学者对此进行了研究，如阿尔钦（Alchian，1965）[241]最早对国有企业和私有企业的绩效进行比较，发现国有企业绩效远远低于私有企业；涅里斯（Nellis，1994）、[242]施莱弗和维什尼（Shleifer，

Vishny，1994）[243]认为，政府的政治目的造成企业目标的矛盾和冲突，施莱弗和维什尼（2004）[244]在《掠夺之手》中将政府干预企业的行为归纳为"看得见的手""扶持之手""掠夺之手"三类模式。

中国学者也发现了国有控股方代理风险问题，并对此进行了研究（余明桂，2004[245]；唐宗明，蒋位，2002[246]）。学者们普遍认为，国有控股方在对公司治理实施监督和控制的过程中，由于内外部环境变化以及事前未能预料因素的影响，会在一定时期内侵占其他控股方和利益相关者的利益；而中小股东及利益相关者为维护自身的利益，可能会联合起来监督、制衡国有控股方的侵占行为。因此，本章在双重委托代理关系下，应用博弈模型，在静态分析和动态分析的基础上，分析了国有控股方与中小股东以及利益相关者之间的博弈关系和控股方与内部控制人之间的博弈关系。从博弈的视角，提出了控股方行为治理对策。为下一章国有控股方治理行为模式分析提供了理论基础。

3.1 国有控股方与中小股东之间的行为博弈分析

关于控股方代理风险问题，许多学者进行了研究，并认为导致控股方代理风险的因素很多，本部分主要是基于控股方和中小股东及利益相关者之间的委托代理关系视角，研究了国有控股方的侵占行为模式选择及其影响因素。首先，认为国有控股方和中小股东因存在各自的目标函数，会导致利益的冲突。

为了研究中小股东及利益相关者的监督行为对控股方侵占行为的影响，本部分，先对国有控股方和中小股东及其利益相关者的行为模式特征、侵占行为的其他因素进行了设定，认为国有控股方在晋升锦标赛中受"政绩观"的影响，追求"经济目标"，因此，具有一定的"经济人"属性，追求控制权利益的最大化，并且有机会主义行为；控股方虽然厌恶风险或是风险中性者，但是，由于市场环境、法律环境、公司内部治理环境的不同，具有不同的风险偏好。特别是在法制、法规不完善的情况下，国有控股方至少是风险中性者；国有控股方侵占行为的选择，随着国有控股方环境诱因的不同将有所不同；中小股东及利益相关者为维护自身的利益，可能会联合起来监督、制衡国有控股方的背德行为选择；市场信息是不完全和不对称的；企业规模是不变的。

其次，设定中小股东和其他利益相关者面对控股方可能产生的侵占行为问题，有监督和不监督两种行为模式，国有控股方行为同样也存在侵占和不侵占两种行为模式。

在存在中小股东监督情形下，中小股东等利益相关者存在对国有控股方的监督成本，设为 R；当国有控股方的侵占行为被监督者发现时，需要接受侵占惩罚，设 F 为国有控股方侵占行为的惩罚，同时，也作为对中小股东的利益补充，即监督收益。另外，研究假设：企业实际剩余为 π，国有控股方侵占行为选择所获取的控制权超额私有收益为 ε，国有控股方在公司中拥有的现金流权，即对公司共有收益的剩余索取权份额 β；国有控股方对经理人的监督成本为 C。

根据以上研究假设，可以得出国有控股方和中小股东及其他利益相关者的目标函数如下：

（1）不存在中小股东及利益相关者监督行为的情形下，控股方同时选择不侵占，则中小股东和利益相关者的收益为 $(1-\beta)\pi(0)$，控股方的收益为 $\beta\pi(0)-C$；

（2）不存在中小股东及利益相关者监督行为的情形下，控股方同时选择进行侵占，则中小股东和利益相关者的收益为 $(1-\beta)\pi(\varepsilon)$，控股方的收益为 $\beta\pi(\varepsilon)+\varepsilon-C$；

（3）存在中小股东及利益相关者监督行为的情形下，控股方同时选择不侵占，则中小股东和利益相关者的收益为 $(1-\beta)\pi(0)-R$，控股方的收益为 $\beta\pi(0)-C$；

（4）存在中小股东及利益相关者监督行为的情形下，控股方同时选择进行侵占，则中小股东和利益相关者的收益为 $(1-\beta)\pi(\varepsilon)-R+F(\varepsilon,\theta)$，控股方收益为 $\beta\pi(\varepsilon)-C-F(\varepsilon,\theta)+\varepsilon$。

3.1.1　静态博弈分析

本书在借鉴前人研究的基础上（王冀宁，李心丹，2006；[1] 张高擎，廉鹏，2009；[2] 贾明等，2010；[3] 刘星等；2010[4]），利用混合策略纳什均衡模型对国有控股方侵占行为产生的机理进行了分析。混合策略纳什均衡模型表述了在静态博弈中给定信息下，一个战略参与人以某种概率分布随机地选择不同行动时所做出的对策，它是博弈论模型中最基本和最具代表性的对策模型。根据混合策略纳什均衡模型，本章进行如下定义：

定义 1：在 n 个参与人博弈的战略式表述 $G=\{s_1,\cdots,s_n;u_1,\cdots,u_n\}$

---

① 大股东侵占行为动因剖析及其对国有产权改革的借鉴意义。
② 可转债融资与机构投资者侵占行为——基于华菱管线可转债案例研究。
③ 控股方侵占行为及其负外部性研究。
④ 基于跨期投资视角的大股东利益侵占行为研究。

中，假定参与人 i 有 k 个纯策略：$s_i = \{s_{i1}, \cdots, s_{ik}\}$，则概率分布 $\sigma_i = (\sigma_{i1}, \cdots, \sigma_{ik})$ 称为 i 的一个混合战略。这里，$\sigma_{ik} = \sigma(s_{ik})$ 是 i 选择 s_{ik} 的概率，对于所有的 $k = 1, \cdots, K$，$0 \leqslant \sigma_{ik} \leqslant 1$，$\sum_{k=1}^{k} \sigma_{ik} = 1$。

定义 2：在 n 个参与人博弈的策略式表述 $G = \{s_1, \cdots, s_n, u_1, \cdots, u_n\}$ 中，混合战略组合 $\sigma^* = (\sigma_1^*, \cdots, \sigma_i^*, \cdots, \sigma_n^*)$ 是一个纳什均衡，对于所有的 $i = 1, \cdots, n$，有 $v_i(\sigma_i^*, \sigma_{-i}^*) \geqslant v_i(\sigma_i, \sigma_{-i}^*)$，$\forall \sigma_i \in \sum_i$ 成立。[247]

由以上定义可知，在国有控股方的行为可观测（信息对称），且合作（中小股东对国有控股方的委托）是单期的情况下，可以通过建立侵占监管博弈模型分析国有控股方的侵占行为影响程度，从博弈角度看，国有控股方的策略可能集为｛侵占，不侵占｝，中小股东和其他利益相关者的策略集为｛监督，不监督｝，整个博弈的支付矩阵如表 3 - 1 所示。

表 3 - 1　　　　　　　　　　　　博弈支付矩阵

中小股东及 其他利益相关者	侵占	不侵占
监督	$\beta\pi(\varepsilon) - C - F(\varepsilon, \theta) + \varepsilon$, $(1-\beta)\pi(\varepsilon) - R + F(\varepsilon, \theta)$	$\beta\pi(0) - C$, $(1-\beta)\pi(0) - R$
不监督	$\beta\pi(\varepsilon) + \varepsilon - C$, $(1-\beta)\pi(\varepsilon)$	$\beta\pi(0) - C$, $(1-\beta)\pi(0)$

资料来源：作者设计。

设 α 为中小股东及其他利益相关者的监督概率，θ 为国有控股方侵占行为被发现和查处的概率，γ 为国有控股方的侵占行为概率，那么，国有控股方选择不侵占行为时，其收益期望为：

$$E_L(0) = \beta\pi(0) - C \tag{3.1}$$

选择侵占行为时，其收益期望为：

$$E_L(1) = \alpha[(\beta\pi(\varepsilon) - C - F(\varepsilon, \theta) + \varepsilon)\theta + (\beta\pi(\varepsilon) - C + \varepsilon)(1-\theta)] + (1-\alpha)(\beta\pi(\varepsilon) - C + \varepsilon) \tag{3.2}$$

如果国有控股方选择侵占行为，应有 $E_L(1) > E_L(0)$，即：

$$\alpha[(\beta\pi(\varepsilon) - C - F(\varepsilon, \theta) + \varepsilon)\theta + (\beta\pi(\varepsilon) - C + \varepsilon)(1-\theta)] +$$
$$(1-\alpha)(\beta\pi(\varepsilon) - C + \varepsilon) - \beta\pi(0) + C$$
$$= \beta[\pi(\varepsilon) - \pi(0)] + \varepsilon - F(\varepsilon, \theta)\alpha\theta > 0 \tag{3.3}$$

从而有，$\varepsilon > F(\varepsilon, \theta)\alpha\theta + \beta[\pi(0) - \pi(\varepsilon)]$。

从式（3.3）中可以看出，国有控股方选择实施侵占行为时，需要其所获得的控制权超额私有收益 ε 值要足够大，至少要超过 $\pi(0) - \pi(\varepsilon)$ 的 β 倍。$\pi(0) - \pi(\varepsilon)$ 是国有控股方选择侵占行为时，公司所有股东可共同分配的剩余收益额。对该部分收益份额，国有控股方可分得 $\beta[\pi(0) - \pi(\varepsilon)]$。中小股东及其他利益相关者可分得 $(1 - \beta)[\pi(0) - \pi(\varepsilon)]$。$\beta[\pi(0) - \pi(\varepsilon)]$ 是国有控股方应分得的部分，因此，只有当控制权超额私有收益 ε 大于 $\beta[\pi(0) - \pi(\varepsilon)]$ 时，才有侵占的必要。

与此同时，ε 在抵扣 $\beta[\pi(0) - \pi(\varepsilon)]$ 后，还要大于 $F(\varepsilon, \theta)\alpha\theta$。经过 α 和 θ 的共同作用，$F(\varepsilon, \theta)\alpha\theta$ 是中小股东和其他利益相关者在监督的情况下，发现国有控股方侵占而对其进行惩罚的平均程度。此处既体现了对国有控股方侵占行为惩罚的力度，又体现了对其惩罚的可能性，是不确定条件下对国有控股方侵占行为惩罚的综合表现。

综合以上两方面的分析，式（3.3）可表述为，国有控股方选择侵占行为时，所获得的控制权超额私有收益大于侵占行为惩罚平均程度与其应得剩余收益之和。只有这样，国有控股方选择侵占行为才是有意义的。

同理，可以推出，如果国有控股方不进行侵占行为，应有 $E_L(0) > E_L(1)$，从而有：

$$\varepsilon < F(\varepsilon, \theta)\alpha\theta + \beta[\pi(0) - \pi(\varepsilon)]$$

或：

$$F(\varepsilon, \theta)\alpha\theta > \varepsilon - \beta[\pi(0) - \pi(\varepsilon)] \tag{3.4}$$

这说明，由于对国有控股方实施侵占行为的惩罚，能够有效地降低其实施侵占行为的可能性，前提是惩罚的威慑力和有效度要达到一定程度，使得国有控股方所获得的控制权超额私有收益不足以弥补其风险损失，这样，他们的风险行为选择也变得得不偿失。

从期望收益原则的判别角度看，国有控股方选择侵占行为与不侵占行为的临界状况是：

$$\varepsilon = F(\varepsilon, \theta)\alpha\theta + \beta[\pi(0) - \pi(\varepsilon)] \tag{3.5}$$

如果 ε 是从可分配剩余 $\pi(0)$ 上直接分割，则有 $\varepsilon = \pi(0) - \pi(\varepsilon)$，从而有：

$$(1 - \beta)\varepsilon = F(\varepsilon, \theta)\alpha\theta$$

或：

$$\varepsilon' = \frac{F(\varepsilon, \theta)}{(1 - \beta)}\alpha\theta \tag{3.6}$$

由式（3.6）可以看出，控制权超额私有收益的临界值 ε' 与 F 同增同减，同样，也随着剩余索取权份额 β、国有控股方风险行为被发现的概率 $\alpha\theta$ 的增大而增加。但是，如果 θ 由于监督技术或监督能力的影响在一段时间内而相对不变，ε' 便随着监督概率 α 的增加而增大。当 $\varepsilon > \varepsilon'$ 时，国有控股方有可能选择侵占行为，在一定的条件下，ε' 越大说明国有控股方达到期望控制权超额私有收益的阈值越大，获得控制权收益的成本也越大，相对而言，其选择侵占行为的可能性会越小。因此，如果能确定 ε' 的值，就可以通过国有控股方控制权超额私有收益分析了解国有控股方侵占行为选择的特征。为此，本书通过纳什均衡和混合博弈的分析，进一步探讨这一问题。

如表 3 - 1 博弈支付矩阵所示，如果该矩阵存在纳什均衡，有以下四种情况：

（1）国有控股方选择进行侵占行为，中小股东选择监督，则应有：

$$
\begin{cases}
(1-\beta)\pi(\varepsilon) - R + F(\varepsilon, \theta) > (1-\beta)\pi(\varepsilon) \\
(1-\beta)\pi(0) - R > (1-\beta)\pi(0) \\
\beta\pi(\varepsilon) - C - F(\varepsilon, \theta) + \varepsilon > \beta\pi(0) - C \\
\beta\pi(\varepsilon) + \varepsilon - C > \beta\pi(0) - c
\end{cases}
\tag{3.7}
$$

这种情况下，由于出现 $R < 0$ 而变得不太可能。

（2）国有控股方选择不进行侵占行为，中小股东选择监督，则应有：

$$
\begin{cases}
(1-\beta)\pi(\varepsilon) - R + F(\varepsilon, \theta) > (1-\beta)\pi(\varepsilon) \\
(1-\beta)\pi(0) - R > (1-\beta)\pi(0) \\
\beta\pi(\varepsilon) - C - F(\varepsilon, \theta) + \varepsilon < \beta\pi(0) - C \\
\beta\pi(\varepsilon) + \varepsilon - C < \beta\pi(0) - c
\end{cases}
\tag{3.8}
$$

这种情况同样由于 $R < 0$ 的出现而变得不太可能。

（3）控股方选择进行侵占行为，中小股东选择不监督，则应有：

$$
\begin{cases}
(1-\beta)\pi(\varepsilon) - R + F(\varepsilon, \theta) < (1-\beta)\pi(\varepsilon) \\
(1-\beta)\pi(0) - R < (1-\beta)\pi(0) \\
\beta\pi(\varepsilon) - C - F(\varepsilon, \theta) + \varepsilon > \beta\pi(0) - C \\
\beta\pi(\varepsilon) + \varepsilon - C > \beta\pi(0) - c
\end{cases}
\tag{3.9}
$$

即有：

$$
\begin{cases}
F(\varepsilon, \theta) < R \\
R > 0 \\
\varepsilon > F(\varepsilon, \theta) + \beta[\pi(0) - \pi(\varepsilon)] \\
\varepsilon > \beta[\pi(0) - \pi(\varepsilon)]
\end{cases}
\tag{3.10}
$$

在这种情况下，国有控股方所能获得的控制权私有超额收益远大于其所应该获得的剩余收益，而中小股东和其他利益相关者对国有控股方不进行监督和惩罚，这种情况在现实中不大可能发生。

（4）国有控股方选择不进行侵占行为，中小股东选择不监督，则应有：

$$
\begin{cases}
(1-\beta)\pi(\varepsilon)-R+F(\varepsilon,\theta)<(1-\beta)\pi(\varepsilon) \\
(1-\beta)\pi(0)-R<(1-\beta)\pi(0) \\
\beta\pi(\varepsilon)-C-F(\varepsilon,\theta)+\varepsilon<\beta\pi(0)-C \\
\beta\pi(\varepsilon)+\varepsilon-C<\beta\pi(0)-c
\end{cases}
\tag{3.11}
$$

即有：

$$
\begin{cases}
F(\varepsilon,\theta)<R \\
\varepsilon<F(\varepsilon,\theta)+\beta[\pi(0)-\pi(\varepsilon)] \\
\varepsilon<\beta[\pi(0)-\pi(\varepsilon)]
\end{cases}
\tag{3.12}
$$

此时，由于中小股东选择不监督，则 $F(\varepsilon,\theta)=F(\varepsilon',\theta)=0$，$R>0$，$\varepsilon<\beta[\pi(0)-\pi(\varepsilon)]$ 成立，即国有控股方所能获得的控制权私有收益包含在其所应获得的剩余收益之内，这在现实中是可能存在的相对理想状态。因此，这可以是纳什均衡的一个解，即相对理想的纳什均衡就是国有控股方不进行侵占行为，中小股东不监督。

但是，由于国有企业所面临问题及相关环境的复杂性，尤其是国有控股方承担着社会责任和经济责任的双重目标，其理性是有限的，受内外部环境变化以及事先未能预料因素的影响，在一定风险诱因的作用下，可能导致在一定时期内国有控股方公司治理目标的偏离，因此这个纳什均衡点是不稳定的。即国有控股方受风险诱因的影响，可能会选择侵占行为策略，同时，中小股东和其他利益相关者，为了维护自身利益不受损失也会采取监督策略，从而这个均衡就被打破。因此，这个均衡是不稳定的纳什均衡，需要进一步用混合策略分析国有控股方的风险行为选择。

如果国有控股方的混合策略是 $(\gamma,1-\gamma)$，中小股东的混合策略是 $(\alpha,1-\alpha)$，则国有控股方的混合收益是：

$$
\begin{aligned}
E_L &= \gamma\{\alpha[\theta(\beta\pi(\varepsilon)-C-F(\varepsilon,\theta)+\varepsilon)+(1-\theta)(\beta\pi(\varepsilon)+\varepsilon-C)]+ \\
&\quad (1-\alpha)(\beta\pi(\varepsilon)+\varepsilon-C)\}+(1-\gamma)[\beta\pi(0)-C] \\
&= \gamma[\beta\pi(\varepsilon)-C-F(\varepsilon,\theta)\alpha\theta+\varepsilon]+(1-\gamma)[\beta\pi(0)-C] \\
&= \beta[\gamma\pi(\varepsilon)+(1-\gamma)\pi(0)]-C-F(\varepsilon,\theta)\ \alpha\theta\gamma+\gamma\varepsilon \tag{3.13}
\end{aligned}
$$

中小股东及其他利益相关者的混合收益为：

$$
\begin{aligned}
E_m &= \alpha\{\gamma[\theta((1-\beta)\pi(\varepsilon)-R+F(\varepsilon,\theta))+(1-\theta)((1-\beta)\pi(\varepsilon)-R)]+(1-\gamma) \\
&\quad ((1-\beta)\pi(0)-R)\}+(1-\alpha)[\gamma(1-\beta)\pi(\varepsilon)+(1-\gamma)(1-\beta)\pi(0)] \\
&= \gamma(1-\beta)\pi(\varepsilon)+(1-\gamma)(1-\beta)\pi(0)-\alpha R+F(\varepsilon,\theta)\alpha\theta\gamma \\
&= (1-\beta)[\gamma\pi(\varepsilon)+(1-\gamma)(1-\beta)\pi(0)]-\alpha R+F(\varepsilon,\theta)\alpha\theta\gamma \tag{3.14}
\end{aligned}
$$

由式（3.13）、式（3.14）看出，国有控股方的混合收益以期望剩余 $\gamma\pi(\varepsilon)+(1-\gamma)\pi(0)$ 为基础，其收益的大小受国有控股方风险偏好度 γ（选择侵占行为概率）影响，侵占行为惩罚 F 受国有控股方风险偏好度 γ 和中小股东监督偏好度 α 的综合影响，国有控股方的侵占行为偏好与控制权超额私有收益 ε 相关，是混合收益 E_L 的重要组成部分。当然，国有控股方对经理人的监督成本也是应给予考虑的。

中小股东及其他利益相关者的混合收益，与其对国有控股方的监督成本 R 有关，R 受监督概率 α 的影响，α 和 R 的共同作用影响混合收益 E_m。

假设 ε 一定，F 一定，β 一定，则 E_L 的最大值受 γ 的影响为：

$$\frac{\partial E_L}{\partial \gamma}=\beta(\pi(\varepsilon)-\pi(0))+\varepsilon-F(\varepsilon,\theta)\alpha\theta=0$$

$$\varepsilon^*=\alpha\theta F(\varepsilon^*,\theta)+\beta(\pi(0)-\pi(\varepsilon^*)) \tag{3.15}$$

则有：

$$E_L^*=\beta\gamma\pi(\varepsilon^*)+\beta(1-\gamma)\pi(0)-C-\beta\gamma\pi(0)-\beta\gamma\pi(\varepsilon^*)=\beta\pi(0)-C \tag{3.16}$$

由式（3.15），得：$\quad \alpha=\dfrac{\varepsilon^*-\beta(\pi(0)-\pi(\varepsilon^*))}{\theta F(\varepsilon^*,\theta)} \tag{3.17}$

将式（3.16）代入式（3.13），得：

$$E_L=\beta\gamma(\pi(\varepsilon)-\pi(0))+E_L^*-F(\varepsilon,\theta)\alpha\beta\gamma+\gamma\varepsilon$$

所以有：$\qquad \gamma=\dfrac{E_L^*-E_L}{\beta(\pi(0)-\pi(\varepsilon))+\alpha\theta F(\varepsilon,\theta)-\varepsilon} \tag{3.18}$

由式（3.17）可知，$(\varepsilon-\beta(\pi(0)-\pi(\varepsilon)))$ 为侵占行为所带来的控制权超额私有收益增加额，$\theta F(\varepsilon,\theta)$ 为平均侵占行为惩罚。在混合收益 E_L 取极值时，α 随着 $(\varepsilon-\beta(\pi(0)-\pi(\varepsilon)))$ 的增加而增加，随着 $\theta F(\varepsilon,\theta)$ 的增加而减少。

由式（3.18）可知，ε 越趋于 ε^*，$\beta(\pi(0)-\pi(\varepsilon))+\alpha\theta F(\varepsilon,\theta)-\varepsilon$ 越趋于零。同时，$E_L^*-E_L$ 亦愈趋于零。而由实际意义知，极限 $\lim\limits_{\varepsilon\to\varepsilon^*}\gamma$ 存在，应有：

$$0<\lim_{\varepsilon\to\varepsilon^*}\gamma=\lim_{\varepsilon\to\varepsilon^*}\frac{E_L^*-E_L}{\beta(\pi(0)-\pi(\varepsilon))+\alpha\theta F(\varepsilon,\theta)-\varepsilon}=\gamma^*<1 \tag{3.19}$$

此时，$0<\alpha^*=\dfrac{\varepsilon^*-\beta(\pi(0)-\pi(\varepsilon^*))}{\theta F(\varepsilon^*,\theta)}<1$

由式（3.19），当 $\varepsilon<\beta(\pi(0)-\pi(\varepsilon))+\alpha\theta F(\varepsilon,\theta)$ 时，应有 $E_L^*>E_L$；当 $\varepsilon>\beta(\pi(0)-\pi(\varepsilon))+\alpha\theta F(\varepsilon,\theta)$ 时，应有 $E_L^*<E_L$

即当国有控股方不进行侵占行为时，E_L^* 是极大值；

当国有控股方进行侵占行为时，E_L^* 是极小值。

由此可知，在混合策略博弈下，ε^* 是国有控股方发生侵占行为风险的最低收益值，其选择侵占行为的收益空间为 $v_L = \{\varepsilon \mid \varepsilon \in (\varepsilon^*, +\infty)\}$，即当 $\varepsilon > \varepsilon^*$ 时，国有控股方则可能选择侵占行为，反之，其不会冒险选择侵占行为，因此，认为国有控股方发生侵占行为风险的最低收益值越大，则国有控股方选择侵占行为的可能性越小。进一步，可以得出影响国有控股方侵占行为的因素，主要包括：国有控股方侵占行为所得到的控制权超额私有收益 ε、国有控股方侵占行为惩罚损失 F、国有控股方侵占行为被发现和查处的概率 θ、中小股东和其他利益相关者进行监督的概率 α、国有控股方对剩余所有权的分享比例 β、国有控股方风险偏好 γ 等因素。但是，在现实中任何资本市场都存在相应的法规对国有控股方的各类行为进行监督、监管和制衡，公司的利益相关者为维护自身的利益，也会通过公司内部或外部的治理机制对其风险行为加以制衡。

下面，对国有控股方侵占行为影响因素进行进一步分析。

根据式（3.15），对下列各影响因素分别求偏导。

由式（3.15）可知，$\varepsilon^* = \alpha\theta F(\varepsilon^*, \theta) + \beta(\pi(o) - \pi(\varepsilon^*))$，在不发生混淆的情况下，依然用 ε 来代替 ε^*，从而有：

$$\varepsilon = \alpha\theta F(\varepsilon, \theta) + \beta(\pi(0) - \pi(\varepsilon)) \tag{3.20}$$

（1）根据式（3.20）对侵占行为惩罚 F 求偏导。

$$\varepsilon_F' = \alpha\theta - \beta\pi_\varepsilon' \cdot \varepsilon_F' \tag{3.21}$$

即

$$\varepsilon_F' = \frac{\alpha\theta}{1 + \beta\pi_\varepsilon'} = \begin{cases} >0, & \text{当 } 1 + \beta\pi_\varepsilon' > 0 \text{ 时} \\ <0, & \text{当 } 1 + \beta\pi_\varepsilon' < 0 \text{ 时} \end{cases} \tag{3.22}$$

因为 $\pi_\varepsilon' = \lim\limits_{\Delta\varepsilon \to 0} \dfrac{\pi(\varepsilon + \Delta\varepsilon) - \pi(\varepsilon)}{\Delta\varepsilon} < 0$（$\Delta\varepsilon > 0$ 时，有 $\pi(\varepsilon + \Delta\varepsilon) < \pi(\varepsilon)$）

所以有当 $-\dfrac{1}{\beta} < \pi_\varepsilon' < 0$ 时，$\varepsilon_F' > 0$

当 $\pi_\varepsilon' < -\dfrac{1}{\beta}$ 时，$\varepsilon_F' < 0$

即若控制权超额私有收益的临界值 ε 变动，带来企业总剩余 π 变动的幅度比较小时（其变动幅度在 $-1 < \pi_\varepsilon' < 0$），侵占行为惩罚 F 与控制权超额私有收益的临界值 ε 是同增同减的关系，随着 F 的增加，ε 也增加，相应的，国有控股方选择侵占行为的可能性则降低。当 ε 变动带来 π 变动幅度较大时（变动幅度达到 $-\varepsilon < \pi_\varepsilon' < -1$），则侵占行为惩罚 F 与控制权超额私有收益的临界值 ε 是反向变动关系，即随着 ε 提升，π 的变化幅度很大，达到了 100% 以上，此时，国有控股方选择侵占行为的代价很大（如业绩急剧下滑、破产等）。国有

控股方选择侵占行为可获得较大控制权超额私有收益时，中小股东和其他利益相关者的侵占行为惩罚对国有控股方侵占行为选择影响较小，如果加大监督和惩罚力度，为了弥补惩罚损失，可能会对国有控股方风险行为选择形成反向激励，但是如果国有控股方能够关注企业持续发展，这种"杀鸡取卵"式的策略是很少发生的。因此，可认为增加侵占行为惩罚 F 可降低国有控股方进行侵占行为的可能性。

（2）根据式（3.20）对国有控股方侵占行为被查处的概率 θ 求偏导。

可以推出，

$$\varepsilon_\theta' = \alpha F + \alpha\theta F_\theta' - \beta\pi_\varepsilon' \cdot \varepsilon_\theta \tag{3.23}$$

即：

$$\varepsilon_\theta' = \frac{\alpha}{1+\beta\pi_\varepsilon'}\left(F+\theta F_\theta'\right) \tag{3.24}$$

由于 F_θ' 的变化幅度比较小，无论其正负，均不影响 $F+\theta F_\theta'>0$ 的性质，所以，ε_θ' 与 ε_F' 有相似的性质，即：

$$\varepsilon_\theta' = \begin{cases} >0, & \text{当} -\dfrac{1}{\beta}<\pi_\varepsilon'<0 \text{ 时} \\[2mm] <0, & \text{当} \pi_\varepsilon'<\dfrac{1}{\beta} \text{时} \end{cases} \tag{3.25}$$

即，当 $\varepsilon_\theta'>0$ 时，$-\dfrac{1}{\beta}<\pi_\varepsilon'<0$，$|\pi_\varepsilon'|<\dfrac{1}{\beta}$

当 $\varepsilon_\theta'<0$ 时，$\pi_\varepsilon'<-\dfrac{1}{\beta}$，$|\pi_\varepsilon'|>\dfrac{1}{\beta}$

由式（3.25）可知，当控制权超额私有收益的临界值 ε 变动带来企业总剩余 π 变动的幅度比较小时（变动幅度在 $-1<\pi_\varepsilon'<0$），国有控股方侵占行为被查处的概率 θ 与 ε 正相关，即随着 θ 的增加，ε 增加，国有控股方发生侵占行为的可能性降低。反之，当 ε 变动带来 π 变动的幅度较大时（变动幅度达到 $-\infty<\pi_\varepsilon'<-1$），则侵占行为被查处的概率 θ 与 ε 是反向变动关系，随着 ε 的提升，公司剩余收益 π 的变动幅度很大，达到了100%以上，则此时国有控股方选择侵占行为的代价很大（如业绩急剧下滑，甚至破产），但其侵占行为策略有可能获得较大控制权超额私有收益的激励，且此时侵占行为被查处概率 θ 对国有控股方侵占行为选择的影响较小，因此，如果增加监督监管力度，国有控股方可能为了弥补可能发生的惩罚损失，会加剧其风险行为选择，但在现实中，如果国有控股方能够关注企业持续发展，这种情况则很少发生。同样，我们可以认为提高国有控股方侵占行为被查处的概率，可以降低其侵占行为选择的可能性。

（3）根据式（3.20）对中小股东和其他利益相关者选择的监督概率 α 求偏导。

可以推出，
$$\varepsilon'_\alpha = \theta F(\varepsilon,\ \theta) - \beta\pi'_\varepsilon \cdot \varepsilon'_\alpha \qquad (3.26)$$

即：
$$\varepsilon'_\alpha = \frac{\theta F(\varepsilon,\ \theta)}{1 + \beta\pi'_\varepsilon} \qquad (3.27)$$

式（3.27）和式（3.24）相似，因此，同理可认为提高中小股东和其他利益相关者选择监督的概率 α，增加中小股东的监督强度和频率，则可有效降低国有控股方侵占行为选择的可能性。

（4）根据式（3.20）对国有控股方在公司中拥有现金流权，即剩余索取权份额 β 求偏导。

可以推出，
$$\varepsilon'_\beta = \pi(0) - \pi(\varepsilon) - \beta\pi'_\varepsilon \cdot \varepsilon'_\beta \qquad (3.28)$$

即：
$$\varepsilon'_\beta = \frac{\pi(0) - \pi(\varepsilon)}{1 + \beta\pi'} \qquad (3.29)$$

同理可得：
$$\varepsilon'_\beta = \begin{cases} >0, & 当 -\dfrac{1}{\beta} < \pi'_\varepsilon < 0 \ 时 \\[2mm] <0, & 当 \pi'_\varepsilon < -\dfrac{1}{\beta} 时 \end{cases}$$

式（3.29）进一步说明，当控制权超额私有收益的临界值 ε 变动带来企业总剩余 π 变动的幅度较小时（变动幅度在 $-1 < \pi'_\varepsilon < 0$），国有控股方剩余索取权份额 β 与 ε 正向相关，即随着 β 的增加，ε 值增加，国有控股方侵占行为发生所带来的企业总剩余 π 变动的幅度也减小，其侵占行为发生的可能性降低；反之，当 ε 变动带来 π 变动的幅度比较大时（变动幅度达到 $-\infty < \pi'_\varepsilon < -1$），国有控股方剩余索取权份额 β 与 ε 反向相关，即 β 越小，国有控股方侵占行为发生所带来的企业总剩余 π 变动的减幅变化区间越大，国有控股方侵占行为发生给企业发展带来的损失也较大，此时，增加国有控股方的剩余索取权份额 β，可使 ε 值略降，即降低国有控股方获得控制权超额私有收益的难度，但却可大大降低国有控股方侵占行为给企业发展带来的损失影响。至此，可认为增加国有控股方剩余索取权份额 β，有助于降低国有控股方侵占行为发生的可能性，以及风险发生所带来的负面影响的强度。

综上所分析，可以得出：$\varepsilon^* = \alpha\theta F(\varepsilon^*,\ \theta) + \beta(\pi(0) - \pi(\varepsilon^*))$ 是在混合策略博弈下，国有控股方发生侵占行为的最低收益值，当 $\varepsilon > \varepsilon^*$ 时，国有控股方才可能选择侵占行为，当 $\varepsilon \leqslant \varepsilon^*$ 时，国有控股方不会冒险选择侵占行为，也就是说，ε^* 是国有控股方选择侵占行为时控制权收益的阈值，因此，可得出其侵占行为选择空间为 $v_L = \{\varepsilon \mid \varepsilon \in (\varepsilon^*,\ +\infty)\}$。同时可以得出，影响国有控股方侵占行为的因素包括，国有控股方侵占行为所能得到的控制权超额私有收益 ε、国有控股方侵占行为惩罚损失 F、国有控股方侵占行为时被发现和

查处的概率 θ、中小股东和其他利益相关者进行监督的概率 α、国有控股方对剩余所有权的分享比例、国有控股方对风险行为选择概率的影响。通过调整这些影响因素，可以降低国有控股方进行侵占行为的可能性，如增加侵占行为惩罚力度和有效性，加大侵占行为被查处的概率，提高中小股东和其他利益相关者监督强度和频率等。另外，在一定的国有控股方侵占行为区间内，增加国有控股方剩余索取权份额 β，不仅有助于降低国有控股方侵占行为发生的可能性，而且可以降低风险发生所带来的负面影响的强度。

3.1.2　动态博弈分析

3.1.1 小节分析了单期、静态博弈下国有控股方侵占行为临界行为，但没有考虑到博弈问题的长期性和重复性。本部分进一步利用动态委托代理博弈模型,[①] 探讨多期信息不对称下国有控股方的侵占行为选择。考虑国有控股方行为是理性的，他们会根据所能获得的长期效用来决定自己是否选择侵占行为，因此，为了简化模型，且不失一般性，本部分只研究国有控股方在第 1 期决策时，决定是否进行侵占行为的选择，即国有控股方在第 1 期决策时，只是考虑当期是否选择侵占行为，而无论第 1 期的行为如何，以后各期他们都将不再选择侵占行为。

假设国有控股方预期持有公司股票 T 期，每期可获得实际剩余收益为 $\beta\pi$（为简化模型，不考虑企业规模变化），国有控股方对经理人的监督成本为 C，折现因子为 δ，$0<\delta<1$，则国有控股方不选择进行侵占行为时，其各期期望效用为：

$$U_{Li}(0) = \beta\pi_i(0) - c_i \quad (i=1, 2, \cdots, T) \tag{3.30}$$

国有控股方对未来总收益预期的现值 $E_L(0)$ 为：

$$E_L(0) = \delta\sum_{i=1}^{T}\delta^{i-1} \cdot U_{Li}(0) = \delta\sum_{i=1}^{T}\delta^{i-1}(\beta\pi_i(0) - C_i) = \beta\,\overline{\pi}(0) - \overline{C} \tag{3.31}$$

其中，$\overline{\pi} = \sum_{i=1}^{T}\delta^i \cdot \pi_i(0), \overline{C} = \sum_{i=1}^{T}\delta^i C_i$

假设国有控股方各期的效用函数都为 $U_L(0) = \beta\pi - C$，则式（3.31）可简化为：

---

① 此模型借鉴了贝克尔和斯蒂格勒（Becker，Stigler，1974）创建的 "B - S" 模型和陈通等（2002）设计的委托—代理模型下经理人道德风险行为模型。

$$E_L(0) = \delta \frac{1-\delta^T}{1-\delta}(\beta\pi(0) - C) \tag{3.32}$$

由于国有控股方可能会对其资本沉积（物资资本和社会资本）风险作出弥补，所以存在进行侵占行为的动机。在第1期，如果国有控股方的侵占行为没有被发现，则其获得的剩余收益为 $\beta\pi_1(\varepsilon) - C_1 + \varepsilon$；如果其侵占行为暴露，将受到处罚，则其第1期获得的剩余收益为 $\beta\pi_1(\varepsilon) - C_1 - F(\varepsilon, \theta) + \varepsilon$，第 j 期（$j=2, 3, \cdots, T$），获得的剩余收益为 $\beta\pi(\varepsilon) - C$；如果在第 j 期（$j=2, 3, \cdots, T$）国有控股方的侵占行为仍未被发现，则其在各期获得的剩余收益为 $\beta\pi_j(0) - C_j$；如果其侵占行为在第1期未被发现而在第 j 期被发现，则国有控股方在第 j 期的剩余收益为 $\beta\pi_j(0) - C_j - F_j(\varepsilon, \theta)$。因此，国有控股方在第1期的期望效用可以表示为：

$$U_{L1}(1) = \theta(\beta\pi_1(\varepsilon) - C_1 - F_1(\varepsilon, \theta) + \varepsilon) + (1-\theta)(\beta\pi_1(\varepsilon) - C_1 + \varepsilon) \tag{3.33}$$

第 i 期的期望效用为：

$$\begin{aligned} U_{Li} &= \alpha_i[\theta(\beta\pi_i(0) - C_i - F_i(\varepsilon, \theta)) + (1-\theta)(\beta\pi_i(0) - C_i)] + \\ &\quad (1-\alpha_i)(\beta\pi_i(0) - C_i) \\ &= \beta\pi_i(0) - C_i - \theta\alpha_i F_i(\varepsilon, \theta) \quad (i=2, 3, \cdots, T) \end{aligned} \tag{3.34}$$

因此，如果国有控股方在第1期进行侵占行为获得的控制权超额私有收益为 ε，在第 j 期被发现，则其选择侵占行为时的预期总效用现值为：

$$\begin{aligned} E_L(1, 1) &= \delta(\beta\pi_1(\varepsilon) - C_1 - F_1(\varepsilon, \theta) + \varepsilon) + \sum_{i=2}^{T} \delta^i(\beta\pi_i(0) - C_i) \\ &= \delta[\varepsilon - \beta(\pi_1(0) - \pi_1(\varepsilon))] - \delta F_1(\varepsilon, \theta) + \delta \sum_{i=1}^{T} \delta^{i-1}(\beta\pi_i(0) - C_i) \end{aligned} \tag{3.35}$$

$$\begin{aligned} E_L(1, j) &= \delta(\beta\pi_1(\varepsilon) - C_1 + \varepsilon) + \sum_{i=2}^{j-1} \delta^i(\beta\pi_i(0) - C_i) + \delta^j(\beta\pi_j(0) - C_j - F_j(\varepsilon, \theta)) + \\ &\quad \sum_{i=j+1}^{T} \delta^i(\beta\pi_i(0) - C_i) \\ &= \delta[\varepsilon - \beta(\pi_1(0) - \pi_1(\varepsilon))] - \delta^i F_j(\varepsilon, \theta) + \delta \sum_{i=1}^{T} \delta^{i-1}(\beta\pi_i(0) - C_i) \\ &\quad (j=2, 3, \cdots, T) \end{aligned} \tag{3.36}$$

而各期被发现的概率为：$P_i = \dfrac{\alpha_i\theta}{\sum\limits_{j=1}^{T} \alpha_i\theta}$ （$i=1, 2, \cdots, T$）

由此，可以得出国有控股方在第1期进行侵占行为的总期望效用现值为：

$$E_L(1) = \frac{\alpha_1\theta}{\sum_{j=1}^{T}\alpha_j\theta}\{\delta[\varepsilon - \beta(\pi_1(0) - \pi_1(\varepsilon))] - \delta F_1(\varepsilon, \theta) + \delta\sum_{i=1}^{T}\delta^{i-1}(\beta\pi_i(0) - C_i)\} + \cdots +$$

$$\frac{\alpha_t\theta}{\sum_{j=1}^{T}\alpha_j\theta}\{\delta[\varepsilon - \beta(\pi_1(0) - \pi_1(\varepsilon))] - \delta^t F_t(\varepsilon, \theta) + \delta\sum_{i=1}^{T}\delta^{i-1}(\beta\pi_i(0) - C_i)\} + \cdots +$$

$$\frac{\alpha_T\theta}{\sum_{j=1}^{T}\alpha_j\theta}\{\delta[\varepsilon - \beta(\pi_1(0) - \pi_1(\varepsilon))] - \delta^T F_T(\varepsilon, \theta) + \delta\sum_{i=1}^{T}\delta^{i-1}(\beta\pi_i(0) - C_i)\}$$

$$= \delta[\varepsilon - \beta(\pi_1(0) - \pi_1(\varepsilon))] - \frac{1}{\sum_{j=1}^{T}\alpha_j\theta}\sum_{t=1}^{T}\delta^t F_t(\varepsilon, \theta)\alpha_t\theta + \delta\sum_{i=1}^{T}\delta^{i-1}(\beta\pi_i(0) - C_i)$$

$$(3.37)$$

假设各期国有控股方剩余收益 $\pi_i(0)$，对经理人的监督成本 C_i 以及侵占行为惩罚 $F_i(\varepsilon, \theta)$ 都相同，且各期中小股东都监督（即 $\alpha_i = 1$），则有：

$$E_L(1) = \delta[\varepsilon - \beta(\pi(0) - \pi_1(\varepsilon))] - \frac{\delta}{T}\cdot\frac{1-\delta^T}{1-\delta}F(\varepsilon, \theta) + \frac{\delta(1-\delta^T)}{1-\delta}(\beta\pi(0) - C)$$

$$(3.38)$$

当达到均衡点时，令 $E_L(1) = E_L(0)$，得：

$$\delta[\varepsilon - \beta(\pi(0) - \pi_1(\varepsilon))] - \frac{\delta}{T}\cdot\frac{1-\delta^T}{1-\delta}F(\varepsilon, \theta) = 0 \qquad (3.39)$$

根据 3.1.1 节对单期国有控股方控制权超额收益临界点的分析，则有：

$$\varepsilon^* = \beta(\pi(0) - \pi_1(\varepsilon^*)) + \frac{1-\delta^T}{T(1-\delta)}F(\varepsilon^*, \theta) \qquad (3.40)$$

ε^* 是国有控股方发生侵占行为的最低收益值，可以得出国有控股方的侵占行为选择空间为 $v_L = \{\varepsilon | \varepsilon \in (\varepsilon^*, +\infty)\}$，只有 $\varepsilon > \varepsilon^*$ 时，国有控股方才可能选择侵占行为，$\varepsilon \leq \varepsilon^*$ 时，国有控股方不会冒险选择侵占行为，即，国有控股方发生侵占行为的最低收益值越大，国有控股方选择侵占行为的可能性越小。式（3.40）表明，在长期、动态博弈下，影响国有控股方侵占行为的因素包括：国有控股方进行侵占行为所能得到的控制权超额私有收益 ε、国有控股方侵占行为惩罚损失 F、国有控股方侵占行为发生时被发现和查处的概率 θ、国有控股方对未来剩余收益的折现因子 δ、国有控股方对剩余所有权的分享比例以及国有控股方对风险的偏好等因素。进一步，我们对长期动态博弈下国有

控股方侵占行为影响因素的作用进行深入分析。

根据式（3.40）对侵占行为惩罚 F 求偏导：

$$\varepsilon'_F = -\beta\pi'_{1\varepsilon} \cdot \varepsilon'_F + \frac{1-\delta^T}{T(1-\delta)}$$

即：
$$\varepsilon'_F = \frac{1}{1+\beta\pi'_{1\varepsilon}} \cdot \frac{1-\delta^T}{T(1-\delta)} = \begin{cases} >0, & \text{当 } 1+\beta\pi'_{1\varepsilon} >0 \text{ 时} \\ <0, & \text{当 } 1+\beta\pi'_{1\varepsilon} <0 \text{ 时} \end{cases} \tag{3.41}$$

因为 $\pi'_{1\varepsilon} = \lim\limits_{\Delta\varepsilon\to 0} \dfrac{\pi_1(\varepsilon+\Delta\varepsilon)-\pi_1(\varepsilon)}{\Delta\varepsilon} <0(\Delta\varepsilon>0$ 时，有 $\pi_1(\varepsilon+\Delta\varepsilon)<\pi_1(\varepsilon))$

同时，$0<\delta<1$，$T>1$，$\dfrac{1-\delta^T}{T(1-\delta)}>0$

所以有：当 $-\dfrac{1}{\beta} < \pi'_{1\varepsilon} <0$ 时，$\varepsilon'_F >0$

当 $\pi_{1\varepsilon} < -\dfrac{1}{\beta}$时，$\varepsilon'_F <0$

由式（3.41）可得：若国有控股方在第 1 期选择侵占行为，则，当其所获得的控制权超额私有收益的临界值 ε 变动带来企业总剩余 π 变动的幅度较小时（变动幅度在 $-1<\pi'_\varepsilon<0$），侵占行为惩罚 F 与 ε 是正向变动关系，即随着 F 的增加，ε 也增加，国有控股方侵占行为的可能性降低；反之，当 ε 变动带来企业剩余 π 变动的幅度较大时（变动幅度达到 $-\infty<\pi'_\varepsilon<-1$），侵占行为惩罚 F 与 ε 是反向变动关系，随着 ε 的增加，公司剩余收益 π 的缩减幅度增加，此时，国有控股方选择侵占行为的代价也很大，国有控股方选择侵占行为一定有可获得较大控制权超额私有收益的激励，此时中小股东和其他利益相关者的侵占行为惩罚对国有控股方风险行为选择的影响较小，如果加大监督和惩罚力度，为了弥补惩罚损失，国有控股方可能会增加对风险行为选择的可能性，但这是一种"杀鸡取卵"式的策略，尤其在长期动态博弈中这种情况几乎很少发生。所以，可认为侵占行为惩罚成本 F 与控制权超额私有收益的临界值 ε 是正向变动关系，加大侵占行为惩罚力度可降低国有控股方进行侵占行为的可能性。

根据式（3.40），对国有控股方侵占行为被查处的概率 θ 求偏导：

$$\varepsilon'_\theta = -\beta\pi'_{1\varepsilon} \cdot \varepsilon'_\theta + \frac{(1-\delta^T)}{T(1-\delta)}(F'_\varepsilon \cdot \varepsilon'_\theta + F'_\theta) \tag{3.42}$$

$$\varepsilon'_\theta = \frac{1}{1+\beta\pi'_{1\varepsilon}-\dfrac{1-\delta^T}{T(1-\delta)}F'_\varepsilon} \cdot \frac{(1-\delta^T)}{T(1-\delta)}F'_\theta \tag{3.43}$$

$$
= \begin{cases}
> 0, & \text{当 } 1 + \beta\pi'_{1\varepsilon} > \dfrac{1-\delta^{T}}{T(1-\delta)}F'_{\varepsilon}, \ F'_{\theta} > 0 \text{ 时} \\[2mm]
> 0, & \text{当 } 1 + \beta\pi'_{1\varepsilon} < \dfrac{1-\delta^{T}}{T(1-\delta)}F'_{\varepsilon}, \ F'_{\theta} < 0 \text{ 时} \\[2mm]
< 0, & \text{当 } 1 + \beta\pi'_{1\varepsilon} < \dfrac{1-\delta^{T}}{T(1-\delta)}F'_{\varepsilon}, \ F'_{\theta} > 0 \text{ 时} \\[2mm]
< 0, & \text{当 } 1 + \beta\pi'_{1\varepsilon} > \dfrac{1-\delta^{T}}{T(1-\delta)}F'_{\varepsilon}, \ F'_{\theta} < 0 \text{ 时}
\end{cases} \tag{3.44}
$$

对 $1 + \beta\pi'_{1\varepsilon} > \dfrac{1-\delta^{T}}{T(1-\delta)}F'_{\varepsilon}$，当 $F'_{\varepsilon} > 0$ 时，$1 + \beta\pi'_{1\varepsilon} > 0$。此时，$\pi'_{1\varepsilon}$ 的绝对值较小。此时，要求有 $\varepsilon'_{\theta} > 0$，$F'_{\theta} > 0$ 或 $\varepsilon'_{\theta} < 0$，$F'_{\theta} < 0$。当 $F'_{\varepsilon} < 0$ 时，$0 < -\pi'_{1\varepsilon} < \dfrac{1}{\beta}\left(1 - \dfrac{1-\delta^{T}}{T(1-\delta)}F'_{\varepsilon}\right)$，$\pi'_{1\varepsilon}$ 的绝对值也较小。同理，对于 $1 + \beta\pi'_{1\varepsilon} < \dfrac{1-\delta^{T}}{T(1-\delta)}F'_{\varepsilon}$，有 $\pi'_{1\varepsilon}$ 的绝对值较大，此时，有 $\varepsilon'_{\theta} < 0$，$F'_{\theta} > 0$ 或 $\varepsilon'_{\theta} > 0$，$F'_{\theta} < 0$。

式（3.44）说明，若 ε 变动带来 π 变动幅度较小时，国有控股方侵占行为被查处的概率 θ 与 ε 的关系是同增同减的。而当 θ 增大时，同时增加 F，即随着侵占行为被查处的概率和侵占行为惩罚的增大，ε 将会加大，国有控股方的侵占行为将会得到较好的抑制；如果侵占行为惩罚减小，则会产生"干打雷不下雨"的效用，反而会产生抑制国有控股方侵占行为的负效应。当 ε 变动带来 π 变动的幅度较大时，侵占行为被查处的概率 θ 与 ε 是反向变动关系，但这种情况在长期、动态博弈中很少发生。所以可以认为，提高侵占行为被查处的概率 θ，可降低国有控股方侵占行为选择的可能性。

同时说明，要控制国有控股方的侵占行为，必须在加大查处力度的同时，提高对国有控股方侵占行为的惩罚力度，提高国有控股方侵占行为选择的门槛，抑制国有控股方的侵占行为。否则，有一方偏废，就不能起到"双管齐下"的效果，也将导致国有控股方侵占行为得不到有效控制。

根据式（3.40），对国有控股方未来剩余收益的折现率 δ 求偏导：

$$
\varepsilon'_{\delta} = -\beta\pi'_{1\varepsilon} \cdot \varepsilon'_{\delta} + \frac{-T\delta^{T-1}(1-\delta) + (1-\delta^{T})}{T(1-\delta)^{2}}F + \frac{1-\delta^{T}}{T(1-\delta)}F'_{\varepsilon}\varepsilon'_{\delta} \tag{3.45}
$$

从而有：

$$
\varepsilon'_{\delta} = \frac{1}{1 + \beta\pi'_{1\varepsilon} - \dfrac{1-\delta^{T}}{T(1-\delta)}F'_{\varepsilon}} \cdot \frac{(1-\delta^{T}) - T\delta^{T-1}(1-\delta)}{T(1-\delta)^{2}}F
$$

$$= \begin{cases} >0, & \text{当}\ 1+\beta\pi'_{1\varepsilon} > \dfrac{1-\delta^T}{T(1-\delta)}F'_{\varepsilon}\ \text{时} \\[4mm] <0, & \text{当}\ 1+\beta\pi'_{1\varepsilon} < \dfrac{1-\delta^T}{T(1-\delta)}F'_{\varepsilon}\ \text{时} \end{cases} \tag{3.46}$$

对于 $1+\beta\pi'_{1\varepsilon} > \dfrac{1-\delta^T}{T(1-\delta)}F'_{\varepsilon}$，当 $F'_{\varepsilon}>0$ 时，$1+\beta\pi'_{1\varepsilon}>0$。此时，$\pi'_{1\varepsilon}$ 的绝对值较小。当 $F'_{\varepsilon}<0$ 时，$0 < -\pi'_{1\varepsilon} < \dfrac{1}{\beta}\left(1-\dfrac{1-\delta^T}{T(1-\delta)}F'_{\varepsilon}\right)$，$\pi'_{1\varepsilon}$ 的绝对值也较小。

而对于 $1+\beta\pi'_{1\varepsilon} < \dfrac{1-\delta^T}{T(1-\delta)}F'_{\varepsilon}$，同理可获得 $\pi'_{1\varepsilon}$ 的绝对值较大的结论。

式（3.46）说明，若控制权超额私有收益的临界值 ε 变动带来企业总剩余 π 变动的幅度较小时，国有控股方对未来剩余收益的折现率 δ 与 ε 的关系是同增同减的关系，即提高折现率 δ，国有控股方侵占行为的阈值也将提高，国有控股方侵占行为的可能性降低。同时，也能够减小国有控股方侵占行为发生所带来的企业总剩余 π 变动的减幅变化区间，有效遏制国有控股方侵占行为造成的公司实际总剩余的减少幅度。当 ε 变动带来 π 变动的幅度较大时，国有控股方对未来剩余收益的折现率 δ 与 ε 的关系是反向关系，此时，降低折现率 δ 会增加国有控股方风险发生所带来的企业总剩余 π 变动的减幅变化区间，对企业共同分配的实际剩余 $\pi(\varepsilon)$ 所造成的损害很大，但这种情况在长期、动态博弈中同样很少发生。所以可以认为，提高国有控股方对未来剩余收益的折现率 δ，可以降低国有控股方侵占行为选择的可能性。

根据式（3.40）对国有控股方在公司中所拥有的现金流权，即剩余索取权份额 β 求偏导。

$$\varepsilon'_{\beta} = (\pi(0)-\pi_1(\varepsilon)) - \beta\pi'_{1\varepsilon}\cdot\varepsilon'_{\beta} + \frac{1-\delta^T}{T(1-\delta)}F'_{\varepsilon}\cdot\varepsilon'_{\beta},\ \text{即：}$$

$$\varepsilon'_{\beta} = \frac{\pi(0)-\pi_1(\varepsilon)}{1+\beta\pi'_{1\varepsilon}-\dfrac{1-\delta^T}{T(1-\delta)}F'_{\varepsilon}} = \begin{cases} >0, & \text{当}\ F'_{\varepsilon} < \dfrac{T(1-\delta)}{1-\delta^T}(1+\beta\pi'_{1\varepsilon})\ \text{时} \\[4mm] <0, & \text{当}\ F'_{\varepsilon} < \dfrac{T(1-\delta)}{1-\delta^T}(1+\beta\pi'_{1\varepsilon})\ \text{时} \end{cases}$$

$$\tag{3.47}$$

而以上情况，又可细分为四种情形：

$$\varepsilon'_{\beta} = \frac{\pi(0) - \pi_1(\varepsilon)}{1 + \beta\pi'_{1\varepsilon} - \frac{1-\delta^T}{T(1-\delta)}F'_{\varepsilon}} = \begin{cases} >0, & \text{当 } F'_{\varepsilon} < \frac{T(1-\delta)}{1-\delta^T}(1+\beta\pi'_{1\varepsilon}) < 0 \text{ 时} \\[2mm] >0, & \text{当 } 0 \leq F'_{\varepsilon} < \frac{T(1-\delta)}{1-\delta^T}(1+\beta\pi'_{1\varepsilon}) \text{ 时} \\[2mm] <0, & \text{当 } F'_{\varepsilon} > \frac{T(1-\delta)}{1-\delta^T}(1+\beta\pi'_{1\varepsilon}) > 0 \text{ 时} \\[2mm] <0, & \text{当 } 0 > F'_{\varepsilon} > \frac{T(1-\delta)}{1-\delta^T}(1+\beta\pi'_{1\varepsilon}) \text{ 时} \end{cases}$$

$$(3.48)$$

式（3.48）说明，控制权超额私有收益的临界值 ε 变动带来企业剩余收益 π 变动的幅度较小时，侵占行为惩罚 F 与 ε 是正向变动关系，此时，若 F 增加的幅度较小，则国有控股方对剩余收益的分享比例 β 与 ε 呈同增同减关系，若 F 增加的幅度足够大，则国有控股方对剩余收益的分享比例 β 与 ε 呈反向变动的关系。反之，如果控制权超额私有收益临界值 ε 变动带来企业剩余 π 变动的幅度较大时，侵占行为惩罚 F 与 ε 是反向变动关系，此时，若 F 增加的幅度较小，国有控股方对剩余收益的分享比例 β 与控制权超额私有收益临界值 ε 呈反向变动关系；若 F 增加的幅度足够大，则国有控股方对剩余收益的分享比例 β 与控制权超额私有收益临界值 ε 呈同增同减的关系，即，随着 ε 的提升，国有控股方发生侵占行为的难度增加、可能性减少。如果侵占行为惩罚 F 力度不够大，则可通过提高国有控股方对剩余收益的分享比例 β 的方式来代替，如果此时侵占行为惩罚 F 力度足够大，则可通过降低国有控股方对剩余收益的分享比例来代替 β，由此带来的企业剩余 π 的下降幅度均比较小。由此得出，侵占行为惩罚 F 与调整国有控股方对剩余收益的分享比例 β 的方法可以互相补充，即两种机制具有互补性。

综上所述，我们认为在混合策略博弈下，国有控股方选择侵占行为时获取的最低收益值 $\varepsilon^* = \beta(\pi(0) - \pi_1(\varepsilon^*)) + \frac{1-\delta^T}{T(1-\delta)}F(\varepsilon^*, \theta)$，国有控股方的侵占行为选择空间为 $v_L = \{\varepsilon \mid \varepsilon \in (\varepsilon^*, +\infty)\}$，只有 $\varepsilon > \varepsilon^*$ 时，国有控股方才可能选择侵占行为，反之，国有控股方不会选择侵占行为。影响国有控股方侵占行为选择的因素包括，国有控股方侵占行为惩罚损失 F、国有控股方侵占行为时被发现和查处的概率 θ、国有控股方对剩余所有权的分享比例等。通过对各影响因素的作用机理的深入分析，可以认为增加侵占行为惩罚的力度和有效性，同时增强国有控股方侵占行为被查处的概率，两个机制相互作用才能有效地抑制国有控股方的侵占行为选择；从长期发展看，提高国有控股方对未来剩余收益的折现率 δ，可以降低国有控股方侵占行为的可能性；在公司内外部治理机制作用比较弱的情况下，要限制公司控股方控制权和现金流权的过度分离，减少公司控股方利用股权杠杆获取较多的控制权额外收益，降低国有控股方侵占行为；在公司内外部治理机制建设比较完善的情况下，通过混合所有制改革，多元化公司股权结构，降低国有控股方的持股比例，增强其他大控股方的制衡能力，有利于降低国有控股方侵占行为选择的可能性同时能使公司多渠道筹集资金，有利于公司长期持续发展。因此，从长期、持续发展的视角看，国有控股方与中小股东和其他利益相关者应该求同存异，谋求合作的基础，避免双方过于制衡、对立，以强制强，建立协作、共赢、和谐的有利于长期持续发展的公司治理机制。

3.2　国有控股方与内部控制人之间的行为博弈分析

自青木昌彦（1995）提出内部人控制问题以后引起了学术界的普遍重视，并成为转轨经济国家公司治理研究的焦点。内部人控制问题根源于公司制企业中经理人与股东信息不对称，导致了内部人侵害股东利益的道德风险。学者们将这一类公司治理问题称为第一类代理问题——"代理型公司治理"。公司治理目标为投资者确保他们投资的回报（Shleifer，Vishny，1997），以及解决众多小股东"搭便车"的问题（Becht et al.，2002）。控股方和内部人之间的利益冲突主要表现为，因内部人不按控股方利益行事而带来的各种代理成本：直接侵占投资者的资金、在职消费，以及管理层决策失误等（Jensen，Meckling，1976；Shleifer，Vishny，1989）。

中国内部人控制问题在经济转轨时期特定情形下产生，并成为一种普遍现象。在中国国有企业情景中，由于国家股权缺位导致国有控股方对内部人监管弱化，使内部人不仅掌握了企业大部分剩余控制权，还掌握了一定的剩余索取权。而内部人在一定程度上独立于国有控股方，其价值目标与控股方有时并不完全一致，有自己独立的利益追求。同时，国有控股方与内部人信息不对称问题的存在以及其道德风险（即经营努力的不可查性）都为国有企业内部人的机会主义行为创造了条件。作为同时肩负社会目标和经济目标的国有控股方，为了实现国有资产的保值增值，在均衡治理成本、制度约束成本以及控制权收益等约束因素下，是否会对内部人进行治理、在什么情形下进行治理以及治理的影响因素是什么？基于此，本节从静态博弈和动态博弈视角，在控股方与管理者委托代理的框架下研究了国有控股方治理行为选择的机制，为下一步控股方治理行为实证分析奠定了理论基础。

3.2.1 静态博弈分析

作为所有权与控制权分离条件下的利益主体，国有控股方与内部人利益目标存在差异。国有控股方关注公司盈余，以股份增值为主要收益；以董事会、执行经理为代表的内部人持股比例相对较小，在公司运营过程中为了个人私利可能发生侵吞公司资产的行为，由此侵害公司控股方的利益。所以，国有控股方需要对内部人行为予以监督和治理，以保障自身的利益。国有控股方和内部人之间存在一种博弈关系。

在博弈模型中，国有控股方具有治理、不治理两种选择，内部控制人具有侵占、不侵占两种选择。其模型假设如下：

（1）企业实际剩余为 π，内部控制人侵占公司利益为 ε，若内部控制人选择侵占企业剩余，此部分收益将无法参与国有控股方利益分配；

（2）国有控股方作为终极控股股东，拥有对内部控制人侵占行为治理的权力。若对内部控制人侵占行为进行治理，可以发现内部控制人的侵占行为并对其罚款，罚款金额为 F，罚款金额归国有控股方所有；治理成本记为 C；

（3）国有控股方作为终极控股股东，具有对公司共有收益的剩余索取权份额 β。内部控制人持股比例为 γ，$\gamma < 1 - \beta$。

由此，可以得出国有控股方和内部控制人相关目标函数：

（1）内部控制人侵占行为情形下，如果国有控股方同时存在治理行为，那么内部控制人收益为 $\gamma\pi(\varepsilon) + \varepsilon - F$，国有控股方收益为 $\beta\pi(\varepsilon) - C + F$；

（2）内部控制人侵占行为情形下，如果国有控股方同时选择不治理，那么内部控制人收益为 $\gamma\pi(\varepsilon) + \varepsilon$，国有控股方收益为 $\beta\pi(\varepsilon)$；

（3）内部控制人选择不侵占情形下，如果国有控股方同时选择治理，那么内部控制人收益为 $\gamma\pi(0)$，国有控股方收益为 $\beta\pi(0) - C$；

（4）内部控制人选择不侵占情形下，如果国有控股方同时选择不治理，那么内部控制人收益为 $\gamma\pi(0)$，国有控股方收益为 $\beta\pi(0)$。

国有控股方与内部控制人博弈的支付矩阵如表 3 - 2 所示。

表 3 - 2　　　　　　　　国有控股方与内部控制人收益矩阵

内部控制人	治理	不治理
侵占	$\beta\pi(\varepsilon) - C + F(\varepsilon,\ \varphi)$, $\gamma\pi(\varepsilon) + \varepsilon - F(\varepsilon,\ \varphi)$	$\beta\pi(\varepsilon)$, $\gamma\pi(\varepsilon) + \varepsilon$
不侵占	$\beta\pi(0) - C$, $\gamma\pi(0)$	$\beta\pi(0)$, $\gamma\pi(0)$

注：作者设计。

如果用 χ 表示国有控股方治理概率，φ 表示内部控制人侵占行为被监督和惩罚的概率，η 表示内部控制人侵占行为的概率，那么，内部控制人选择不侵占公司利益时其期望收益为：

$$E(c, 0) = \gamma\pi(0)$$

选择侵占时内部控制人的期望收益为：

$$E(c, 1) = \chi\big[(\gamma\pi(\varepsilon) + \varepsilon - F)\varphi + (\gamma\pi(\varepsilon) + \varepsilon)(1 - \varphi)\big] + (1 - \chi)(\gamma\pi(\varepsilon) + \varepsilon)$$

如果内部控制人倾向于选择侵占，那么，应假设内部控制人侵占公司利益时的收益高于不侵占时的收益，具备 $E(c, 1) > E(c, 0)$，即：

$$\chi\big[(\gamma\pi(\varepsilon) + \varepsilon - F)\varphi + (\gamma\pi(\varepsilon) + \varepsilon)(1 - \varphi)\big] + (1 - \chi)(\gamma\pi(\varepsilon) + \varepsilon) > \gamma\pi(0)$$

求解可得：

$$-F\varphi\chi + \gamma\pi(\varepsilon) + \varepsilon - \gamma\pi(0) > 0$$

进而 $\varepsilon > F(\varepsilon, \varphi)\varphi\chi + \gamma\big[\pi(0) - \pi(\varepsilon)\big]$

可见，内部控制人侵占公司的利益时，必须满足：侵占获得的利益必须高于被查处时的罚款金额 $F(\varepsilon, \varphi)\varphi\chi$ 与内部控制人本该分配的公司利益 $\gamma\big[\pi(0) - \pi(\varepsilon)\big]$ 之和。只有当侵占金额高于此临界值时，内部控制人才有侵占公司利益的必要。

同理，如果内部控制人倾向于选择不侵占，应假设不侵占公司利益时的收益高于侵占公司利益的收益，具备 $E(c, 0) > E(c, 1)$，即：

$$\chi\big[(\gamma\pi(\varepsilon) + \varepsilon - F)\varphi + (\gamma\pi(\varepsilon) + \varepsilon)(1 - \varphi)\big] + (1 - \chi)(\gamma\pi(\varepsilon) + \varepsilon) < \gamma\pi(0)$$

求解可得：

$$-F\varphi\chi + \gamma\pi(\varepsilon) + \varepsilon - \gamma\pi(0) < 0$$

进而：$\varepsilon < F(\varepsilon, \varphi)\varphi\chi - \gamma\big[\pi(\varepsilon) - \pi(0)\big]$

或者：$F(\varepsilon, \varphi)\varphi\chi > \varepsilon - \gamma\big[\pi(0) - \pi(\varepsilon)\big]$

可见，如果期望内部控制人选择不侵占公司利益，需要满足：查处时的罚款金额必须高于侵占公司利益和应该分配利益之差，只有罚款金额高于两者之差，才能对内部控制人产生震慑作用，高额风险成本使得内部控制人不倾向于选择风险行为。所以，内部控制人侵占公司利益与不侵占公司利益的临界值是：

$$\varepsilon = F(\varepsilon, \varphi)\varphi\chi + \gamma\big[\pi(0) - \pi(\varepsilon)\big]$$

当 ε 直接取自公司可分配利益 $\pi(0)$，即 $\varepsilon = \pi(0) - \pi(\varepsilon)$，则有：

$$\varepsilon' = \frac{F(\varepsilon, \varphi)}{1 - \gamma}\varphi\chi$$

由此可知，$\varepsilon' = \dfrac{F(\varepsilon, \varphi)}{1 - \gamma}\varphi\chi$ 即为内部控制人选择侵占与否的临界值，只有当 $\varepsilon > \varepsilon'$ 时，内部控制人才倾向于选择侵占行为。

而且，ε' 与罚款程度 F、治理中被惩罚的概率 $\varphi\chi$ 成正比，同时，也随着持股比例的增加而增大。为进一步探讨国有控股方与内部控制人之间的博弈关系，需探寻此博弈模型的纳什均衡状态，探究纳什均衡状态下国有控股方与内部控制人的行为选择。

如果该矩阵存在纳什均衡，则存在四种情况：

（1）内部控制人选择侵占，国有控股方选择治理，应具备如下条件：

$$\begin{cases} \beta\pi(\varepsilon) - C + F > \beta\pi(\varepsilon) \\ \beta\pi(0) - C > \beta\pi(0) \\ \gamma\pi(\varepsilon) + \varepsilon - F > \gamma\pi(0) \\ \gamma\pi(\varepsilon) + \varepsilon > \gamma\pi(0) \end{cases}$$

因得出 $C < 0$，所以此状态不存在纳什均衡解。

（2）内部控制人选择不侵占，国有控股方选择治理，应具备如下条件：

$$\begin{cases} \beta\pi(\varepsilon) - C + F > \beta\pi(\varepsilon) \\ \beta\pi(0) - C > \beta\pi(0) \\ \gamma\pi(\varepsilon) + \varepsilon - F < \gamma\pi(0) \\ \gamma\pi(\varepsilon) + \varepsilon < \gamma\pi(0) \end{cases}$$

同样得出 $C < 0$，所以此状态不存在纳什均衡解。

（3）内部控制人选择侵占，国有控股方选择不治理，应具备如下条件：

$$\begin{cases} \beta\pi(\varepsilon) - C + F < \beta\pi(\varepsilon) \\ \beta\pi(0) - C < \beta\pi(0) \\ \gamma\pi(\varepsilon) + \varepsilon - F > \gamma\pi(0) \\ \gamma\pi(\varepsilon) + \varepsilon > \gamma\pi(0) \end{cases}$$

求解可得：

$$\begin{cases} F < C \\ C > 0 \\ \varepsilon > F + \gamma[\pi(0) - \pi(\varepsilon)] \\ \varepsilon > \gamma[\pi(0) - \pi(\varepsilon)] \end{cases}$$

这种情况下，内部控制人侵占公司利益获得的收益远远大于持有股份所获得的正常收益，而国有控股方又不对其进行治理，在现实中是很少出现的，因此这种情况也不是纳什均衡解。

（4）内部控制人选择不侵占，国有控股方选择不治理，应具备如下条件：

$$\begin{cases} \beta\pi(\varepsilon) - C + F < \beta\pi(\varepsilon) \\ \beta\pi(0) - C < \beta\pi(0) \\ \gamma\pi(\varepsilon) + \varepsilon - F < \gamma\pi(0) \\ \gamma\pi(\varepsilon) + \varepsilon < \gamma\pi(0) \end{cases}$$

求解可得：
$$\begin{cases} F < C \\ C > 0 \\ \varepsilon < F + \gamma[\pi(0) - \pi(\varepsilon)] \\ \varepsilon < \gamma[\pi(0) - \pi(\varepsilon)] \end{cases}$$

这种情况下，由于国有控股方选择不治理，罚款金额 $F = 0$，侵占带来的收益小于正常分配收益，在现实中存在的可能性较大，因此，不侵占、不治理是较为理想的纳什均衡。

3.2.2 动态博弈分析

在表 3 - 2 的国有控股方与内部控制人的支付矩阵中，博弈双方完全了解对方的行为选择和结果，但是在实际情况中，博弈均衡还可能受到参与人行动次序的影响，参与人的行动次序决定了动态均衡结果以及最优状态。在所有权与控制权分离的治理条件下，我们假定内部控制人首先选择是否侵占公司利益的行为，然后由国有控股方再选择对其治理还是不治理。

完全信息动态博弈模型扩展式为：

（1）参与人：国有控股方、内部控制人。

（2）参与人的行动次序：内部控制人首先选择行为，国有控股方再选择行为。

（3）参与人的行动空间：内部控制人为侵占和不侵占，国有控股方为治理和不治理。内部控制人的治理可以发现内部控制人的侵占行为。

（4）参与人的信息集：内部控制人选择侵占概率为 p_1，不侵占概率为 $1 - p_1$；国有控股方选择治理概率为 p_2，不治理概率为 $1 - p_2$。

那么，在 {侵占，治理}、{侵占，不治理}、{不侵占，治理}、{不侵占，不治理} 四种结果集中，双方利益分别如表 3 - 3 所示。

表 3 - 3　　　　　　　　　　　双方收益表

结果	内部控制人收益	国有控股方收益
{侵占，治理}	$\gamma\pi(\varepsilon) + \varepsilon - F(\varepsilon)$	$\beta\pi(\varepsilon) - C + F(\varepsilon)$
{侵占，不治理}	$\gamma\pi(\varepsilon) + \varepsilon$	$\beta\pi(\varepsilon)$
{不侵占，治理}	$\gamma\pi(0)$	$\beta\pi(0) - C$
{不侵占，不治理}	$\gamma\pi(0)$	$\beta\pi(0)$

采用逆推法，国有控股方期望收益可表示如下：

$$E(g) = p_1 p_2 (\beta\pi(\varepsilon) - C + F) + p_1(1 - p_2)\beta\pi(\varepsilon) +$$
$$(1 - p_1)p_2[\beta\pi(0) - C] + (1 - p_1)(1 - p_2)\beta\pi(0)$$
$$= p_1 p_2 F + p_1\beta\pi(\varepsilon) + (1 - p_1)\beta\pi(0) - p_2 C$$

国有控股方期望收益最大时，一阶导数等于零，即：

$$\frac{\partial E(g)}{\partial p_2} = p_1 F - C = 0$$

求解，得：

$$p_1 = \frac{C}{F(\varepsilon)}$$

由 $p_1 = \dfrac{C}{F(\varepsilon)}$ 可知，内部控制人是否侵占公司利益的概率所受影响因素如下：

（1）内部控制人是否侵占公司利益的概率与罚款金额成反比，罚款金额越高，内部控制人越不倾向于侵占公司利益。

（2）内部控制人侵占公司利益的概率与国有控股方治理成本成正比，国有控股方治理成本越高，实施治理的难度就越大，内部控制人侵占公司利益的可能性也越大。

因此，对约束内部控制人的侵占行为而言，应主要从加大对内部控制人的惩罚力度和减少国有控股方治理成本方面入手。具体而言，高额的罚款金额、适当的法律责任都是增加惩罚力度的有效方式；而减少国有控股方治理成本的高效措施是依靠全社会共同监督和治理，公开财务报表，明确资金流向，鼓励社会公众参与监督治理。

同理，内部控制人期望收益可表示如下：

$$E(c) = p_1 p_2 [\gamma\pi(\varepsilon) + \varepsilon - F] + p_1(1 - p_2)[\gamma\pi(\varepsilon) + \varepsilon] +$$
$$(1 - p_1)p_2\gamma\pi(0) + (1 - p_1)(1 - p_2)\gamma\pi(0)$$
$$= -p_1 p_2 F + p_1[\gamma\pi(\varepsilon) + \varepsilon] + (1 - p_1)\gamma\pi(0)$$

内部控制人期望收益最大时，一阶导数为零，即：

$$\frac{\partial E(c)}{\partial p_1} = -p_2 F + \gamma\pi(\varepsilon) + \varepsilon - \gamma\pi(0) = 0$$

计算可得：

$$p_2 = \frac{\varepsilon - \gamma[\pi(0) - \pi(\varepsilon)]}{F(\varepsilon)}$$

由此可知，国有控股方是否进行治理的概率所受影响因素如下：

（1）国有控股方是否进行治理的概率与罚款金额 $F(\varepsilon)$ 成反比，罚款金额越大，侵占行为风险越大，国有控股方进行治理的概率相应降低；因此，适当提高惩罚力度是协助国有控股方治理的有效方式之一。

（2）国有控股方进行治理的概率与侵占行为所获超额利益大小成正比，ε 为侵占利益，$\gamma[\pi(0)-\pi(\varepsilon)]$ 为内部控制人本该获得的利益，内部控制人侵占造成的利益差额越大，即 $\varepsilon-\gamma[\pi(0)-\pi(\varepsilon)]$ 越大，国有控股方进行治理的概率越大；

（3）值得关注的是，国有控股方进行治理的概率不受治理成本的影响，因为相比于内部控制人侵占公司利益造成的损失而言，治理成本不会成为限制国有控股方行为的因素。

3.3　国有控股公司控股方侵占行为治理策略

鉴于国有控股方、中小企业控股方、内部控制人之间存在的博弈关系，提出国有控股公司控股方治理的一般策略：

（1）变关系博弈为规则博弈

长期以来，政府与企业之间形成了纵向管理的上下级关系模式，政府在对企业行使监管、审批职责作用关系过程中的人情、权力交易滋生了一些"寻租"现象。在国有控股公司中，若要对国有控股方行为进行治理，先应规范政府与企业之间的关系，使长期形成的关系博弈转变为规则博弈，使政府、企业在规范的制度环境下履行自己的职责。

关系博弈以人际信任为基础，规则博弈以制度信任为基础，国有控股公司控股方的治理需打破传统依靠人际关系形成的关系网络，应该建立起健全的制度体系，凡事有法可依，依靠制度监督控股方的行为。控股方若出现故意设租等违规行为，任何企业或个人有权利进行监督举报，明确的制度规范下违规控股方也会受到严厉惩罚。

（2）建立政企良性互嵌合作机制

埃文斯认为，发展中国家的政府必须融入社会关系中才能发挥国家的重要作用。琳达·维斯和约翰·M. 霍布森（Linda Weiss，John M. Hobson）也认为，强大的国家要求政府与社会力量融为一体，推动社会经济发展，弱小的国家中政府机构才会呈现专断强势姿势。新型市场经济下，政府不能继续保持权威与领导地位，而是应由原来权威性发展为与企业建立良好的合作互嵌关系。

政府机构是企业的服务者和引领者，督促政府机构向服务型政府的转变是对国有企业控股方治理的重要方面。国有控股方违规行为很大部分是由于掌握着社会经济的独断权力，为谋取单位或个人私利发生侵吞国有资产的行为。将这种独断权力转变为企业服务，并将政府利益与企业利益嵌为一体，才能减弱地方政府机构侵吞国有资产的意愿。

（3）加大对国有控股方违规行为的惩罚力度

博弈结果显示，加大对国有控股方违规行为的惩罚力度，可以有效地降低违规行为。现有国有控股公司控股方为政府，既是运动员又是裁判员，即使发现了违规行为也是从轻处罚，降职或处以一定金额的罚款。但是，与违规行为所能获得的巨额利润相比，这些处罚无法发挥威慑作用，而且，违规人员多抱有侥幸心理而铤而走险，导致违规行为不断。中国若借鉴发达国家的惩罚政策，发现政府人员违规行为则开除公职并处巨额罚款，则可以大大增加控股方违规行为的机会成本，惩罚措施成效则能立竿见影。

（4）第三方监督机制有待建立完善

国有控股公司的特殊性决定了国有控股方运动员与裁判员的双重身份，因此，有必要完善第三方监督机构的作用机制。长期以来，形成的政企关系不可能短期内完全实现政府与企业相互监督的过渡，第三方监督机构作为独立于国有控股公司利益主体的独立机构，较难与控股方建立私人利益关系，监督作用绕开人情、关系等更容易发挥效力。如美国建立了多层次、多角度的监督机制，从联邦到地方多层监督，从执法机构到新闻媒介到社会组织和个人多角度发挥监督作用。

一般经济活动中，政府调控市场进而调节企业行为，企业通过在市场中的活动反馈回政府，政府再根据企业行为调整干预市场的手段。但是，在制度体系不完善的发展中国家，监督体制不健全，政府机构可能发生侵吞国有资产的违规行为，或者与企业合谋破坏正常的市场秩序，造成劣币驱逐良币效应。如果健全第三方监督机构，国有控股方会放弃"寻租"的违规倾向进入正常市场经济轨道。

（5）发挥公众监督的集体力量

静态博弈结果和动态博弈结果显示，监督成本是是否影响对控股方进行治理的因素之一，因此减少监督成本也能提升控股方治理效率，其中，极其有效且容易实施的手段是充分发挥社会公众监督的集体力量。随着人的素质的提高和网络技术的发展，电话、邮箱、微博、媒体都成为举报问题的平台，人们的成熟度逐渐增加。

公众监督有效节约监督成本，仍需进一步鼓励公众参与监督行为，履行官员财产公开，促成各种制度实施的透明性；鼓励公众监督国家审计机关的审计活动，依靠舆论和法律武器保障公共制度的监督权和话语权，实现社会活动政府参与、企业参与、公众参与的良性互动。

3.4　本章小结

本章应用混合博弈论的分析方法，分析了单期静态和多期动态博弈下，国有控股方行为模式选择的机理，发现国有控股方行为选择的内部激励因素是国有控股方对控制权超额私有收益的获取，而中小股东及利益相关者对国有控股方侵占行为的监督、选择监督的概率、国有控股方侵占被发现并被惩罚的概率等要素构成了国有控股方行为模式选择的外部激励因素。总体而言，外部法律环境、中小股东监督机制和监督成本、中小股东参与治理的积极性、国有控股方侵占成本等因素影响了国有控股方治理模式的选择。

（1）根据单期静态博弈分析结果可知：$\varepsilon^* = \alpha\theta F(\varepsilon^*, \theta) + \beta(\pi(0) - \pi(\varepsilon^*))$ 是在混合策略博弈下，国有控股方发生侵占行为的最低收益值，当 $\varepsilon > \varepsilon^*$ 时，国有控股方才可能选择侵占行为，当 $\varepsilon \leqslant \varepsilon^*$ 时，国有控股方不会冒险选择侵占行为，也就是说，ε^* 是国有控股方选择侵占行为控制权收益的阈值，因此，可得出其侵占行为选择空间为 $V_L = \{\varepsilon \mid \varepsilon \in (\varepsilon^*, +\infty)\}$。同时，可以得出影响国有控股方侵占行为的因素包括，国有控股方侵占行为所能得到的控制权超额私有收益 ε、国有控股方侵占行为惩罚损失 F、国有控股方侵占行为被发现和查处的概率 θ、中小股东和其他利益相关者进行监督的概率 α、国有控股方对剩余所有权的分享比例 β、国有控股方对风险行为选择概率 γ 的影响。同时，论证了调整这些影响因素可以降低国有控股方侵占行为效应，如增加侵占行为惩罚力度和有效性、加大侵占行为被查处的概率、提高中小股东和其他利益相关者监督强度和频率等。另外，在一定的国有控股方侵占行为区间内，增加国有控股方剩余索取权份额 β，有助于降低国有控股方侵占行为。

（2）多期动态博弈分析结果表明，国有控股方选择侵占行为时的最低收益值为 $\varepsilon^* = \beta(\pi(0) - \pi_1(\varepsilon^*)) + \dfrac{1-\delta^T}{T(1-\delta)} F(\varepsilon^*, \theta)$，国有控股方的侵占行为选择空间为 $v_L = \{\varepsilon \mid \varepsilon \in (\varepsilon^*, +\infty)\}$，只有 $\varepsilon > \varepsilon^*$ 时，国有控股方才可能选择侵占行为，反之，国有控股方不会冒险。

影响国有控股方侵占行为的因素包括国有控股方侵占行为惩罚损失 F、国有控股方侵占行为被发现和查处的概率 θ、国有控股方对剩余所有权的分享比例 β 等。通过各影响因素的作用机理的深入分析，增加侵占行为惩罚 F 的力度和有效性，同时加大国有控股方侵占行为被查处的概率 θ，两个机制相互作用才能有效地抑制国有控股方的侵占行为；从长期的发展看，提高国有控股方对未来剩余收益的折现率 δ，可以降低国有控股方侵占行为的可能性，进一步完善国有控股公司内外部治理机制建设，推进混合所有制改革，多元化股权结构，建立完善的国有控股方、中小股东和其他利益相关者的共同利益基础和共赢、共享的治理机制，是规范国有公司控股方的最优路径。

（3）国有控股方与内部控制人的博弈分析结果显示，$\varepsilon' = \dfrac{F(\varepsilon, \varphi)}{1-\gamma}\varphi\chi$ 是内部控制人选择侵占与否的临界值，只有当 $\varepsilon > \varepsilon'$ 时，内部控制人才倾向于选择侵占行为，而且存在不侵占、不治理是较为理想的纳什均衡。动态博弈结果显示，应主要从加大对内部控制人的惩罚力度和减少控股方治理成本方面入手减少内部控制人的侵占行为。高额的罚款金额、适当的法律责任都是增加惩罚力度的有效方式，另外，也需依靠全社会共同监督和治理，公开财务报表，明确资金流向，鼓励社会公众参与监督治理。

对于国有控股公司而言，控股方治理需从以下几方面进行：变关系博弈为规则博弈；建立政企良性互嵌合作机制；加大对政府控股方违规行为的惩罚力度；建立完善的第三方监督机制；发挥公众监督的集体力量。

第4章

国有控股方治理行为及
影响因素实证分析

根据第3章控股方行为博弈结果分析，一般控股公司的控股方治理行为影响变量包括控股公司的股权结构、控股方治理成本、社会治理文化、公司外部治理环境以及控股方对控制权私有收益的获取预期等。但是，国有控股公司作为国有资本运营的主体，既要实现"国有资产保值、增值"，又要保证"国民福祉"的最大化。因此，国有控股公司具有"社会目标"和"经济目标"双重治理目标。另外，国有控股方作为国有资产管理体系的出资人①具有"管人、管事、管资产"的法律职责。同时，国有股权的集中性、行政权的权威性以及长期形成的"政企关系""政资关系"的制度运行环境，使国有控股方具有超强的控制权，导致其控制机制对外部治理机制具有显著的替代性。而国有股权行使过程中，国家产权代表人的"缺位"导致了对控股方剩余收益的弱控制性。二者之间的矛盾成为中国国有控股公司治理效率低下的主要原因。2013年公布的世界500强公司中，共有50家公司出现亏损，其中，中国有16家公司跻身其中，这16家公司全部为国有企业。2014年，发布的中国500强企业中，有43家企业与上年度相比发生了亏损，其中42家为国有企业。国有企业效率低下问题使国有控股公司备受诟病。如何通过提高国有控股方的行为

---

① 参见《中华人民共和国企业国有资产法》，法律出版社2008年版，第十二条规定："履行出资人职责的机构代表本级人民政府对国家出资企业依法享有资产收益、参与重大决策和选择管理者等出资人权利"。第十四条规定："履行出资人职责的机构应当依照法律、行政法规以及企业章程履行出资人职责，保障出资人权益，防止国有资产损失"。第十五条规定："履行出资人职责的机构对本级人民政府负责，向本级人民政府报告履行出资人职责的情况，接受本级人民政府的监督和考核，对国有资产的保值增值负责。履行出资人职责的机构应当按照国家有关规定，定期向本级人民政府报告有关国有资产总量、结构、变动、收益等汇总分析的情况"。《中华人民共和国企业国有资产法》第六条规定："国务院和地方人民政府应当按照政企分开、社会公共管理职能与国有资产出资人职能分开、不干预企业依法自主经营的原则，依法履行出资人职责"。

效率，提升国有控股公司治理效率，尤其是在"走出去"发展战略基础上，进一步提出的"一带一路"开放性战略的实施，使中国产业和企业面对的竞争不仅仅是产品和服务的竞争、更是争夺资本的竞争、是企业的效率和取信于投资者的较量。现代市场经济下的机构和个人投资者，对公司治理有关各方行为的规制程度、公司透明度、披露信息的可信度，以及中小股东和利益相关者受保护程度比以往任何时候都更加重视。它与企业外部的软硬环境、市场效率一起构成了投资者决定资本进出的基本因素。可以说，规范有效的公司治理是中国企业获得国际竞争力和长期发展的必要条件。从这个意义上说，建立有效的公司治理是当今中国微观领域最重要的制度建设。

因此，本章鉴于股权分置改革后，国有控股公司治理出现的现实问题，以国有上市公司的控股方为研究对象，探索了国有上市公司控股方治理行为特征和治理效率。重点探讨了不同控制权结构、不同行政背景的控股方治理行为模式；不同行业竞争环境、不同行政背景控股方治理行为模式；以及影响控股方治理行为模式的影响因素等问题。在研究中，为探讨控股方治理行为模式，先进行了国有控股公司控股方的治理行为指数的构建，在对控股方治理行为量化分析的基础上，深入地系统分析了国有控股方在不同市场竞争环境下行使国有股权的有效行为模式。

4.1　控股方行为评价相关研究

目前，国内外学者关于控股方行为的研究，主要是从理论研究、实证研究、评价研究三个方面展开。其中，理论研究主要是基于经济效用模型、博弈分析模型等对控股方代理行为机理进行经济学分析，如拉·波特等（La Porta et al.，2000）、[248]詹森和麦克林（Jensen，Meckling，1976）、[41]法乔等（Faccio et al.，2001）[249]及吕长江等（2007）[115]对最终控制人治理与投资者法律保护的相关研究，其中，蒂罗尔（Tirole，2001）通过构建控股方道德风险模型揭示了控股方的道德风险行为机理。[49]郑志刚（2004）则在此基础上，进一步讨论了降低第二类代理成本（因投资者或股东之间利益冲突而致的代理成本）的可能途径与公司治理机制；[250]冯根福（2004）应用道格拉斯生产函数，通过对控股方控制权收益和成本的分析，研究了不同竞争环境下控股方的行为动机；[44]吴育辉、吴世农（2011）分析了双重委托代理关系下，大股东掏空与管理层自利行为。[251]实证研究主要集中于控股方治理行为及其表现形式方面。如叶会和李善民（2011）通过大宗股权交易事件，研究了所有权结构、产权属性、市场环境等因素对控股方获取控制权收益行为的影响；[252]贺建刚、孙铮和李增泉（2010）对大股东关联交易中的侵占行为研究；[253]沃尔平（Volpin，2002），约翰（John，1994）等对控股方代理问题的研究都体现了这一点；[208][254]控股行为效率的综合评价研究，如标准普尔评价系统、欧洲戴米诺公司评价系统、南开大学公司治理评价系统等的机构评级成果，以及一些学者对股东评级体系的研究，如施东晖（2003）、[255]武立东（2006）[256]等的研究。

其中，有关控股方行为效率的综合评价研究积累了丰富的成果，但大部分的研究成果都是包含在公司治理整体评价体系之中。主要是围绕着保护中小股东和其他利益相关者利益、降低公司治理风险、提高公司治理质量等主题展开的评价研究。比较有代表性的如标准普尔（Standard & Poor's）从所有权结构和利益相关者保护两个方面评价控股方治理行为是否对中小股东利益造成损害；欧洲戴米诺公司（1999）通过股东权利、接管防御、治理披露以及董事会结构四个维度构建了公司治理评价体系，评价公司中小股东权益保护的实施情况，以此评估控股方的行为效率；亚洲里昂证券（CLSA）则主要从股东的公平性、公司独立性、中小股东权益保护以及公司治理文化等维度对公司控股方治理行为进行了评价；国内南开大学公司治理研究中心的公司治理评价体系，主要从中小股东权益保护、上市公司独立性与关联交易三个维度对控股方行为进行了评价；另外，沪、深两市的证券交易所等机构的公司治理评级体系，也都比较侧重对公司控股方行为的评价研究。[257]

同时，较多学者也对控股方行为的评价体系进行了探索性研究。如吴淑琨（2003）、彭成武（2003）从股权结构合理性、股权透明性以及股东权利公平性三个方面对股东行为进行评价；[258][259]施东晖（2003）从关联交易的规范性、公司独立性以及关键人激励与控制等维度进行股东行为评价体系设计研究。[255]徐伟（2005）、武立东（2006）基于上市公司独立性、股东大会有效性、中小股东权益保护以及关联交易状况四个方面要素进行了控股方行为评级体系设计及行为效应分析；[260][256]宋力、胡运权（2010）根据股权分置改革以后的新法规，从非公允关联交易、操纵财务报告和信息披露、操纵上市公司股利政策、投资与再融资、操纵上市公司股价行为、影响上市公司独立性行为六个方面进行了控股方代理行为指数构建研究，并进行了行为效应实证分析。[68]谢永珍（2013）提出，应该从战略行为绩效（包括财务绩效、社会责任、创新、市场竞争力）和控制行为绩效（包括代理成本、违规行为、信息披露以及风险控制）两个方面对控股方行为绩效进行综合测评。[261]

综上所述，国内外有关控股方治理行为及评价的研究成果，因其所评价的内容和适用范围不同，评价指标体系的构成以及评价标准有很大的差异。目前较多的评价研究主要集中在公司治理层面，终级控股方对公司控制行为效率的研究成果较少。比较而言，国外控股方行为评价研究基于完善的法规、制度基础，能从不同的侧重点对控股方行为进行客观评价。中国由于资本市场发展不够成熟、外部治理环境不完善、区域经济环境和法律环境的差异性较大，因此中国控股公司控股方行为的评价研究具有一定复杂性。尤其是一些指标的评价标准难以科学界定，如股利的分红和派发、关联交易等影响因素都是一把"双刃剑"，作为评价指标时其有效性的标准难以界定。另外，一些评价指标体系虽然具有较好的构建，但在实务操作中难以实施，因而研究缺乏有效性验证。尤其是有关控股方股权行使机制和特征研究的评价体系更不多见。

4.2　国有控股方治理行为指数构建

从以上研究发现，国内外有关控股方治理行为的评价研究，大部分是围绕着保护中小股东和其他利益相关者利益，避免受到控股方侵占的视角展开的。同时，单独以国有控股公司控股方治理行为作为评价对象的研究比较少，大部分研究成果包含在整体公司治理评价体系研究中。但是，国有控股公司是国家进行国有资产经营与管理的特殊法人。《国有资产管理法》明确界定了国有控股方作为国有资产"出资人"的法律地位和相应的法律职责。① 因此，国有控股公司的治理不仅具有"经济"和"政治"双重治理目标，同时还肩负维护社会经济秩序稳定的重要作用。鉴于国有股权行使的特殊性，不能简单地从中小股东权益保护的视角，衡量和判断国有控股方股权行使的有效性。本书综合中国国有控股公司控股方在国有资产管理方面"管人、管事、管资产"出资人职能和公司治理层面的"控制、监督"职能，借鉴国内外控股方治理行为效率评价的研究成果，结合现阶段中国法律制度的相关规定，以及目前国有控股公司治理的实际状况，进行了国有控股方治理行为指数构建。该指数仅用于客观描述国有控股方股权行使特征，即只对指标因素的重要性、实施频率、控制强度进行分类量化。不设置指标评价标准，不对指标因素优劣进行评估。仅在分类量化的基础上，确定控股方的各种治理机制实施强弱特征。

---

① 参见《中华人民共和国企业国有资产法》，法律出版社 2008 年版第十二条规定：国务院国有资产监督管理机构和地方人民政府按照国务院的规定设立的国有资产监督管理机构，根据本级人民政府的授权，代表本级人民政府对国家出资企业履行出资人职责。国务院和地方人民政府根据需要，可以授权其他部门、机构代表本级人民政府对国家出资企业履行出资人职责。

4.2.1　控股方治理行为指数指标体系

在国有控股方治理行为指数指标体系的构建过程中，本书依据《中华人民共和国国有资产管理法》《中华人民共和国公司法》中相关的法律、法规，结合国有控股公司治理实务中的客观现实（如《中央企业负责人经营业绩考核暂行办法》），从国有控股方履行"出资人"职责所需的管理机制和国有控股方实施股权控制的治理机制两个层面，对控股方治理行为指数影响因素进行实证分析。

首先，在履行"出资人"职责的管理机制方面，为了保证国有控股方能够有效履行国有资产"出资人"的职责，《中华人民共和国国有资产管理法》中对国有股权行使的规范和实施机制方式进行了法律界定。如《中华人民共和国国有资产管理法》第二章第十二条规定："履行出资人职责的机构代表本级人民政府对国家出资企业依法享有资产收益、参与重大决策和选择管理者等出资人权利"。并明确了国有控股方的考核目标。要求履行出资人职责的机构对本级人民政府负责，接受本级人民政府的监督和考核，对国有资产的保值增值负责（《中华人民共和国国有资产管理法》第三章第十五条①）。在《中华人民共和国国有资产管理法》第四章中，明确了国有控股方履行出资人职责的管理机制，即国有控股方具有对控股公司管理者进行任免、考核、奖惩以及确定其薪酬标准的职责。其中，第二十二条和第二十七条规定了行使规范：国有控股公司的控股方履行出资人职责，要依照法律、行政法规以及企业章程的规定，向公司股东会、股东大会提出任免或者建议任免的董事、监事人选。其中，国有独资公司控股方，可以直接任免独资公司的董事长、副董事长、董事、监事会主席和监事；另外，应当对其任命的企业管理者进行年度和任期考核，并依据考核结果决定对企业管理者的奖惩。要按照国家有关规定，确定其任命的国家出资企业管理者的薪酬标准。

以上法律条款，明确了国有控股方履行出资人职责的管理机制，即通过选派董事、监事等控股方代表控制、监督董事会、监事会职能的履行；对所任命的企业管理者职责履行情况，进行年度和任期业绩考核，以此进行监督、激励；对所任命的管理者的提升、降职、免职等机制，决定公司关键高管人员变更，通过"晋升锦标赛的治理模式"对所任命的企业管理者进行激励与控制。

其次，在国有控股方实施治理层面，自施莱弗和维什尼（Shleifer, Vishny,

---

① 参见《中华人民共和国企业国有资产法》，法律出版社 2008 年版第十五条规定：履行出资人职责的机构对本级人民政府负责，向本级人民政府报告履行出资人职责的情况，接受本级人民政府的监督和考核，对国有资产的保值增值负责。履行出资人职责的机构，应当按照国家有关规定，定期向本级人民政府报告有关国有资产总量、结构、变动、收益等汇总分析的情况。

1986）提出"活跃股东"的概念以后，许多学者开始对控股方的治理机制进行了研究，如格罗斯曼和哈特（Grossman，Hart，1980）[73]、瓦尔纳等（Warner et al.，1988）[262]首先发现，随着股权集中，董事会成员的替换速度提高。弗兰克斯和迈耶尔（Franks，Mayer，1994，1995）[11]、卡普兰和明顿（Kaplan，Minton，1994）[263]康和希夫达萨尼什维达（Kang，Shivdasani，1995）[264]等进一步发现，控股方与频繁的公司管理人员替换有关，而且控股方倾向于更换业绩不良的经营者。瓦哈罗（Wahal，1996）[265]伯克莱森斯等（Claessens et al.，2000）[16]法乔和朗（Faccio，Lang，2002）[23]等学者的研究进一步表明，控股方往往是通过委派高层管理者、提交股东议案、向管理层施加压力乃至替换管理者等机制影响公司绩效和公司决策。此后，有关控股方的治理机制的研究较多地集中于董事会机制（Hermalin，Weisbach，2003；[266] Adams et al.，2010；[267] 王跃堂等，2006；[120] 叶康涛等，2007，2011；[122] 郑志刚等，2013[268]）、经理层激励薪酬（Murphy，1999；[269] Finkelstein et al.，2009[270]）、监事会机制（Chang，Wong，2004；[271] 李维安，王世权，2007[272]；李维安等，2006[90]）等方面。

其中，有关国有企业控股方治理机制的研究，主要是以中国上市公司为研究背景展开的。如曹廷求（2003、2005）[273][274]通过国内外控股方治理机制归纳分析，认为控股方的治理机制主要包括：直接控制、提交议案、向管理层施加压力、替换管理者、公司章程制定等。其中，直接控制是控股方治理的主要机制，中国的国有企业、日本的主银行制、德国的全能银行制、东南亚国家（地区）的家族企业都是直接控制的典型代表。而中国国有企业在直接控制中，更倾向于派遣董事长、董事、监事等。余明桂（2004），[245] 李增泉（2004），[99] 张光荣和曾勇（2007）[275]进一步证实了此结论，提出中国上市公司控股方往往通过控制董事会、对经理层进行任命、更换以及薪酬激励等治理机制，对公司关联交易、经营投资等重大决策进行影响控制。钟海燕等（2010）进一步提出中国上市公司的治理机制主要表现为控股方主导模式，控股方操纵了股东大会、董事会和管理层，使得上市公司的治理结构失衡，即使进行了股权分置改革后，控股方控制现象仍然尤为明显。[276]王维钢（2010）也提出，在资本多数决策原则下，大股东选派的代表很容易占据董事、监事的多数席位，实际上就控制了公司的战略决策。[277]谢永珍（2013）[261]从控股方控制行为和战略行为分析的视角，提出控股方通过控制董事会和监事会成员的选任影响公司高管的任免，以实现对公司的风险和战略决策的控制。

另外，实践中的国有控股方股权行使存在着特殊性，突出表现为：国有控股方具备超股东特权，拥有企业高层的任免权、薪酬决定权、重大经营事项的决定权、资产处置权和收益分配权等一系列"出资人"的权力；国有股权行使效果的考核方式和路径具有特殊性。与一般公司股东不同，国有股东行权效果需要经过国资监管机构的考核，由于国资监管机构同时兼任"出资人""监管人""立法人"等多重角色，导致考核方式及其路径在实践中存在着许多不合理与不规范之处。

基于相应法律、法规以及理论和现实的研究，董事会与关键人控制、高管激励、监事会约束是影响国有控股方股权行使效率的最重要、最基础的三大机制，也是国有控股方战略行为和控制行为实现的保障。[①] 因此，本书从董事会与关键人控制、高管激励、监事会约束三个层面机制进行了指数指标选择，并构建了治理行为指数指标体系，见表4-1。

表 4 - 1　　　　　　　　　国有控股方治理行为指标体系

目标层指标	主因素层指标	子因素层指标	指标说明	评价标准
控股股东治理行为	董事会及关键人控制	1. 董事长、总经理派遣	分析控股方对公司决策的影响和对公司内部人的控制	根据董事长和总经理两职合一的情况，设置分值：（1）董事长兼经理；（2）派遣副董事长兼总经理（3）派遣董事长（4）派遣总经理兼董事（5）派遣总经理
		2. 派遣董事人数占董事会比例	分析控股方对公司董事会的控制，即对公司决策的影响	对观察值进行离差标准化后乘以100作为其得分
		3. 董事长、总经理三年之内变更次数	分析控股方对公司内部人的控制，即对公司决策和运营的影响	以极大化标准值为指标分值
	高管激励	1. 前三位高管薪酬	分析控股方对高管的短期激励	以极大化标准值为指标分值
		2. 董事长持股比例	分析控股方对高管的长期激励	以极大化标准值为指标分值
		3. 总经理持股比例	分析控股方对高管的长期激励	以极大化标准值为指标分值
		4. 董事会持股比例	分析控股方对公司决策层的长期激励	以极大化标准值为指标分值
		5. 高管的持股比例	分析控股方对公司运营层的长期激励	以极大化标准值为指标分值
	监事会约束	1. 派遣监事会主席情况	分析控股方对监事会的约束	派遣为"1"；不派遣为"0"
		2. 派遣监事会人数占监事会比例	分析控股方对监事会的约束	以极大化标准值为指标分值
		3. 监事会激励情况	分析控股方对公司监事会的长期激励	以极大化标准值为指标分值

---

① 谢永珍（2013）、肖作平（2006）等学者认为，股东从理论和法律上都应具有战略行为和控制行为。

4.2.2 国有控股方治理行为指数构建模型

为量化分析控股方的治理行为模式，本书借鉴了国际上主要的公司治理评价系统，如标准普尔（S＆P）治理评价系统；欧洲戴米诺公司（Deminor）治理评价体系；里昂证券公司治理评价体系等国际上主要的公司治理评价系统中的控股方治理部分，同时也借鉴了中国转轨时期国有控股公司控股方行为评价研究的成果，如吴淑琨（2002）、[144]施东晖（2003）、[255]武立东（2007）[278]等，结合国有控股方由于政府背景导致的强势控制的实际情况，以及中国资本市场法律制度不完备、信息不充分和透明度低等因素，根据控股方控制权对公司运营面的影响信息，应用 AHP 层次分析方法，进行了国有控股方治理行为指数构建。

1. 指数模型设计

根据控股方治理行为指标评价体系，通过指数化技术，本部分对中国上市公司控股方行为进行了指数量化，指数化模型如下：

$$HDGI^{JD} = \alpha_1 \cdot HDGI^{JD1} + \alpha_2 \cdot HDGI^{JD2} + \alpha_3 \cdot HDGI^{JD3}$$

式中：$HDGI$ 代表股东行为指数；$\alpha_i(i=1，2，3)$ 代表各评价要素的重要性系数；$HDGI^{JDi}(i=1，2，3)$ 分别代表董事会、高管激励、监事会等行为指数。其他因素层指数也是按上述模型进行指数化。其中，评价标准的界定，根据不同指标的特性确定各评价指数的标准。对于定量标准采用了"点标准"与"线标准"相结合的方式，"点标准"根据变量特征直接确定量化标准；"线标准"则根据评价指标的特性及其与公司绩效间的关系曲线，由曲线变动的拐点组合而成。评价指标重要性系数的确定，采用主观赋值及客观赋值相结合的方法，对于目标层以及准则层采用主观赋值，对于指标层采用客观赋值。客观赋值法根据评价指标的实际观察值确定其重要性系数，针对中国目前上市公司治理环境特点，本书采用标志变异系数法，即将评价指标的重要性系数与指标值的变动相结合，对于变动幅度较大的指标赋予较大的权重，相反则赋予较小的权重。主观赋值是运用层次分析方法，进行指标权重确定。重点采用分数标度的方式进行层次分析，运用德尔菲法建立相关主（子）因素层评价指标重要性系数的判断矩阵，所得到的判断矩阵和各层次的一致性比率 CR 都通过了相应的检验值。国有控股方治理行为指数采用了百分制形式，最高值为100，最低值为0。

2. 国有控股上市公司控股方行为指数描述统计分析

(1) 样本数据及来源

本书以中国深、沪证券交易所 2007～2013 年的所有 A 股非金融类国有上市公司为研究样本。所用指标数据来源于 CSMAR 数据库、CCER 数据库、万德（WIND）数据库以及巨潮资讯网。为了保证均衡面板数据的连续性和代表性，本书采用的样本公司剔除了金融行业、PT 公司以及数据缺失的公司。样本筛选的原则是：指标信息齐全；不含异常数据。

(2) 控股方治理行为指数值统计分析

表 4-2 统计了国有控股公司控股方控制指数的整体情况，行为总指数基本呈现正态分布趋势。最高值为 58.28，最低值为 6.64，平均值为 33.76，标准差相对较小为 12.01，说明样本公司控股方行为指数整体状况比较一致。从控股方行为指数的三个主要因素指标值来看：

表 4-2 控股方治理行为指数统计描述

统计指标	总指数	董事会及关键人控制指数	高管激励指数	监事会约束指数
平均	33.76	53.86	3.49	31.58
标准差	12.01	20.40	3.62	24.26
最低值	6.64	12.54	0	0
最高值	58.28	93.54	61.97	77.69

资料来源：根据 CSMAR 数据库、CCER 数据库、WIND 数据库和巨潮资讯网相关数据计算整理而来。

董事会及关键人控制指数平均值为 53.86，最高值为 93.54，最低值为 12.54，样本公司间离散程度较高，标准差高达 20.40；高管激励指数平均值为 3.49，最高值为 61.97，最低值为 0，标准差最低为 3.62，说明样本公司高管激励情况比较一致；监事会指数最高值为 77.69，最低值为 0，平均值为 31.58，标准差最高为 24.26，表明样本公司监事会约束水平比较一致。

(3) 控股方行为指数相关性分析

为了进一步分析各构成要素之间的相关关系，进行了 Pearson 相关性分析，分析结果表明，见表 4-3，控股方控制指数各构成要素之间具有较强的系统一致性。董事会及关键人控制指数与高管激励指数和监事会约束指数之间均存在较强的正相关关系，与监事会约束指数之间的相关系数为 0.216，说明控股方在加强对董事会及关键人控制的同时，往往会加强对监事会的约束。高管激励指数与监事会约束之间呈负相关性，不存在显著相关关系，说明在国有控股公司中，监事会约束机制的发挥有削减高管激励机制发挥的趋势。

表 4 - 3   控股方行为主要影响因素的 **Pearson** 相关性分析

	控股方行为 总指数	董事会及 关键人控制指数	高管激励 指数	监事会约束 指数
控股方行为总指数	1	0.942 **	0.144 **	0.516 **
董事会及关键人控制指数		1	0.055 **	0.216 **
高管激励指数			1	- 0.008
监事会约束指数				1

注：** 表示在 0.01 水平（双侧）上显著相关；$N = 4802$。

4.3　控股方治理行为特征实证分析

为进一步系统分析、研究国有控股方的行为特征，本节以控股方行为指数作为公司控股方治理行为刻画变量，系统分析控股公司内部治理机制和外部治理机制对控股方治理行为指数的影响，以及各因素指标的变化特征。重点分析了控股方行政背景、控制权结构、行业竞争度、政府干预度、法律环境等因素对控股方行为的影响。

4.3.1　研究设计

1. 数据来源与样本选择

样本的观测数据主要来源于 CSMAR 数据库，部分数据来源于 CCER 数据库、WIND 数据库，有些缺失数据通过巨潮资讯网（www. cnicfo. com）和《中国统计年鉴》予以补充完整。

本书对样本做了如下处理：

（1）由于金融保险和银行证券类上市公司的特征与其他类型的公司有较大差异，考虑到此类行业的特性会对整体结果造成影响，故将其从研究样本中剔除；

（2）剔除了 5 家在 2007 ~ 2013 年间企业性质发生变化的上市公司，即由国有企业转为民营企业的公司；

（3）通过查阅公司年报和网上相关资料对数据库中的缺失值和偏差较大的值进行了修正和补充，部分数据通过各种努力也无法完善，为了保证研究资料的一致性，故将这些数据缺省公司予以剔除。依据上述标准对样本进行筛选后，最后总样本为 686 家。

2. 指标选取

（1）被解释变量

为系统分析国有控股方行为模式，本部分对不同层面的行为指数进行了计量分析，分别为总指数 $HDGI^{JD}$；董事会及关键人控制指数 $HDGI^{JD1}$；高管激励指数 $HDGI^{JD2}$；监事会约束指数 $HDGI^{JD3}$。

（2）解释变量

解释变量主要包括：控股方特征变量，包括控股方的行政层级，控股方对控股公司的控制权和现金流权比例、控制权与现金流量权偏离度、其他股东股权制衡；外部治理机制，包括产品市场行业竞争度、法律环境、区域经济发展水平、区域政府干预度。具体详见表 4 - 4。

表 4 - 4　　　　　　　　　　　变量详细说明

变量性质	变量符号	变量解释	变量说明
被解释变量	$HDGI^{JDi}$	控股方治理行为指数	$i = 0$，1，2，3 分别表示控股方控制指数、董事会及关键人控制指数、高管激励指数、监事会约束指数
解释变量	CR	控股方的控制权结构	最终控制人的控制权比例，即控制链上的最小投票权之和
	$RATIO$	控制权与现金流权偏离度	最终控制人控制权除以现金流量权的比例，数值越大，则偏离度越大
	$CR/2 - 5$	股权制衡	第 1 大股东持股比例/第 2~5 大股东持股比例之和
	$TYPE$	实际控制人类别	国有上市公司最终控制人类型，以地方控股为参照变量，设中央控股方 $TYPE_1$、省级控股方 $TYPE_2$ 两个虚拟变量
	HHI	行业竞争程度	$HHI = \sum (X_i/X) 2X_i$ 表示行业内企业 i 的主营业务收入，X 表示某一行业的主营业务收入之和；设低竞争 HHI_1 和高竞争 HHI_2 为虚拟变量
	GOV	政府干预度	1/3（公司纳税额/所在省区市企业纳税额）+ 1/3（公司主营业务收入/所在省区市企业主营业务收入）+ 1/3（公司规模/所在省区市公司规模）
	LAW	外部法律环境	1/3（当地知识产权保护水平 + 当地行政复议受理情况 + 当地行政复议应诉情况）
	GDP	地区经济发展状况	所在地区人均 GDP 值，反映地区经济发展状况及政府治理绩效目标要求
	IIH	机构投资者	年报中披露的机构投资者持股比例

变量性质	变量符号	变量解释	变量说明
控制变量	*Lev*	资产负债率	期末总负债/期末总资产
	SIZE	公司规模	对上市公司总资产取自然对数
	年度	*Year*	以2013年为参照变量，设置2009年 *year1*、2010年 *year2*、2011年 *year3* 和2012年 *year4* 四个虚拟变量

外部法律保护水平：根据上市公司的注册地址分类，选用樊纲等编制的市场化指数中的"市场中介组织的发育和法律制度环境"的知识产权保护指标，同时结合《中国统计年鉴》相关数据，利用樊纲关于市场化研究的指数中单项指数得分的形成方法对其进行标准化之后，均赋予权重0.5求和计算得到。

地区人均GDP得分：根据《中国统计年鉴》中各地区人均GDP情况，利用樊纲关于市场化研究的指数中单项指数得分的形成方法对其进行标准化之后得到。

4.3.2 统计分析

本小节基于以下五个视角：不同行政层级、不同控制权结构、不同控制权与现金流权偏离度、不同市场竞争度以及不同行业竞争环境下的不同控制人类型对控股方的治理行为特征进行统计分析。

1. 不同行政层级控股方治理行为指数比较分析

表4-5统计结果显示，省级控股方的董事会和关键人控制指数高于中央政府控股方以及地方政府控股方，而省级控股方的高管激励指数相对较小且低于其他两类。以下进一步通过各子指标层数据，分析不同行政层级因素对控制方治理行为指数的影响：

（1）董事会及关键人控制

省级控股方通过派遣董事长和总经理进行直接控制的样本公司，分别达到74%和45%，派遣董事会成员的比例也相对较高，达到41%。相对中央控股方派遣董事长和董事会成员的比例也比较高。地方控股公司董事长和总经理两职合一的比例比较高，达到14%，说明地方所属国有控股公司具有一定的内部人控制倾向。在高管更替方面，中央控股方对董事长和总经理更换的频率相对较高，三年内变更两次董事长的公司比例达到74%，变更两次总经理的公司比例达到 10%。

表 4 - 5　　　　　　　控股方属性类型与控股方治理行为

治理行为		控股方类型	中央控股方	省级控股方	地方控股方
董事会及关键人控制指数			53.45	56.78	52.58
董事会控制	派遣董事长公司占比		68.18%	73.95%	68.20%
	派遣总经理公司占比		41.74%	44.75%	42.79%
	两职合一公司占比		9.72%	6.92%	13.86%
	来自控股方董事占比		35.10%	41.28%	34.04%
	董事长最近 3 年变更次数	1	33.89%	30.99%	24.42%
		2	73.90%	5.04%	3.76%
		3	0.798%	0.1708%	0.3287%
	总经理最近 3 年变更次数	1	37.28%	38.69%	33.58%
		2	10.25%	7.942%	6.999%
		3	0.533%	0.512%	0.7984%
高管激励指数			5.893	5.049	5.767
高管激励	最高前三名董事的报酬总额		1.092E6	1.026E6	1.209E6
	最高前三名高管报酬总额		1.620E6	1.2402E6	1.3577E6
	董事会持股比例		8.096%	7.700%	9.782%
	高管持股比例		6.091%	7.429%	7.305%
	总经理持股比例		2.721%	2.425%	1.923%
	董事长持股比例		1.590%	3.031%	4.836%
监事会约束指数			34.13	33.82	28.61
监事会制约	来自控股方监事占比		24.49%	28.51%	24.46%
	派遣监事会主席公司占比		58.39%	56.96%	46.69%
	监事会主席 3 年变更次数	1	42.81%	41.25%	40.49%
		2	9.321%	7.77%	6.48%
		3	0.732%	0.769%	0.282%
	监事会持股比例		0.6529%	0.2922%	1.2108%
	监事会主席持股比例		0.3066%	0.1772%	0.6890%

资料来源：根据 CSMAR 数据库、CCER 数据库、WIND 数据库和巨潮资讯网的相关数据计算整理而来。

（2）高管激励

中央控股方高管激励指数值相对最高，之后是地方政府控股公司。在薪酬激励方面，各类控股方对高管激励都大于对董事的激励，中央控股公司两者之间的差额相对较大，次之是省级控股方；在股权激励方面，各类控股方对董事的激励大于对高管的激励，地方控股方股权激励额度相对较大，尤其是对董事长的股权激励，而中央控股方更倾向对总经理的股权激励。

（3）监事会约束

监事会约束指数方面，中央控股方相对较高，省级控股方指数次之，指数差异主要在于，中央控股方派遣监事会主席的比例及监事会主席的变更频率都相对较高。省级控股方公司监事会成员来源于控股方的比例相对较高，其他控制指数与中央控股方指数值相差较小。在股权激励方面，地方控股方对监事会成员和监事会主席的股权激励大于其他控股方。

综合以上指标，说明省属国有控股公司控股方更倾向于派遣董事长、总经理以加强对公司经营决策的控制，但在高管激励方面却相对较弱；中央控股方与省级控股方相比，更倾向于通过高管更替和激励等机制加强对控股公司的监管和控制。地方国有控股公司具有一定的内部人控制倾向，相对倾向高激励和强化内部人控制进行治理。

2. 不同控制权结构控股方行为比较分析

按照以往理论界的研究方法，本书将控制权比例以20%和50%为分界线，将上市公司分为三类，即分散控股类型（控股方控制权比例＜20%）；相对控股类型（20%≤控股方控制权比例≤50%）；绝对控股方类型（控股方控制权比例＞50%）。表4-6显示了不同控制权结构下不同控股方治理行为指数的统计结果。总体而言，高控制权结构下控股方的董事会及关键人控制指数和监事会约束指数相对较高，其次是中控制权结构控股方行为治理指数，而弱控制权结构控股方的高管激励指数相对来说较高。进一步通过各子指标层数据，分析不同控股权结构因素对控制方治理行为指数的影响如下：

（1）董事会及关键人控制

高控制权结构下控股方通过派遣董事长和总经理进行直接控制的样本公司，分别达到70.49%和44.3%，派遣的董事会成员的比例也相对较高，达到45.14%。相对中控制权结构下控股方派遣董事长、总经理以及董事会成员的比例也比较高，达到18.05%，说明在低控制权结构下，控股方倾向采用"两职合一"的组织结构加强对公司的控制。在高管更替方面，高控制权结构控股方对董事长和总经理更换的频率相对略高，但是3年内变更3次董事长和总经理的比例略低于中控制权结构的控股公司。

（2）高管激励

低控制权结构控股方高管激励指数相对较高，而且在薪酬激励和股权激励两方面其指数都高于其他类控股方，尤其是股权激励、董事长持股比例、董事

表 4 - 6　　　　　　　　不同控制权结构控股方治理行为分析

控制权分组　治理行为			高控制（50%以上）	中控制（20% ~ 50%）	低控制（0 ~ 20%）
董事会及关键人控制指数			56.74	52.95	49.27
董事会控制	派遣董事长公司占比		70.50%	69.57%	65.90%
	派遣总经理公司占比		44.36%	42.44%	40.97%
	两职合一公司占比		8.185%	11.40%	18.05%
	来自控股方董事占比		45.14%	32.96%	23.87%
	董事长最近3年变更次数	1	33.20%	26.34%	29.51%
		2	5.94%	5.003%	3.725%
		3	0.330%	0.5106%	0.2865%
	总经理最近3年变更次数	1	36.70%	36.15%	3.152%
		2	8.779%	8.237%	6.017%
		3	0.5280%	0.715%	0.5731%
高管激励指数			5.590	5.445	7.392
高管激励	最高前三名董事的报酬总额		1.0886E6	1.1122E6	1.43929E6
	最高的前三名高管的报酬总额		1.5218E6	1.3366E6	1.5633E6
	董事会持股比例		4.560%	9.293%	22.33%
	高管持股比例		4.215%	7.483%	14.41%
	总经理持股比例		1.450%	2.186%	6.885%
	董事长持股比例		1.873%	3.150%	11.87%
监事会约束指数			36.45	29.62	26.97
监事会制约	来自控股方监事占比		31.89%	22.97%	18.52%
	派遣监事会主席公司占比		60.26%	49.90%	45.59%
	监事会主席最近3年变更次数	1	41.39%	34.99%	43.84%
		2	7.393%	74.88%	10.61%
		3	0.6601%	0.4765%	0.5731%
	监事会持股比例		0.7490%	0.8328%	0.9133%
	监事会主席持股比例		0.4086%	0.4505%	0.5505%

资料来源：根据 CSMAR 数据库、CCER 数据库、WIND 数据库和巨潮资讯网的相关数据计算整理而来。

持股比例以及高管持股比例都远高于其他两类控制权结构的公司。高控制权结构和中控制权结构控股方激励行为指数相比，中控制权结构略高于高控制权结构。同时，各类控股方对董事长和董事的激励大于对总经理和高管的激励。以上现象说明，国有控股公司控股方，随着控制权比例的降低，控股方倾向采用"高激励"治理方式，尤其是倾向加强股权激励，从而使内部控制人和公司长远利益紧密联系起来。

(3) 监事会约束

监事会约束指数方面，高控制权结构控股方公司指数相对较高于其他股权结构控股方，指数差异主要在于高控制权结构控股方派遣监事会主席和监事会成员的比例相对较高。在对监事会主席的变更方面，中控制权结构控股方更替监事会主席的频率相对较高，三年之内变更两次监事会主席的样本公司达到了74.88%，远高于其他控制权结构控股方。在监事会激励方面，低控制权结构控股方激励指数，略大于其他控制权结构的控股方。

综合以上指标，高控制权结构控股方对公司的控制倾向于派遣董事长、总经理、董事会成员，以及变更董事长等机制加强对公司经营决策的控制，而低控制权结构控股方，更倾向于通过"高激励"机制强化对公司的控制。同时，低控制权结构公司，往往会通过"两职合一"机制，强化内部控制人的控制权，从而实现对控股公司的监管和控制。

3. 不同控制权结构偏离度与控股方行为比较分析

控股方代理问题的产生，根源于"金字塔"式控股股权结构，即控制权与现金流权的偏离。因此，本部分从控制权偏离的视角分析了控股方治理行为。按照以往理论界的研究方法和国有上市公司的样本特征，本书将上市公司分为三类，即不分离类型（控制权与现金流权的偏离度 =1）；相对分离型（1 < 控制权与现金流权的偏离度 ≤2）；高度分离型（控制权与现金流权的偏离度 >2）。表4-7 显示了不同控制权偏离度下控股方治理行为指数的统计结果。

表4-7　　　　　控制权与所有权结构偏离下控股方治理行为分析

治理行为 / 偏离度			1（不分离）	1～2（相对分离）	>2（高度分离）
董事会及关键人控制指数			53.52	55.01	53.36
董事会控制	派遣董事长公司占比		67.61%	74.40%	73.81%
	派遣总经理公司占比		42.00%	44.47%	48.41%
	两职合一公司占比		11.26%	8.588%	16.27%
	来自控股方董事占比		37.95%	32.87%	27.26%
	董事长最近3年变更次数	1	27.98%	30.87%	28.96%
		2	4.801%	6.122%	6.349%
		3	0.4149%	0.5102%	0.3968%
	总经理最近3年变更次数	1	35.66%	36.73%	36.90%
		2	8.091%	8.418%	9.524%
		3	0.6817%	0.5102%	0.7937%

续表

偏离度 治理行为		1（不分离）	1~2（相对分离）	>2（高度分离）
高管激励指数		5.582	5.667	6.130
高管激励	最高的前三名董事的报酬总额	1.123E6	1.1169E6	1.2569E6
	最高的前三名高管的报酬总额	1.3783E6	1.4473E6	1.6882E6
	董事会持股比例	9.404%	8.428%	1.433%
	高管持股比例	7.131%	7.456%	2.265%
	总经理持股比例	2.284%	2.713%	0.4949%
	董事长持股比例	3.767%	2.844%	0.7013%
监事会制约	监事会约束指数	31.45	32.71	28.27
	来自控股方监事占比	27.84%	20.79%	15.42%
	派遣监事会主席公司占比	50.89%	58.67%	51.98%
	监事会主席最近3年变更次数　1	0.4155	0.4192	0.3690
	监事会主席最近3年变更次数　2	0.0764	0.0765	0.0833
	监事会主席最近3年变更次数　3	0.0050	0.0059	0.0079
	监事会持股比例	0.8655%	0.7521%	0.3804%
	监事会主席持股比例	0.5229%	0.3017%	0.0623%

资料来源：根据 CSMAR 数据库、CCER 数据库、WIND 数据库和巨潮资讯网的相关数据计算整理而来。

总体而言，控制权结构相对分离型控股方的董事会及关键人控制指数和监事会约束指数相对较高，控制权结构高度分离型控股方高管激励指数相对较高。以下进一步通过各子指标层数据，分析控制权与现金流权的偏离因素对控股方治理行为指数的影响：

（1）董事会及关键人控制

相对分离型控股方通过派遣董事长和总经理进行直接控制的样本公司，分别达到 74.40% 和 44.47%，派遣的董事会成员的比例也相对较高，达到 32.87%。高度分离型控股方派遣董事长、总经理的比例也相对较高，分别达到了 73.81% 和 48.41%，派遣总经理的比例高出相对分离型。而且，控股方倾向采用"两职合一"的组织结构的样本数达到 16.27%。上述统计结果表明，控制权与现金流权的偏离度越大，控股公司越具有内部人控制倾向。在高管更替方面，相对分离型控股方对更换董事长的频率略高，而高度分离型控股方更换总经理的频率略高。总体而言，控制权与现金流权偏离后，国有控股方对董事会和关键人的控制在加强。

（2）高管激励

高度分离型控股方高管激励指数相对较高。主要表现在薪酬激励指数都高于其他类控股方，但是股权激励指数低于其他控股方，在董事长和总经理持股方面平均低2~3个百分点，董事会和高管持股激励指数相差更大。董事长和总经理两职合一型控股公司与董事长和总经理两职相对分离型控股公司激励水平基本一致，其中，董事长和总经理两职合一型控股公司在董事长和董事会股权激励方面高于其他控股公司，相对分离型控股公司在总经理和高管股权激励方面高于其他控股公司。

以上统计结果说明，在控制权结构不偏离或相对偏离下国有控股公司控股方倾向采用"股权激励"方式，而控制权结构发生较大偏离后，控股方更倾向采用"薪酬激励"方式，即更注重公司短期经济效益的提升。

（3）监事会约束

控制权结构相对分离型控股方监事会约束指数相对较高。指数差异主要在于相对分离型控股方派遣监事会主席比较高，达到了58.67%，而派遣监事会成员的比例仅低于不分离型控股方。另外，对监事会主席的变更频率，也略高于其他控股方。在监事会激励方面，不分离型控股方对监事会主席和监事会成员的股权激励指数，均大于其他控股方。而高分离型控股方对监事会和监事会主席的激励水平最低。

综合以上指标，随着控制权与现金流权分离度的加大，控股方对公司董事会的控制，更倾向于通过派遣董事长或总经理、变更董事长或总经理等机制加强对公司关键人的控制。在控制权结构高度分离下，控股方更倾向于通过"两职合一"机制，强化内部控制人的控制权，并偏重短期激励，弱化"股权"激励。控制权与现金流权不分离和相对分离下，控股方偏重于对董事会、高管以及监事会成员的长期激励。

4. 不同产品市场竞争度下控股方治理行为比较分析

表4-8统计结果显示，不同产品市场竞争度下控股方治理行为指数略有不同，董事会与关键人控制指数和高管激励指数基本相同，高竞争度下控股方监事会约束指数略高。进一步通过各子因素层数据，分析不同市场竞争因素对控股方治理行为的影响如下：

表 4-8　　　　　　　不同行业竞争环境下控股方治理行为统计特征

治理行为	竞争度分组		高竞争 -2	低竞争 -1
董事会及关键人控制指数			53.76	53.97
董事会控制	派遣董事长公司占比		66.13%	72.32%
	派遣总经理公司占比		40.54%	44.83%
	两职合一公司占比		11.16%	10.64%
	来自控股方董事占比		40.33%	32.85%
	董事长最近 3 年变更次数	1	31.84%	26.30%
		2	6.859%	3.906%
		3	0.3311%	0.5208%
	总经理最近 3 年变更次数	1	37.60%	34.71%
		2	8.420%	8.110%
		3	0.4730%	0.7813%
高管激励	高管激励指数		5.62	5.64
	金额最高的前三名董事的报酬总额		1.1288E6	1.12844E6
	最高的前三名高级管理人员的报酬总额		1.4743E6	1.3620E6
	董事会持股比例		7.219%	9.948%
	高管持股比例		5.454%	8.137%
	总经理持股比例		1.724%	2.745%
	董事长持股比例		1.558%	4.814%
监事会制约	监事会约束指数		32.84	30.60
	来自控股方监事占比		27.93%	23.51%
	派遣监事会公司占比		54.21%	51.79%
	监事会主席最近 3 年变更次数	1	40.02%	42.49%
		2	8.184%	7.292%
		3	0.7096%	0.4092%
	监事会持股比例		0.6631%	0.9295%
	监事会主席持股比例		0.4162%	0.4669%

　　资料来源：根据 CSMAR 数据库、CCER 数据库、WIND 数据库和巨潮资讯网的相关数据计算整理而来。

（1）董事会及关键人控制

　　低行业竞争环境下控股方通过派遣董事长和总经理进行直接控制的样本公司，分别达到 72.32% 和 44.83%，较高于高产品行业竞争环境下这两项指标。但是，派遣董事会成员比例和董事长与总经理两职合一指标，均低于高竞争环境下的指标值。说明在低竞争环境下，控股方倾向派遣董事长和总经理等关键人，加强对公司的控制。在高竞争环境下，可能由于市场竞争机制的替代效应，控股方对公司的控制程度减弱，但其仍然强化了对公司董事会表决权的控制。在高管更替方面，高行业竞争环境下控股方对董事长和总经理更换的频率相对较高一些，低竞争环境下，控股方对关键人的任用基本稳定，但任期内变更3次的公司占比相对较高，而且数量非常少，仅占总样本数量的0.5%～0.7%之间。

（2）高管激励

从整体指数而言，两者激励水平基本相同。低行业竞争环境下控股方对高管的股权激励水平高于高竞争环境下控股方的激励水平，尤其是对董事长的股权激励水平。在薪酬激励方面，高竞争环境下控股方的激励水平高于低竞争环境下控股方的激励水平，而且，对总经理的激励水平要高于对董事长的激励水平。

以上统计结果在一定程度上表明，国有控股方在低行业竞争环境下，倾向采用长期的股权激励，尤其偏重对战略决策关键人——董事长的激励。而在高行业竞争环境下，对战略执行人——总经理的激励高于对董事长的激励。

（3）监事会约束

监事会约束指数方面，高行业竞争环境下控股方指数相对较高，指数差异主要在于高行业竞争环境下控股方派遣监事会主席和监事会成员的比例相对较高。在对监事会主席的变更方面，高竞争环境下控股方更替监事会主席的频率略高，三年之内变更两次和三次的样本公司占比略高于低竞争环境。但是，在监事会激励方面，低竞争环境下控股方对监事的股权激励水平，略高于高竞争环境下的控股方激励。

综合以上指标的统计结果可以发现，低竞争环境下，国有控股方对公司的控制倾向于直接派遣董事长、总经理进行公司控制，同时更倾向采用股权长期激励方式，强化对公司决策关键人的激励与控制。另外，董事长和总经理的任用相对比较稳定。高竞争环境下控股方对总经理的激励水平要高于总经理的激励水平，即更偏重对公司经营绩效的监管与控制。同时，在高竞争环境下控股方更偏好加强对监事会的约束控制。

5. 不同行业竞争度下不同政府层级控股方治理行为比较分析

表4-9统计显示了不同产品市场竞争度下不同控股方治理行为指数及子目标层影响因素的特征。统计结果表明，不同竞争环境下、不同行政背景的控股方治理行为不同。高行业竞争环境下，省级控股方董事会及关键人控制指数和监事会约束指数，略高于非省级控股方，而高管激励指数，低于地方控股

方；低产品竞争环境下，中央控股方的监事会约束指数和高管激励指数，均高于非中央控股方，但董事会与关键人激励指数仍低于省级控股方。具体子目标层影响因素如下。

表 4-9 不同产品市场竞争度下控股方治理行为分析

治理行为	竞争度分组		高竞争-2			低竞争-1		
			中央控股方	省级控股方	地方控股方	中央控股方	省级控股方	地方控股方
董事会及关键人控制指数			53.2	58.0	52.0	54.0	55.0	53.0
董事会控制	派遣董事长公司占比		72.41%	77.245	69.825	63.70%	70.04%	65.77%
	派遣总经理公司占比		40.16%	49.45%	45.35%	43.42%	39.14%	38.94%
	两职合一公司占比		7.253%	8.320%	13.84%	12.33%	5.243%	13.88%
	来自控股方董事占比		25.00%	31.00%	27.00%	39.00%	32.00%	39.00%
	董事长最近3年变更次数	1	33.16%	27.63%	21.50%	33.01%	35.02%	28.82%
		2	6.347%	3.925%	2.424%	8.493%	6.367%	5.765%
		3	1.166%	0.313%	0.235%	0.411%	0	0.471%
	总经理最近3年变更次数	1	37.95%	36.73%	31.74%	36.58%	41.01%	36.35%
		2	10.49%	7.849%	6.802%	10.00%	8.052%	7.294%
		3	0.389%	0.471%	1.173%	0.685%	0.562%	0.235%
高管激励指数			4.8	5.9	6.0	7.0	4.0	5.0
高管激励	最高的前3名董事报酬总额		9.142E5	1.169E6	1.237E6	1.281E6	8.572E5	1.169E6
	最高的前3名高管报酬总额		1.321E6	1.376E6	1.379E6	1.938E6	1.078E6	1.325E6
	董事会持股比例		3.479%	11.20%	12.83%	12.98%	2.576%	5.191%
	高管持股比例		3.052%	12.45%	9.057%	9.305%	1.438%	4.669%
	总经理持股比例		2.177%	4.373%	2.277%	3.298%	0.102%	1.391%
	董事长持股比例		0.515%	5.485%	7.074%	2.727%	0.103%	1.467%
监事会约束指数			33.3	34.1	27.3	34.4	34.2	30.6
监事会制约	来自控股方监事占比		21.01%	28.52%	22.53%	28.18%	28.49%	27.37%
	派遣监事会主席公司占比		59.07%	56.99%	44.80%	57.67%	56.93%	49.53%
	监事会主席最近3年变更次数	1	45.73%	41.76%	40.89%	39.73%	40.64%	39.88%
		2	9.845%	7.221%	5.785%	8.767%	8.427%	7.529%
		3	0.777%	0.157%	0.313%	0.685%	1.498%	0.235%
	监事会持股比例		0.569%	0.472%	1.375%	0.742%	0.078%	0.964%
	监事会主席持股比例		0.078%	0.305%	0.782%	0.548%	0.024%	0.549%

资料来源：根据 CSMAR 数据库、CCER 数据库、WIND 数据库和巨潮资讯网相关数据计算整理而来。

（1）董事会及关键人控制

高行业竞争环境下，省级控股方通过派遣董事长、总经理、董事直接控制的样本公司，分别达到 72.245%、49.45%、31%，均高于其他两类控股方的相应治理行为指数，董事长与总经理两职合一指标，略低于地方控股方。上述指标均高于低竞争环境下省级控股方相应指标。说明在高竞争环境下，省级控股方倾向派遣董事长、总经理、董事等关键人加强对公司的控制。从董事长和总经理变更频率来看，中央控股公司要高于非中央控股公司，即中央控股方通过高管变更加强对公司的控制。在低竞争环境下，中央控股方对董事长和总经理更换的频率相对高一些，尤其是变更 2~3 次的公司占比相对较高一些。

（2）高管激励

高行业竞争环境下，地方控股方对高管激励指数均高于其他两类控股方的相应指数，但在低行业竞争环境下，中央控股方对高管激励指数最高。在高竞争环境下，地方控股方的薪酬激励水平和股权激励水平，除高管和总经理的股权激励低于省级控股方外，其他指标均高于其他两类控股方的激励水平，另外也高于同类控股方在低行业竞争环境下的激励水平；低行业竞争环境下，中央控股方的薪酬激励和股权激励水平，不仅高于其他两类控股方的激励水平，同时也较高于同类控股方在高行业竞争环境下的激励水平。

（3）监事会约束

监事会约束指数方面，高行业竞争环境下省级控股方监事会约束指数，略高于其他两类控股方指数，但在低行业竞争环境下中央控股方监事会约束指数相对较高。在高行业竞争环境下，省级控股方派遣监事会主席和监事的比例，略高于其他两类控股方的派遣比例，但是，监事会主席的变更频率低于中央控股方控股公司，监事会主席和监事会成员的持股比例低于地方控股方。在低行业竞争环境下，中央控股方派遣监事会主席和监事会成员的比例相对较高。监事会主席的变更频率略低于省级控股方，对监事的股权激励水平，也略低于地方控股方的股权激励水平。

综合以上指标的统计结果可以发现，低竞争环境下，中央国有控股方对公司的控制倾向于高激励、强监督、弱控制；省级控股方采用高控制、弱激励、弱约束；地方控股方倾向采用高激励；在高竞争环境下，中央国有控股方对公司的控制倾向于弱激励、高约束、高控制；省级控股方采用高控制、高激励、高约束；地方控股方对控股公司的激励、约束以及控制相对其他两类控股方均比较弱，但是相对高竞争环境控股方治理行为，监事会的约束得以加强。

4.3.3　计量分析

为进一步分析国有控股方行为特征，本章以不同层面的控股方行为指数为被解释变量，以股权结构、行政层级、外部治理变量为解释变量，对国有公司控股方治理行为进行了深入的统计分析。实证模型及统计检验结果如下：

1．模型设计

$$HDGI^{JDi} = \alpha + \beta_1 CR + \beta_2 RATIO + \beta_3 CR/2 - 5 + \beta_4 TYPE +$$
$$\beta_5 HHI + \beta_6 GOV + \beta_7 LAW + \beta_8 GDP + \beta_9 IIH + u$$

式中，$i = 0$，1，2，3 分别表示控股方治理总指数、董事会及关键人控制指数、高管激励指数、监事会约束指数。

2．回归结果分析

表 4 - 10 显示了 4 个模型的回归结果。结合上述描述性统计结果，从股权结构特征、控股方行政层级背景、外部治理环境等视角进一步分析各影响因素对控股方控制行为的影响。

（1）股权结构

表 4 - 10 显示的四个模型计量结果，控制权结构与各指标层面控股方行为指数之间呈显著相关关系，与总指数、董事会及关键人控制指数、监事会约束指数在 1% 水平下呈显著正相关关系，与高管激励指数在 1% 水平下呈显著负相关关系。这一结论进一步验证了"结构"决定"行为"的观点。同时，也进一步证实了表 4 - 6 的统计结果，即高控制权结构控股方对公司的控制倾向于派遣董事长、总经理、监事会主席及机构成员，变更公司关键人等机制加强对董事会、监事会的控制，从而实现对控股公司的监管和控制。而低控制权结构下控股方"高管激励"指数较高，可能存在国有控股公司的"内部人控制"的"过度激励"倾向。

表 4 - 10　　　　　指数影响因素的参数估计检验

变量	$HDGI^{JD0}$	$HDGI^{JD1}$	$HDGI^{JD2}$	$HDGI^{JD3}$
CR	0.136 ***	0.120 ***	- 0.083 ***	0.122 ***
$RATIO$	0.002	0.004	- 0.002	- 0.003
$CR/2 - 5$	- 0.009	- 0.010	- 0.068 ***	0.018
$TYPE_1$	0.042 ***	0.012	0.011	0.093 ***

续表

变量	$HDGI^{JD0}$	$HDGI^{JD1}$	$HDGI^{JD2}$	$HDGI^{JD3}$
$TYPE_2$	0. 118 ***	0. 089 ***	0. 004	0. 125 ***
HHI_2	– 0. 020	– 0. 026 **	– 0. 012	0. 011
GOV	– 0. 030 **	– 0. 024 *	0. 086 ***	– 0. 055 ***
LAW	0. 048 ***	0. 041 **	0. 202 ***	– 0. 022
GDP	0. 061 ***	0. 010	0. 095 ***	0. 130 ***
IIH	0. 061 ***	0. 048 ***	0. 165 ***	0. 010
Lev	控制	控制	控制	控制
调整 R^2	0. 044	0. 026	0. 122	0. 045

注：* 、** 、*** 分别表示在 10% 、5% 和 1% 水平下显著。

控制权偏离度对控股方行为没有显著影响，即"金字塔"式控股结构对国有控股方的治理行为没有显著影响，另外，随着控制权和现金流权偏离度的加大，国有控股方会减弱对"高管激励"和"监事会约束"。其计量结果证实了冯根福（2011）的结论，即股权分置改革以后，国有控股方治理行为与治理效率没有显著变化，国有控股方治理行为更受控于"经济目标"和"社会目标"双重绩效目标。股权制衡结构 CR/2 – 5 对控股方治理总指数、董事会及关键人控制指数、监事会约束指数没有显著影响，但与高管激励指数在 1% 水平下呈显著负相关关系。说明随着其他股东制衡强度加大，能够在一定程度上制衡国有控股公司中"内部人"控制所产生的过度高薪问题。

不同行政层级背景的国有控股方治理行为具有显著的差异性，其中，中央和省级国有控股方的背景特征和其治理行为之间呈正相关关系，在 1% 显著性水平上具有统计显著性。另外，与中央、地方国有控股方相比，省级国有控股公司控股方对董事会和关键人、监事会的控制性更强，因素影响均在 1% 显著性水平上具有统计显著性，说明相对其他两类控股方而言，省级控股方更倾向直接控制董事会，加强对监事会的约束，即对控股公司的经营决策和代理风险等问题的治理力度更大，而中央控股方相对倾向通过监事会等机制，对"内部人"代理风险进行监管。

（2）外部治理机制

表 4 – 10 显示的计量结果表明，区域人均 GDP、法律环境、政府干预度、机构投资者制衡等外部治理机制与国有控股治理行为呈不同的显著相关关系。

与低行业竞争环境相比，控股方对董事会与关键人控制指数呈显著负相关关系，与控股方治理行为总指数和高管激励指数呈负向关系，但不显著。与监事会约束指数呈正向关系，但不显著。该回归结果在一定程度上证实了竞争和公司治理之间存在着明显替代关系的结论。

政府干预度与控股方治理总指数、董事会及关键人控制指数、监事会约束指数呈显著负相关关系，与高管激励指数呈显著正向关系，其中与监事会约束和高管激励在 1% 显著性水平上具有统计显著性。说明在国有控股上市公司中，政府干预有助于缓解控股方和管理层的代理问题，从而对控股方控制董事会和监事会约束的需求强度会有所降低。政府干预度与高管激励之间的正相关关系表明，政府干预度越大，则需要加强对高管人员激励，以弥补目前国有控股公司对高管激励不足的问题。

法律环境与控股方行为总指数、高管激励、董事会及关键人控制指数之间呈正相关关系，且分别在 1%、5% 显著性水平上具有统计显著性。说明法律环境的完善，有利于控股方对董事会及关键人控制机制、高管激励机制的建立和完善，促进高管薪酬水平的提升和控股方对公司决策层的控制；法律环境与监事会呈负相关关系，但基本上不具有统计显著性，这可能与当前监事会运作的效率不高有关。中国上市公司虽然普遍建立了监事会制度，但监事会运作缺乏有效的制度保障，独立性不高，从而使得监事会难以发挥应有的治理功能，导致其与外部董事比例之间的关系不显著。

区域 GDP 水平与控股方行为总指数、高管激励、监事会约束指数之间呈正相关关系，且分别在 1% 显著性水平上具有统计显著性。说明控股方治理行为有利于 GDP 水平的提升。从控股方各层面治理指数而言，GDP 水平的提高，更需要加强高管薪酬水平的提升和监事会制度建设的完善。GDP 水平的区域与董事会及关键人控制之间也呈正相关关系，但基本上不具有统计显著性，这可能进一步说明目前国有控股公司董事会机制建设、董事长与总经理等关键人的提升、调任等往往采取上级直接任用或组织推荐，并非与区域 GDP 水平等经济目标相一致。

机构投资者持股比例与控股方行为总指数、高管激励、董事会及关键人控制指数之间呈正相关关系，且在 1% 显著性水平上具有统计显著性。说明随着机构投资持股水平的提升、制衡能力的增强，国有控股方将会加强对高管激励、董事会及关键人控制和机制建设，同时随着相应机制建设的规范与完善，将吸引更多机构投资者投资，提高多元化股权结构水平。

4.4　本章小结

本章基于国有控股公司所需履行的行政职能和治理职能，从行为实施方式机制的视角，构建了控股方治理行为指标。并以此为控股方行为替代变量，实证分析控股方的治理行为特征。研究结果表明，控制权结构、控制人属性对国有控股方治理行为具有显著影响，在不同行业竞争环境、不同行政背景的控股方行为方面存在一定差异。进一步实证分析得到以下研究结论：

（1）控制权结构方面，控制权越大，国有控股方对董事会、监事会的控制越强，而高管激励水平却有减弱的趋势。中央和省级控股方相对于地方国有控股方对控股公司的控制强度更强。省级控股方更倾向直接控制董事会和关键人，以及约束监事会，而中央控股方则倾向通过监事会等约束机制对"内部人"代理风险进行监管。其结果进一步说明，控股方控制机制对高管激励机制具有替代效应。

（2）外部治理机制方面，政府干预有助于缓解控股方和管理层的代理问题，从而对控股方控制董事会和监事会约束的需求强度会有所降低。政府干预度与高管激励之间的正相关关系，表明政府干预度越大，则需要加强对高管人员激励，以弥补目前国有控股公司对高管激励不足的问题；法律环境的完善，有利于控股方对董事会及关键人控制机制、高管激励机制的建立和完善，促进高管薪酬水平的提升和控股方对公司决策层的控制；随着机构投资持股水平的提升、制衡能力的增强，国有控股方将会加强对高管激励、董事会及关键人控制和机制建设，同时随着相应机制建设的规范与完善，将吸引更多的机构投资者投资，提高多元化股权结构水平。

另外，本部分实证结果进一步证实，在"经济效益"和"社会效益"双重治理目标的驱动下，区域 GDP 水平、"政绩观"诉求（政府干预度水平）等因素对地方国有控股方治理行为同样具有显著影响。

第5章

国有控股方侵占与支持行为效应及
影响因素实证分析

如上所述，党的十六大确定了新的国有资产管理体制以后，形成了"国资委—国有控股公司—国有企业（国有上市公司）"的三层国有资产管理体系。作为国有控股上市公司的控股方（国资委、国有控股公司），同时承担着"经济目标"和"社会目标"，在"晋升锦标赛"的政绩观影响下，国有控股方为了实现其政治目标，仍然会对其所控股的国有上市公司进行相应的"侵占"或"支持"。尤其是在完成股权分置改革和股份全流通以后，国有控股方对其所控股的上市公司的治理机制和获取控制权收益的途径都发生了很大的变化。

基于此，本书以股权分置改革以后，中国 A 股市场 2007～2013 年间国有控股方股份减持事件、控股方与国有控股公司发生的关联交易情况以及"ST"摘帽前国有控股方通过关联交易对国有控股公司进行支持的情况为研究样本，来系统、深入地考察国有控股方治理行为的动机和影响因素，试图发现政府"扶持之手"和"掠夺之手"是以怎样的机制影响国有控股公司的治理绩效。从防范控股方"侵占行为"、激励和引导其"支持行为"的视角，对提高中国证券市场的有效性，完善国有控股公司治理结构提供相关建议，为完善国有控股公司的治理结构和投资者投资决策的选择提供理论依据，为法律监管部门制定相关政策法规来保护中小投资者利益提供理论指导。

5.1 国有控股方侵占行为效应分析

控股方的侵占效应是基于控股方与中小股东委托代理关系的研究框架提出的。根据第 3 章控股方行为的理论分析，控股方侵占行为受股权结构、侵占成本、控制权私有收益、法律环境和公司治理机制等因素的制约，同时，国有控股方的侵占动机不仅受上述因素的影响，同时也受当地政府"晋升锦标赛"等多种目标的限制。因此，本部分主要从股权结构、治理行为、外部治理机制、区域经济发展水平等角度研究其侵占行为。

5.1.1 国有控股方股份减持与侵占效应

股本的全流通在一定程度上克服了中国资本市场的同股不同权和一股独大的问题，但股改使得上市公司控股方的效用函数发生变化，控股方追求自身利益最大化的行为模式由股改前单一的从公司内部转移收益，发展为从外部市场减持股份获得股权溢价和从内部转移收益等多种侵占形式，并且近年来控股方股份减持行为研究成为热点。刘亚莉（2010）等通过实证研究结果表明，股份减持成为中国控股方获取控制权私有收益的一种新途径。[103]弗里德里希（Friedrich，2002）等利用事件研究法对 1986～1994 年间英国公司董事交易的超额收益情况的研究发现，超额收益呈现卖出前持续为正、卖出后持续为负的现象。[279]中国学者（吴育辉，2010；张大勇，2011）也通过事件研究法研究发现，发生股份减持的上市公司在减持前 30 个交易日有显著正的累计超额收益，而在减持后 30 个交易日则出现显著负的累计超额收益。[101][221]朱茶芬（2011）通过事件研究法对 A 股市场控股方减持行为的研究认为，控股方的减持行为表现出精准的时机选择性和侵占性，并且控股方股份减持行为会给市场传达"利坏"消息，使得市场表现为减持公告前后累计超额收益率（CAR）呈倒"V"形变化。[222]

在以上学者研究的基础上，本部分利用事件研究方法识别出侵占性国有控股方股份减持行为，并以此作为研究样本来对国有控股方侵占行为进行研究。

1. 研究假设

自拉·波特等（La Porta et al.，1998）发现，金字塔股权结构下控制权和现金流权的偏离，可以为控股方侵占上市公司创造先天性条件，并开创了以控制权结构分析控股方行为的研究范式，此后学者们的研究都是在这一研究框架下开展的。[6]中国学者贾璐熙等（2014）在研究大股东侵占行为时，发现国有上市公司控制权越高，相对非国有企业会明显加剧国有控股方的"侵占"行为。[59]根据约翰逊（Johnson）侵占行为成本模型和 LLSV 模型，控股方在发生侵占行为时会付出一定的成本。国有控股方股份的减持作为一种新的侵占途径，不仅成本高而且在两权分离度较低或者制衡度较高的情况下，会降低国有控股方的控制权。并且，国有控股方可以通过金字塔控股结构、交叉持股和发行多重股权股票等方式获取比与其股权份额相对应的名义控制权更大的实际控制权（Friedman，2003），[52] 即更大的两权分离度。当两权分离度较大时，控股方实施侵占行为的成本要低于侵占获得的收益，增加了控股方的侵占行为动机。因此，两权分离度的增大会加剧控股方对公司利益的"侵占"（宋小保，刘星，2009）。[57] 国有控股方股份减持是一个持续的动态过程，控股方的现金流权水平与其最优股份减持水平正相关（俞红海，徐龙炳，2010）。[280] 控股方拥有高的现金流权，说明其对公司的控制成本较高。在不失去控制权的前提下，控股方为降低控制成本和实现更大的收益，会采取减持公司股票的方式来实现。

基于以上分析，提出以下假设：

H1：若国有控股方对上市公司的控制度越高，则国有控股方通过减持进行侵占的可能性越小。

H2：若国有控股方的控制权与现金流权的分离度越高，则国有控股方通过减持公司股票进行侵占的可能性越大。

H3：若国有上市公司现金流权越高，国有控股方通过减持公司股票进行侵占的可能性越大。

具有一定的股权集中度或者是股权制衡度较好的股权结构，在总体上可以使得公司治理机制能够有效地发挥其对控股方侵占行为的抑制作用，尤其是在中小投资者保护水平较低的情况下，这种抑制作用越明显（孙永祥，黄祖辉，1999；屠巧平，2009；Bennedsen，Wolfenzo，2000）。[54][55][53] 较高的股权制衡度可以使得国有上市公司的决策更有利于公司的发展，但是在这种情况下国有控股方减持会面临失去对公司控制的风险。

因此，提出以下假设：

H4：股权制衡程度越高，国有控股方通过减持公司股票进行侵占的可能性越小。

国有控股方代表了国家的根本利益，控股方的行为必然会受到"晋升锦标赛"的政绩观的影响，为了实现自身的政绩目标其必然会对上市公司实施一定的政府干预。孙铮、刘凤委和李增泉（2005）通过以中国上市公司为样本来研究市场化程度、政府干预与企业债务期限结构间的关系，指出地区经济发展程度越高，政府对企业的干预程度越低。[281] 朱茶芬和李志文（2009）通过研究政府干预和会计盈余质量的关系认为，在以 GDP 增长为中心的政治绩效考核体系下，地方官员为了实现自身的政绩诉求很可能要求公司高估利润、隐藏损失，同时地方政府在实施干预时为了避免因干预行为泄露所引发的政治成本会阻碍公司信息披露的透明度。[282] 总之许多学者认为，作为国有控股方很可能会利用自身的信息优势，出于自身的政治动机择机减持或者通过其他方式来侵占上市公司和中小股东的利益。作为地方政府虽然要实现自身的政治诉求；但是还要保证对国有控股公司的绝对控制。因此，国有控股方在选择侵占方式时必然会受到政府的干预，从而抑制国有控股方通过股份减持的方式来获得侵占收益。

基于以上研究结果，提出如下假设：

H5：上市公司所在地区经济发达程度（地区 GDP）越高，国有控股方通过减持进行侵占的可能性越小。

H6：政府干预程度越大，则国有控股方通过减持进行侵占的可能性越小。

由于外部监管不力和投资者法律保护水平较低，控股方在获取侵占收益时，面临的惩罚风险较小，侵占行为可能更加严重（Reese，Weisbach，2002；吕长江，2007；黄志忠，周炜和谢文丽，2009；张光荣，曾勇，2006）。[283][284][285][275] 控股方减持的结果是控股方的持股比例下降，在某种程度上可能会降低控股方的侵占成本，侵占成本的降低又会进一步激发控股方的侵占动机，而法制水平的缺陷则纵容了控股方侵占的行为，控股方进一步侵占又会诱发控股方减持。因此，当外部法律水平较高时，减持是惩罚成本最小的侵占方式。

因此，提出以下假设：

H7：外部法律环境越完善，国有控股方通过减持公司股票进行侵占的可能性越大。

刘凤委、孙铮和李增泉（2005）通过以国有上市公司为样本来研究政府干预及行业竞争同薪酬契约之间的关系，认为高行业竞争程度会提高会计业绩对经理人的评价作用，并且会计业绩进一步决定了经营者的薪酬，这说明市场竞争越激烈控股方对经理人的监督程度越大，付出的成本也就越高，相应的中小股东的"搭便车"行为就显得越突出，在这种情况下，控股方更有动机去通过实施侵占行为来弥补这一成本。行业竞争度较低说明该行业不成熟，进入成本较高，一般属于垄断型行业，控股方不会采取股份减持行为来获得超额收益。[281]

因此，提出以下假设：

H8：若国有控股上市公司所处的行业环境竞争越激烈，则国有控股方通过减持公司股票进行侵占的可能性越大。

公司价值反映了投资者和市场对公司未来的预期，它受多种因素共同影响，诸如股权结构（McConnell，Servaes，1990；白重恩，2005）、[286][287] 控股方持股比例（孙永祥，黄祖辉，1999；Morck，Nakamur & Shivdasani，2000）[54][42] 以及国有控股方侵占和支持程度。控股方通过股份减持来侵占上市公司，会损害公司的价值，同时较高的公司价值也会反过来影响控股方的侵占行为。

基于此，提出以下假设：

H9：公司价值的提升，能够抑制国有控股方通过减持进行侵占的动机。

2. 研究设计

本部分以国有上市公司控股方减持情况为研究样本，通过事件研究法考察公司控股方减持导致的累计超额收益率变化，以此确定是否存在侵占，并选取了股权结构，控股方治理行为和外部治理环境进行实证研究。

（1）指标选取

本书在衡量国有控股方减持行为是否为一种侵占行为时，根据已有学者的研究利用事件研究法，通过减持前后 30 个交易日股票累计超额收益的变化，来衡量和定义国有控股方的减持行为是否为侵占行为。如图 5 - 1 所示，国有控股上市公司甲的控股方在发生减持前 30 个交易日股票的累计超额收益率呈现出显著的上升趋势，控股方减持后明显下降，这说明控股方利用自身的控制权优势和信息优势操纵股票价格，从而通过减持来获得超额收益并对公司价值造成损害，是典型的侵占行为，取值为"1"。同样，对于国有控股上市公司乙而言，在控股方发生减持行为前公司股票的前 30 个交易日累计超额收益率呈现出明显的上升并伴有小幅的波动，减持后 30 个交易日股票累计超额收益率虽然也有波动或下降，但 60 个交易日内其累计超额收益率还是明显上升的，这种情况下，国有控股方股份减持行为不是侵占，取值为"0"。

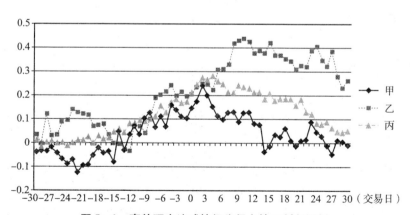

图 5 - 1　事件研究法减持行为侵占情况判断图例

（2）变量说明

是否侵占（Is Occupy）：减持公告前后 30 个交易日累计超额收益率（CAR）呈先升后降的倒"V"型；减持前累计超额收益率（CAR）显著为正，并且减持后显著为负则减持行为是侵占，取值为"1"。除此之外，均取值为"0"。

外部法律环境（LAW）：根据上市公司的注册地址分类，选用樊纲等编制的《市场化指数》中的"市场中介组织的发育和法律制度环境"中的知识产权保护指标，同时，结合《中国法律统计年鉴》行政复议受理情况和应诉情况，利用樊纲指数中单项指数得分的形成方法对其进行标准化之后，均赋予1/3权重求和计算得到。

地区经济发展状况（GDP）：根据《中国统计年鉴》中各地区人均 GDP 情况，利用单项指数得分的形成方法对其进行标准化之后得到，见表 5-1。

表 5-1 变量详细说明

变量		变量解释	变量说明
被解释变量	*Is Occupy*	是否侵占	取值为"1"表示侵占，"0"表示未发生侵占
解释变量	CR	控股方控制权结构	最终控制人的控制权比例，即控制链上的最小投票权之和
	CFR	现金流权	表示最终控制人所持有的现金流权比例，即控制链上终极控股方在各层持股比例乘积之和
	RATIO	控制权与现金流权偏离度	最终控制人控制权除以现金流量权的比例，数值越大，则偏离度越大
	Pna	每股净资产	净资产/上市公司总股本数
	CR2-5	股权制衡	第2~5大股东持股比例之和
	LAW	外部法律环境	1/3（当地知识产权保护水平+当地行政复议受理情况+当地行政复议应诉情况）
	GOV	政府干预度	1/3（公司纳税额/所在省区市企业纳税额）+1/3（公司主营业务收入/所在省区市企业主营业务收入）+1/3（公司规模/所在省区市公司规模）
	GDP	地区经济发展状况	所在地区人均 GDP 值，反映地区经济发展状况及政府治理绩效目标要求
	HHI	行业竞争程度	$HHI = \sum (X_i/X) 2X_i$ 表示行业内企业 i 的主营业务收入，X 表示某一行业的主营业务收入之和，HHI 越大竞争度越小
	$HDGI^{JDi}$	控股方治理行为指数	$i=0,1,2,3$ 分别表示控股方控制指数、董事会及关键人控制指数、高管激励指数、监事会约束指数
	IIH	机构投资者	年报中披露的机构投资者持股比例
	Tobin's Q	托宾 Q	上市公司的市场价值/资产重置成本
	Ppr	减持股票价格	股票减持期间交易均价

续表

变量		变量解释	变量说明
控制变量	*SIZE*	公司规模	对上市公司总资产取自然对数
	Indus	行业类别	根据证监会 2012 年修订版《上市公司行业分类指引》，剔除金融行业，共设置 12 个行业虚拟变量
	TYPE	实际控制人类别	国有上市公司最终控制人类型，设中央控股方 $TYPE_1$、省级控股方 $TYPE_2$ 和地方控股方 $TYPE_3$ 为虚拟变量
	Lev	资产负债率	期末总负债/期末总资产

（3）研究样本及数据来源

本书选取了沪深两市 2007~2013 年 A 股中的国有控股上市公司均衡面板数据为基础研究样本集，并从中筛选出控股方发生股份减持的公司，利用事件研究方法分析得出侵占型减持和非侵占型减持。同时，为了保证分析结果的有效性和可信度，本书对研究样本进行了如下处理：①样本中剔除了金融、银行、证券和保险行业，因为上述行业的特殊性可能会对整体信度和效度的研究结果造成影响；②考虑到部分上市公司在 2007~2013 年间企业性质发生变化，即由国企转民企脱离了本书的主题，本书剔除了 26 家该类型的上市公司；③通过查阅公司年报和网上相关资料对数据库中的缺失值和偏差较大的值进行了修正和补充，由于数据所得性的原因，为了保证研究资料的一致性，故将有缺省数据公司予以剔除。

依据上述标准对样本进行筛选后，最后得到本书所需的 185 家公司，286 个事件研究样本。其中，观测数据主要来源于 CSMAR 数据库，部分数据来源于 CCER 数据库、WIND 数据库、巨潮资讯网（www. cnicfo. com）和《中国统计年鉴》《中国城市统计年鉴》和《中国法律年鉴》等；国有控股方减持情况数据来源于 WIND 数据库。

3. 统计分析

根据已有文献和第 4 章的研究结果，本部分从股权结构、实际控制人类型、行业竞争情况以及时间四个维度对国有控股方的侵占行为影响因素进行了描述性统计分析。

（1）侵占型股份减持占国有控股方总体股份减持的比例情况

2007~2013 年所有深沪 A 股国有控股上市公司中共有 185 家控股方发生减持行为，减持 688 次，利用事件分析得到 113 家减持行为属于侵占型减持，侵占型减持 368 次，占国有控股方整体股份减持次数的 53.49%，侵占型股份减持金额占国有控股方整体股份减持金额的53.51%。[①] 由图5-2可以看出，总体侵占水平随年度的变化表现为先升高、反降低的"n"型趋势（除2007年外），2013年略有增长但是幅度较小，2010年之前侵占水平较高是由于2005年股改以来限售股票得到陆续解禁，逐渐在市场上开始流通尤其是在2007年国有控股方开始大量减持，由于国有股在解禁之前属于非流通股并且持有成本较低，解禁后出现了大量的套现行为；截至2010年进入全流通时代，控股方不再单纯地通过操纵股价减持股票来获得控制权溢价，侵占行为方式开始变得多样化，并且行为变得越来越隐蔽。

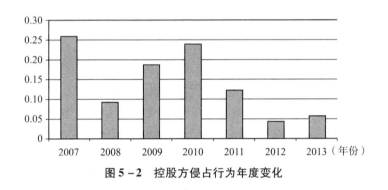

图5-2 控股方侵占行为年度变化

（2）不同控制权结构下的控股方侵占行为

表5-2所示，随着控股方对国有上市公司控制强度的增强控股方对其侵占行为效应呈现倒"U"型变化，其中，国有控股方控制权强度在20%～50%之间时侵占程度最强。贾璐熙（2014）以中国A股上市公司2006～2011年间的数据为研究样本进行实证研究也发现，"侵占"行为随实际控制人所有权的增加呈现出倒"U"型。并且，当实际控制人所有权落在30%～40%之间时，控股方的"侵占"行为最严重。根据样本统计结果进一步发现，发生减持的国有上市公司中73.18%控股方的控制权与现金流权不发生分离。造成这种现象的原因是，在控制权与现金流权分离度较小或者不发生偏离的情况下，弱控制的控股方通过减持进行侵占并获得收益所承担的控制权风险较大；而在股权结构制衡度较高的情况下，通过股份减持进行利益侵占很容易丧失对公司的实际控制权。因此，绝大部分控股方不会采取这种侵占行为，当控股方控制权强度大于50%时，公司控股方的私有利益与公司的利益高度重合，一般不会采取对公司的侵占行为；当控制权介于两者之间时，控股方控制权与现金流分

---

① 根据万德数据库和巨潮资讯网的相关数据计算整理而来。

离，控股方容易侵占公司利益，并且分离度越大这种侵占越明显。

表 5 - 2　　　　　　　　　不同控制强度下侵占行为情况　　　　　　　单位：%

年份	弱控制 （控制权 < 20%）	中控制 （控制权 20% ~ 50%）	强控制 （控制权 > 50%）
2007	6	76	18
2008	18	79	3
2009	13	71	16
2010	1	83	16
2011	9	62	29
2012	13	63	25
2013	19	62	19

资料来源：根据 CSMAR 数据库、CCER 数据库、WIND 数据库和巨潮资讯网相关数据计算整理而来。

（3）不同行业竞争环境下的控股方侵占行为

图 5 - 3 表明，在不同的行业竞争环境下，控股方股份减持侵占水平不同。高竞争市场环境下侵占水平相对较高，低竞争市场环境下侵占水平相对较低，并且这种趋势没有随时间的变化出现较大波动。这种现象可能是由于高竞争行业混合所有制改革推进速度较快，国有控股方减持幅度较大，导致控股方减持中进行侵占的可能性较大。另外，在金融市场中存在显著信息不对称现象，上市公司内部人与外部人之间、机构投资者与中小投资者之间都存在一定的信息不对称现象。[288]信息不对称不仅与投资者行为有关，也与市场信息流动过程有关，即证券交易过程中投资者对信息获取、理解和利用的过程。在高竞争行业市场环境中，行业进入壁垒较低，资金流动和信息流动相对较快，控股方通过信息优势获得股份减持的超额收益相对容易；低竞争行业中，很多上市公司属于垄断行业，为了保持国有企业在垄断行业的控制权，对于股份减持的交易监管机制相对比较严格，通过股份减持获得较高的超额收益的可能性相对比较小。同时，由于行业进入壁垒较高，资金流动和信息流动相对较慢，控股方通过信息优势获得股份减持的超额收益相对较难。

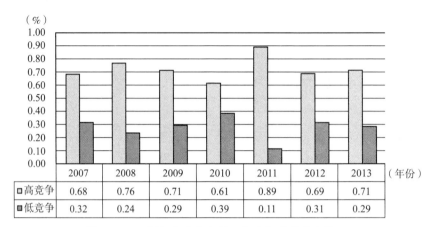

图5-3 不同行业竞争条件下侵占行为的分布情况

（年份）	2007	2008	2009	2010	2011	2012	2013
高竞争	0.68	0.76	0.71	0.61	0.89	0.69	0.71
低竞争	0.32	0.24	0.29	0.39	0.11	0.31	0.29

（4）不同类型控股方的侵占行为

表5-3说明，不同类型控股方表现出的侵占水平也具有较大差异，地方控股的上市公司控股方较之非地方控股的上市公司控股方侵占水平显著较高，中央控股的上市公司侵占水平显著较低。这种现象可能是由于中央控股的上市公司，国家对其管制力度较大、监督力度强，并且国家为保持对中央、对控股公司的绝对控制权不会通过较大幅度的减持股票来获得控制权私有收益；而作为省级政府控股的上市公司由于所扮演的角色不同，承担着资本集聚能力、合理进行资源配置和协调区域的发展等政治目标，在经济目标和政治目标发生冲突时，有可能对上市公司中小股东利益进行侵占。而其经济目标的倾向性更强。为追求经济目标，达到政绩目标，控股方倾向于侵占上市公司中小股东利益；地方控股的上市公司的职能主要是为当地政府提供税收，以及保障当地民生，因此其侵占动机最强。统计结果说明，国有控股方的实际控制人所属的政府层级对其侵占行为具有抑制作用，且政府层级越高其抑制效果越明显。

表5-3   不同控股方类型下侵占行为分布年度占比   单位：%

年份	中央控股方	省级控股方	地方控股方
2007	15	20	65
2008	18	32	50
2009	9	26	65
2010	14	26	60
2011	27	31	42
2012	19	25	56
2013	19	38	43

资料来源：根据 CSMAR 数据库、CCER 数据库、WIND 数据库和巨潮资讯网的相关数据计算整理而来。

（5）不同的两权偏离度下控股方的侵占行为

根据表 5-4 的统计结果，在所有权和控制权不发生偏离时通过减持进行侵占的水平最高，所有权和控制权偏离度越大国有上市公司控股方通过减持进行侵占的水平就越低。这一结果进一步说明，当控制权大于现金流量权时，控股方为了保证对公司的绝对控制更倾向于采用其他方式来实现自身利益的最大化。因为在偏离度较大时，国有控股方利用占相对较少的股权资本的资源控制着公司，倘若再通过股份减持来获得收益会大大地削弱控股方对国有上市公司的控制度，不利于其长期利益的获得。

表 5-4　　　　　　　　　不同偏离度下侵占水平情况　　　　　　　单位：%

年份	偏离度 = 1	偏离度在 1~2 之间	偏离度大于 2
2007	71	23	6
2008	68	18	15
2009	80	17	3
2010	74	19	7
2011	64	24	11
2012	81	6	13
2013	57	33	10

资料来源：根据 CSMAR 数据库、CCER 数据库、WIND 数据库和巨潮资讯网相关数据计算整理而来。

4. 计量分析

（1）模型设计

基于理论分析与假设并结合统计分析结果，本部分利用 Logistic 二元线性回归对国有控股方侵占行为进行实证研究，进一步来分析股权结构，公司治理结构、控股方治理行为和外部治理环境等因素对国有控股方的侵占行为的影响。

二元线性回归模型如下：

$$IsOccupy = \beta_0 + \beta_1 CR + \beta_2 CFR + \beta_3 RATIO + \beta_4 Ppr + \beta_5 CR2 - 5 + \beta_6 LAW$$
$$+ \beta_7 HHI + \beta_8 GOV + \beta_9 GDP + \beta_{10} HDGI^{JD1} + \beta_{11} HDGI^{JD2} + \beta_{12} HDGI^{JD3}$$
$$+ \beta_{13} control$$

其中，β_i，$i = 1, 2, \cdots, 13$ 为各变量待估系数；β_0 为常数项，$control$ 为控制变量。

（2）结果分析

由表 5-5 统计结果可以看出，截至 2013 年 12 月 31 日中国国有上市公司中发生股份减持的国有控股方共有 285 家，其中，控制权、现金流量权、减持均价、股权制衡度、机构者持股比例等因素，标准差相对较大。而股权偏离度、公司规模、公司托宾 Q 值等变量，标准差相对较小。其中，控制权最小的为 6.21%，最大的为 83.43%，均值为 39.01%；现金流权极小值为 3.81%，极大值为 83.43%，均值为 35.26%；同时，分离度极小值为 1，极大值为 3.67，均值为 1.21。减持均价的极小值为 2.99，极大值为 89.22，均值为 14.21；每股净资产极小值为 0.06，极大值为 12.71，均值为 3.27；同时，托宾 Q 也表现出较大差异；公司处于不同行业竞争环境会有很大差异；公司规模统计结果显示极小值为 19.62、极大值为 25.08、均值为 21.72，极大值与极小值之间相差不大说明发生股份减持的国有上市公司规模比较相近；机构投资者持股情况则表现出较大的差异性，极小值为 0.00、极大值为 90.27，债务资产比率极小值为 8.12%、债务资产比率极大值为 98.84%。

表 5 - 5 　　　　　　　　　国有控股方减持行为变量描述统计

	极小值	极大值	均值	标准差
控制权	6.21	83.43	39.01	14.94
现金流权	3.81	83.43	35.26	16.13
分离度	1.00	3.67	1.21	0.46
减持均价	2.99	89.22	14.21	10.17
每股净资产	0.06	12.71	3.27	1.89
托宾 Q	0.89	9.45	2.26	1.40
制衡度	-19.12	69.54	15.20	13.94
竞争度	2.51	36.30	7.66	6.73
公司规模	19.62	25.08	21.72	0.98
机构持股比例	0.00	90.27	38.11	21.37
债务资产比率	8.12	98.84	52.94	19.00

资料来源：根据 CSMAR 数据库、CCER 数据库、WIND 数据库和巨潮资讯网相关数据计算整理而来。

由表 5 - 6 所示，Logistic 回归结果可知：

①国有控股方是否通过减持进行侵占与其对上市公司的控制权在 0.05 水平下显著负相关，与其现金流量权在 0.05 水平下显著正相关。回归结果表明，假设 1 和假设 3 成立。

国有控股方对上市公司的控制度越大，越不倾向于通过股份减持的方式来侵占上市公司，并且控制权与通过减持进行侵占之间呈显著负相关，这是由于国有控股方对上市公司的控制度越大，则国有控股方对上市公司的操控就变得越容易，相对于通过成本较高的减持行为国有控股方更愿意选择其他的侵占方式；回归结果表明，现金流权与控股方通过减持行为进行侵占之间呈显著正相关，这说明当国有控股方在对国有上市公司进行控制时更倾向于付出较少的成本，这与控制权的回归结果相一致。

②国有控股方是否通过减持进行侵占与国有上市公司所在地区的经济环境（GDP）在 0.01 水平上显著负相关，与其外部法制水平在 0.05 水平下显著正相关。回归结果表明，假设5、假设7成立。

回归结果表明，国有上市公司所在地区的经济发达程度（地区 GDP）与国有控股方是否通过减持进行侵占之间呈显著负相关，这一结果表明在整个经济环境比较景气的时候，国有控股方对公司的整体发展也表现出乐观的态度，更愿意选择继续持有公司股票以期望更高的收益。当外部法律环境水平较高时，国有控股方通过其他途径对上市公司和中小股东进行侵占的法律成本较高，因此，国有控股方更倾向于利用自身的信息优势，通过减持公司股票来获得超额收益；法律环境的完善可以抑制国有控股方隐蔽性的侵占行为，健全科学化法律体系，不断完善法律环境应成为保护中小股东利益的主要途径。

③国有控股方是否通过减持进行侵占与股权制衡度之间存在负相关但不显著；与两权分离程度在 0.05 水平下呈显著正相关。这一结果表明，假设4和假设2成立。

回归结果表明，股权制衡度越大，则国有控股方通过减持来侵占上市公司利益的可能性越小。这说明，在股权分散的情况下，国有上市公司控股方不会为了获得短期的超额收益，而放弃对上市公司实际控制权或者损失自身长期收益；另外，国有控股方代表了国家的利益，对于关系国计民生的类型的公司，国家必须保证绝对的控制。因此，在这些情况下作为国有上市公司的实际控制人不会选择实施减持行为来获得收益。

④董事会及关键人控制指数、高管激励指数和监事会约束指数均与国有控股方侵占行为之间呈不显著正相关。

结果说明，国有控股方对公司的控制程度越高，其通过股份减持进行侵占的可能性越大。但是，这种关系并不显著，说明在国有控股方对公司具有高度控制时，上市公司会迎合控股方的侵占行为，并且国有控股上市公司很可能成为当地政府为了实现自身政绩诉求的工具。作为被控制的国有上市公司不仅要实现经济最大化的目标，同时社会性目标也是其终极目标之一。高管激励指数越高越能促进国有控股方的侵占行为，这是因为对国有上市公司而言，高管是行政任命制不受经理人市场的约束；这也就可能导致公司高管最终代表的还是国有控股方的利益。此外，这一结果说明国有控股方通过股份减持进行侵占受治理行为因素的影响不大，更多的是由股权结构决定。

⑤政府干预程度在 0.10 水平下与侵占行为之间负相关，一定的政府干预水平可以有效地抑制国有控股方对国有上市公司的侵占行为。公司所处的行业竞争环境越激烈，国有控股方通过减持进行侵占的可能性越大。这说明，假设6、假设 8 成立。

回归结果表明，不同的控制人类型表现出不同的干预程度，不同的控制人类型具有不同的侵占程度。这是由于中央控股的上市公司作为国家进行市场干预的主要工具，必然会对其实施较大的监管力度；而省级政府和地方控股的上市公司作为主要税收来源，相对于前者更注重其纳税能力。市场竞争越激烈控股方对经理人的监督程度越大，付出的成本也就越高，相应地中小股东的"搭便车"行为就显得越突出，在这种情况下，控股方更有动机去通过实施侵占行为来弥补这一成本。行业竞争度较低说明该行业不成熟，进入成本较高，一般属于垄断型行业，控股方不会采取减持行为来获得超额收益。

⑥国有控股方是否通过减持进行侵占，在 0.01 水平与减持价格显著正相关和公司价值（托宾 Q 值）间显著负相关，假设 9 成立。

托宾 Q 值反映市场对公司的期望，本书回归结果显示，国有控股方是否通过股份减持进行侵占行为与托宾 Q 值显著负相关，这说明当市场对公司有一个较好的预期时，国有控股方不会通过减持来侵占上市公司。通过以上对中国国有上市公司控股方侵占型减持行为的实证分析，进一步证明了国有控股方侵占行为的决策是一个受多种因素影响的整体动态决策。

表 5-6 Logistic 二元线性回归结果分析

变量	IsOccupy
CR	-0.12**
CFR	0.14**
RATIO	1.97**
Ppr	0.10***
Tobin's Q	-0.44***
CR2-5	-0.04
HHI	-0.03
GOV	-2.20*
GDP	-0.13***
HDGI[JD1]	0.72

续表

变量	IsOccupy
$HDGI^{JD2}$	0.11
$HDGI^{JD3}$	1.94
$TYPE_1$	−0.30
$TYPE_2$	−0.33
LAW	1.25**
Nagelkerke R^2	0.294
Hosmer 和 Lemeshow 检验值	0.448
卡方检验 sig 值	0.000

注：*、**、***分别表示 0.10、0.05、0.01 水平下显著。

5.1.2　关联交易与国有控股方侵占行为

中国资本市场从建立之初，就成为国有企业进行融资的平台，关联交易是随着公司制企业的发展与各关联方利益关系的发展而产生的经济现象，是指在关联方之间转移资源或义务的行为。关联方通过关联交易可以大幅度降低交易风险，同时，也可以通过与所控制子公司之间资源、义务之间的转移，对中小股东利益进行侵占（Shleifer，1997）。关联交易一直是控股方侵占上市公司利益最普遍的途径之一，也是控股方对公司进行"隧道行为"的主要手段（Johnson et al.，2000）。[96] 随着股权分置和全流通体制的改革，从体制建设上弱化了控股方对上市公司的肆意侵占。2007～2013 年，中国国有控股公司发生关联交易的公司数占全部国有控股公司总样本的比例分别为 93.29%、65.45%、93.44%、55.10%、41.55%、93.59%、97.38%，即中国国有控股公司发生的关联交易行为还是较普遍的，然而控股方是否还会通过关联交易的方式对上市公司进行侵占，一直是学者们关注的热点问题。因此，本部分从关联交易视角探讨控股方侵占行为，主要探讨侵占型关联交易与控股方治理行为之间的关系，以及如何约束控股方的侵占行为以完善国有控股公司的治理结构。

1. 研究假设

本书在借鉴国内外学者研究成果的基础上，主要从股权结构、控股方治理行为及外部治理环境等方面进行研究综述和研究假设定义。

（1）股权结构与侵占型关联交易

施莱弗和维什尼（Shleifer，Vishny，1997）研究指出，控制权达到一定比重之后，大股东会有较强动机来侵占上市公司资源，获取控制权私有收益，有时也会危及中小股东权益。在企业控制权和现金流权分离程度较大时，控股方就越容易利用优越的控制权来侵占上市公司（La Porta et al.，2002；Claessens et al.，2002）。[289][15]约翰逊等（Johnson et al.，2000）将控股方对小股东的侵害看作是"隧道行为"，认为控股方实施"隧道行为"的主要手段是关联交易，通过隐蔽的关联交易输送公司的资源。[96]刘建民（2007）、佟岩（2007）研究发现，控股方持股比例越大，对公司的控制越强，越容易发生关联交易。[290][291]

基于以上分析，提出假设：

H1：控股方控制权越大，通过关联交易侵占公司资源的动机越大。

（2）控股方治理行为与侵占型关联交易

谢玲芳（2005）分析得出，控股方在董事会持有比例较大时，且公司治理水平较低时，控股方对上市公司的侵占较大。[292]余明桂（2004）对控股方与关联交易进行了相关研究，得出控股方在董事会所占比例越大，控股方通过关联交易侵占就越多。[245]唐建新（2013）通过对民营上市公司的研究发现，在股权制衡的情况下，控股方还是会通过对董事会的控制来实现侵害中小股东权益的目标。[293]高闯（2008）、关鑫等（2010）指出，控股方还会通过影响董事会持股、高管持股等方式来实施侵占。[294][295]

基于以上分析，提出假设：

H2：控股方对董事会控制越大，控股方侵占程度越大。

H3：控股方对高管激励越大，控股方侵占程度越大。

（3）外部治理环境与侵占型关联交易

上市公司的经营发展不仅受到内部治理机制的影响，也会受到外部治理环境的约束，控股方与上市公司的往来也受到外部治理环境的影响，本部分主要从政府干预、产品市场竞争等方面的外部治理环境进行分析。

①政府干预方面

国有控股上市公司对当地社会经济发展起到重要作用，地方政府存在较大的意愿对国有控股上市公司经济运营进行控制，特别是对公司合并行为、投资行为进行参与。如果当地存在非国有公司，政府也会通过自身行政权力来为公司创造市场需求，以及通过行政权力为公司提供资金支持来积极参与公司运营活动（张功富，2011）。[296]政府"掏空之手"理论认为，政府人员为达到自身政治追求，存在从国有企业"寻租"的动机。

由此，提出假设：

H4：政府干预程度与控股方侵占程度负相关。

②产品市场竞争度方面

在激烈的市场竞争的环境下，产品信息和行业信息公开化、透明化，造成控股方运用商品购销等关联交易方式侵占上市公司变得更加困难，进而制约了大股东侵占上市公司行为。纳尔巴夫（Nalebuff，1983）和埃尔马兰（Hermalin，1992）认为，产品市场竞争对控股方的侵占行为产生一定的制约作用，它向所有者提供经理人员的有效信息，对企业与投资者的信息不一致产生作用。[297][298]谭云清和朱荣林（2007）的研究发现，产品市场竞争对减少代理成本，提高代理效果有积极作用。[299]

由此，提出假设：

H5：产品市场竞争度（HHI）与控股方侵占程度负相关。

2. 研究设计

（1）指标选取

①被解释变量：国有控股方侵占程度（Tunneling）

本书根据第2章相关概念界定中支持型关联和侵占型关联交易的概念解释，将国有控股方侵占程度（Tunneling）定义如下：

$$国有控股方占款程度 = （应收账款 + 预付账款 + 其他应收款 - 应付账款 \\ - 预收账款 - 其他应付款）/年末总资产$$

国有控股方占款程度大于零，表示国有控股方发生侵占行为，其值大小表示国有控股方对国有上市公司的侵占程度（Tunneling）。

②解释变量

基于上述假设，本书解释变量分别选取控制权、控股方治理行为、政府干预度、竞争度等。具体变量定义，见表5-7。

表5-7　　　　　　　　　　　　　变量定义

变量类型	变量含义	变量名称	变量说明
被解释变量	侵占程度	*Tunneling*	控股方占款程度大于零
解释变量	控股方治理行为指数	$HDGI^{JDi}$	$i = 0，1，2，3$分别表示控股方控制指数、董事会及关键人控制指数、高管激励指数、监事会约束指数
	控制权	*CR*	最终控制人的控制权比例，即控制链上的最小投票权之和
	分离度	*RATIO*	最终控制人控制权除以现金流量权的比例，数值越大，则偏离度越大
	政府干预程度	*GOV*	1/3（公司纳税额/所在省区市企业纳税额）+ 1/3（公司主营业务收入/所在省区市主营业务收入）+ 1/3（公司规模/所在省区市公司规模）

续表

变量类型	变量含义	变量名称	变量说明
解释变量	竞争度	*HHI*	$HHI = \sum (X_i/X)\, 2X_i$ 表示，行业内企业 i 的主营业务收入，X 表示某一行业主营业务收入之和，HHI 越大竞争度越小
	实际控制人类别	*TYPE*	国有上市公司最终控制人类型，设中央控股方 $TYPE_1$、省级控股方 $TYPE_2$、地方控股方 $TYPE_3$
控制变量	资产负债率	*Lev*	期末总负债/期末总资产
	公司规模	*SIZE*	公司年末账面总资产的自然对数
	年度	*Year*	年度虚拟变量
	行业	*Indus*	根据证监会 2012 年修订版《上市公司行业分类指引》，剔除金融行业，共设置 12 个行业虚拟变量

（2）样本选择与数据来源

本书选取了 2007～2013 年期间，以沪深 A 股国有控股上市公司均衡面板数据为基础的研究样本集。样本数据主要来源于 CSMAR 数据库、CCER 数据库，有些缺失数据通过查阅公司年报和巨潮资讯网进行补充。同时，为了达到研究目的，保证研究资料的一致性，对样本数据进行如下筛选：剔除金融、保险行业样本；剔除财务会计数据不全或变量数据缺失的样本。经过上述处理，得到国有控股上市公司中发生侵占型关联交易的公司样本观测值为 1291。

3. 统计分析

根据已有文献分析，本部分主要从关联交易类型、控制强度、最终控股方以及行业竞争度等方面进行了统计分析。

（1）基于不同交易类型统计分析

由表 5 - 8 统计结果得知，2007～2013 年国有控股上市公司关联交易的交易类型主要集中在商品交易类、资金交易、担保抵押三类，资金交易的比重最大，为 297.59%，控股方发生关联交易中商品交易类、资金交易以及担保抵押类三类交易类型在所有关联交易中所占比重较大，其中，资金交易类型占比最大，比重达到 212.29%。结果表明国有控股上市公司与控股方资金往来较频繁，而许可协议、研究与开发项目的转移、托管经营关联交易额所占的比重很低。

表 5 - 8　　　　　　　国有控股方不同关联交易类型占比统计　　　　单位：%

	2007 年	2008 年	2009 年	2010 年	2011 年	2012 年	2013 年
商品交易类	7.65	34.97	21.71	2.19	5	26.77	18.63
资产交易类	0.65	3.58	5.11	0.32	0.59	0.33	0.95
劳务交易	1.77	37.64	7.94	0.27	23.22	2.07	14.6
代理	0.04	0.04	0.15	0	0.01	0.05	0.99
租赁	0.2	2.85	7.88	0.03	0.15	0.61	1.67
资金交易	85.3	3.5	13.15	0.26	62.93	10.3	36.85
担保、抵押	3.82	15.94	43.35	96.83	8.06	56.19	25.97
托管经营	0	0	0	0.02	0.01	0	0.01
研究与开发项目的转移	0	0	0.02	0	0	0	0
许可协议	0.01	0.02	0.03	0	0	0	0.03
关键管理人员薪酬	0	0	0	0	0	0.01	0
赠与	0	0	0	0	0	0	0
债务重组	0	0	0	0.06	0	0	0.01
非货币性交易	0	0.06	0.08	0	0	0	0.02
共同投资	0.02	0.15	0.04	0.01	0	0.89	0.05
其他	0.52	1.24	0.52	0.01	0.01	2.76	0.23

资料来源：根据 CSMAR 数据库、CCER 数据库、WIND 数据库和巨潮资讯网相关数据计算整理而来。

（2）基于不同控制强度统计分析

本部分仍然根据控制权的大小划分为三个不同等级的控制强度，即大于 50% 的是强控制，20% ~ 50% 的是中控制，小于 20% 的是弱控制。据表 5 - 9 来看，强控制、中控制（控制权大于 20%）的侵占程度较大，侵占程度最小的是低控制股权状态下。中控制关联侵占更高于强控性关联侵占，说明当控制权为 75% 时，控制方利益与公司利益联系紧密，出于对公司长远利益考虑，控股方会减少对上市公司利益的侵占。在弱控制环境中，侵占会遇到各方面利益相关者的制衡与监督。控股方控制权越大，控股方在公司中的地位就越大，越容易进行侵占，通过关联交易侵占公司的程度越大。弱控制（控制权在 20% 以下）的公司控股方控制权较少，对公司的侵占程度较小。

表 5 - 9 不同控制强度侵占程度占比统计 单位：%

	2007 年	2008 年	2009 年	2010 年	2011 年	2012 年	2013 年
强控制（>50%）	41.48	39.50	42.12	45.72	43.11	45.62	45.22
中控制（20%~50%）	51.78	55.61	54.12	51.47	50.39	47.17	51.91
弱控制（<20%）	6.73	4.89	3.76	2.81	6.50	7.21	2.87

资料来源：根据 CSMAR 数据库、CCER 数据库、WIND 数据库和巨潮资讯网的相关数据计算整理而来。

（3）基于不同控股方统计分析

本部分将公司控股方划分为三个层次，中央控股方、省级控股方和地方控股方。由表 5 - 10 的统计来看，中央控股方侵占程度呈现先下降、再上升的趋势，地方控股方侵占程度呈现下降趋势，省级控股方侵占程度高低起伏不一。其中，2007~2009 年地方控股方侵占程度较高，2010~2013 年中央控股方侵占程度较高。以 2010 年为转折点，中央控股公司和地方控股公司从 2007 年起，关联交易侵占程度一直呈下降趋势，而中央和省属控股公司以 2010 年和 2011 年为转折点，呈下降和再上升趋势。说明地方控股企业随着股权分类改革，股权结构得以逐步优化，控股方与中小股东利益共同体逐步形成。

表 5 - 10 不同控股方侵占程度占比统计 单位：%

	2007 年	2008 年	2009 年	2010 年	2011 年	2012 年	2013 年
中央控股方	15.56	10.33	10.99	15.37	13.43	16.60	17.72
省级控股方	15.99	13.73	12.06	12.74	16.88	14.15	14.46
地方控股方	20.95	21.01	19.81	14.05	8.84	8.23	7.11

资料来源：根据 CSMAR 数据库、CCER 数据库、WIND 数据库和巨潮资讯网的相关数据计算整理而来。

（4）基于不同行业竞争度统计分析

表 5 - 11 的统计结果显示，不同产品市场竞争度下行业分布存在差异，高竞争行业的侵占程度较大，低竞争行业侵占程度较小；侵占型关联交易行为具有一定的行业特点。其中，在低竞争环境下，信息技术产业的侵占程度较高；在高竞争度下制造业侵占程度最大。一方面，由于制造业样本数量多，另一方面，也是由于中国现阶段还是以第二产业为主，国有控股公司制造业发展较快较好，控股方通过关联交易侵占较多。第一产业农业侵占程度较低，反映了国有控股公司在农业的分布较少，农业的发展力度没有第二产业大，使得控股方

对农业的侵占较少。第三产业服务业的侵占程度也较少，国家虽然对第三产业的政策是加快其发展，但服务业的国有控股公司没有第二产业多，控股方对公司的侵占程度还是比较小的。

表 5 - 11　　　　　　　　　　不同行业竞争侵占程度占比统计

	行业分类	侵占程度（%）
低竞争度	B 采掘业	1.80
	L 电力、煤气及水的生产和供应业	1.44
	E 建筑业	1.41
	E 交通运输、仓储业	0.60
	G 信息技术业	2.40
	K 社会服务业	0.16
	A 农林牧渔业	0.18
	I 房地产业	1.09
高竞争度	C 制造业	19.07
	H 批发和零售贸易	0.57
	M 综合类	1.42

资料来源：根据 CSMAR 数据库、CCER 数据库、WIND 数据库和巨潮资讯网的相关数据计算整理而来。

4. 计量分析

为进一步分析国有控股方治理行为对侵占型关联交易的影响。本部分应用模型 I，并对数据样本进行了回归分析。

（1）模型设计

$$Tunneling = \beta_0 + \beta_1 HDGI^{JD1} + \beta_2 HDGI^{JD2} + \beta_3 HDGI^{JD3} + \beta_4 CR + \beta_5 HHI$$
$$+ \beta_6 GOV + \beta_7 \sum Control + \sum Industry + \sum Year \quad （模型 I）$$

（2）相关性分析

为了进一步分析各变量与控股方侵占程度之间的关系，进行了 Spearman 相关性检验，分析结果表明董事会及关键人控制指数、高管激励指数、监事会约束指数与控股方侵占程度呈负相关关系，其中，高管激励指数相关系数为 - 0.124，说明在国有控股公司中，高管激励机制对控股方侵占行为发挥的抑制作用比较明显；控股方控制权、竞争度、债务资产比率与侵占程度正相关；政府干预程度与侵占程度负相关，为下一步进行回归分析奠定了基础，见表 5 - 12。

表 5 - 12

各变量相关性分析

	Tunneling	$HDGI^{JD1}$	$HDGI^{JD2}$	$HDGI^{JD3}$	CR	RATIO	CR2_5	GOV	HHI	IIH	SIZE	Lev
Tunneling	1											
$HDGI^{JD1}$	-0.059*	1										
$HDGI^{JD2}$	-0.124**	0.055*	1									
$HDGI^{JD3}$	-0.02	0.232**	0.047	1								
CR	0.069**	0.142**	-0.039	0.124**	1							
RATIO	0.003	0.009	0.038	0.021	-0.047	1						
CR2_5	0.016	-0.059**	0.187**	-0.036	-0.105**	0.044	1					
GOV	-0.02	0.027	0.013	-0.007	0.009	-0.027	0.047	1				
HHI	0.015	0.017	0.039	0.04	0.223**	0.062*	-0.021	0.192**	1			
IIH	0.003	0.080**	0.209**	0.072**	0.315**	0.046	0.160**	-0.007	0.172**	1		
SIZE	-0.070**	0.151**	0.312**	0.130**	0.313**	-0.023	0.129**	0.100**	0.248**	0.341**	1	
Lev	0.054*	-0.001	0.021	0.001	-0.019	-0.047	0.081**	0.002	-0.041	0.053*	0.351**	1

注：**、* 分别表示在置信度（双测）为 0.01、0.05 时，相关性是显著的。

（3）回归分析

表 5 - 13 统计结果显示了解释变量与侵占程度之间的关系。具体表现为：

①控制权与侵占程度正相关，且在 1% 的水平下显著。即控股方控制权越大，越容易进行侵占。表明国有控股上市公司中控股方控制权的扩大，侵占公司的动机会增强，通过关联交易转移上市公司资源侵占上市公司中小股东的利益的可能性加大。由此，验证假设 1 成立。

②控股方对董事会及关键人控制指数、控股方对高管激励指数均与控股方的侵占程度负相关，且分别在 10% 、5% 的水平下显著。控股方控制越强，董事会及关键人控制上市公司的意愿的独立性越强；控股方对董事会控制越大、对高管激励越大，董事会和高管为了公司长期的发展，能够抑制公司内部人通过关联交易侵占公司利益。即控股方侵占行为得到了约束。所以，结果与假设 2、假设 3 作用方向相反。

③外部治理环境方面，政府干预程度与控股方侵占程度负相关，但不显著。侵占强度比较强的公司，公司控股方对董事会和关键人物约束和控制较弱，对高管激励也相对较弱。HHI 与控股方的侵占程度负相关，但不显著，即在高竞争环境下，控股方通过关联交易进行侵占程度较大。高竞争环境下，产品更新换代频繁，控股方与上市公司之间资金往来较频繁，通过关联交易侵占程度较大。即假设 5 成立。

表 5 - 13　　　　　　　　　　　　模型 I 回归结果

变量	Tunneling
C	0. 100 ***
CR	0. 001 ***
$HDGI^{JD1}$	− 0. 011 *
$HDGI^{JD2}$	− 0. 126 **
$HDGI^{JD3}$	− 0. 001
GOV	− 0. 041
HHI	− 0. 015
$TYPE_1$	0. 017 ***
$TYPE_2$	0. 003
SIZE	− 0. 003 **
Lev	0. 001 ***
D − W 值	1. 916
F 值	5. 10
Sig F	0. 000
调整 R^2	0. 059

注：*** 、** 、* 分别表示在 1% 、5% 、10% 的统计水平上显著。

5.2 国有控股方支持行为效应分析

如上所述，国有控股方为了完成所承担的"社会目标"和"经济目标"，在某些情景中也会对中小股东及利益相关者的利益进行侵占。但是，国有控股方为了国有资产的保值、增值，尤其是当上市公司陷入财务困境或受到不利的外部冲击时，控股方为实现其长期的收益以及为了地区政府的业绩和"保配""保壳"等目标，控股方更倾向于向上市公司注入优质资源来支持上市公司。即控股方不会一味地侵占企业资源，为了获取更多的预期收益，控股方也会向企业注入资源，用以支持企业的长远发展（Dow，Mc Guire，2009）。[300]因此，本部分主要从国有控股方与上市公司发生的支持型关联交易情况，以及国有控股的 ST 公司被摘帽前关联交易情况的视角来研究国有控股方的支持行为受到哪些因素的影响，以及这些影响因素是以怎样的机理影响着国有控股方的治理行为。

5.2.1 国有控股 ST 公司"摘帽"与支持行为效应

国有上市公司作为一种稀缺资源，如果一旦被"ST"国有上市公司将会失去在资本市场融资发展的机会，从而给当地政府财政收入带来较大的损失。因此，国有控股方对上市公司"输液—保壳"是非常典型的支持行为。

1. 研究假设

控股方对国有上市公司的控制权强度决定了控股方的利益与公司之间共享收益的大小，高的控制权强度会促使双方利益趋于一致。当公司面临退市风险时，国有控股方为了避免更进一步的损失，自然会采取支持国有上市公司的行为。侯晓红（2006）研究认为，控股方拥有对公司的绝对控制权，控股方既有能力侵占上市公司来获取控制权私有收益，也有能力在公司陷入困境时支持上市公司以保证自己的长期收益，并且当上市公司陷入经营困境时，为避免上市公司退市，控股方可能会降低自己的侵占行为程度，在必要时甚至可能会用私有资源去支撑公司。[66]

宋力（2010）研究发现，股权分置改革后控股方通过关联交易支持上市公司的行为对公司绩效提高有显著影响，并且支持力度受到控股方持股比例、独董比例以及股权制衡度的影响。[68]较高的股权制衡度降低了国有控股方对上市公司的强势控制，也降低了其掠夺公司价值的可能性。当公司面临困境时，股权制衡度越高，控股方越不倾向于支持上市公司。

因此，提出以下假设：

H1：若国有控股方对上市公司的控制度越高，则在公司被 ST 后控股方对国有上市公司的支持力度越大。

H2：若控股方被其他股东的股权制衡程度越高，则在公司被 ST 后国有控股方越不倾向于支持国有上市公司。

国有上市公司董事会和监事会所代表的利益实体关系到公司最终战略的制定与选择，尤其是董事长和监事会主席是否由控股方派遣。控股方派遣情况展现了控股方对上市公司治理的干预程度，在资本多数原则下，控股方选派的代表很容易占据董事会和监事会的多数席位（王维钢，谭晓雨，2010），[71]大股东一旦控制了董事、监事成员的选任，实际上也就控制了公司的战略决策，上市公司 CEO 等高级经理也常常由大股东决定，因此大股东左右了公司治理的主要方面（唐跃军，李维安，2009），[72]大股东的意愿充分体现于公司的决策中。当国有上市公司被 ST 时，为了保证上市公司这一"壳"资源，控股方可能会通过关联交易的方式向上市公司输入优质资源来支持上市公司。

因此，提出以下假设：

H3：若国有控股方对国有上市公司董事会和监事会的控制程度越高，则在公司被 ST 后国有控股方更倾向于支持上市公司。

法律环境是影响控股方是否采取"支持"行为的重要影响因素（Friedman et al.，2003；Mitton，2002；Bae et al.，2008）。[94][301][302]在弱法律保护环境与中度经济冲击的背景下，当上市公司面临困境时，控股方往往偏好利用企业集团内部资本市场通过对国有控股上市公司进行包括关联交易、负债等各种方式的利益输送来支持上市公司（Dow，Mc Guire，2009；Bae et al.，2008；贺勇，李世辉，关键，2010）。[300][302][303]在外部法律环境比较完善，国有上市公司被 ST 后控股方的支持倾向不明显，说明控股方此时对市场这只"看不见的手"的调节能力更有信心。

因此，提出以下假设：

H4：外部法律环境越完善，则在公司被 ST 后控股方对国有上市公司的支持力度越小。

政府与国有控股上市公司之间存在一种天然的"政治联系"，在经济运行中扮演"扶持之手"的角色（孙岩，杨丹，2012）；[304]并且，随着政府干预程度的增加，国有上市公司所承担的政治目标会越明显，政府通过国有上市公司来实现政治目标和经济目标的动机也就越强，在国有上市公司陷入摘牌或者是经营不善时，政府会通过各种形式来支持上市公司。尤其对地方政府来说，国有上市公司作为一种稀缺资源，政府会积极地将其纳入公共治理机制中，来有效地实施国家产业政策、对社会资源的有效配置、改善就业、增加财政收入和推动地区 GDP 的增长以实现其政绩诉求（唐清泉，罗党论，2007；郑国坚，魏明海，2007）。[305][306] 因此，当国有上市公司经营不善时，作为控股方的政府更有动机和能力来支持上市公司。此外，行业竞争度越大，说明该行业发展比较成熟且进入成本较低，市场这只"看不见的手"的自我调节能力较之政府这一"看得见的手"的调节作用更明显。倘若，公司被 ST 后作为控股方的地方政府，在国家"抓大放小"战略的影响下，同时，基于信息公开的各种压力，控股方更倾向于让市场去判断国有控股上市公司能否继续发展，因此不倾向于支持上市公司。

因此，提出以下假设：

H5：政府干预程度越大，则在公司被 ST 后控股方对国有上市公司的支持力度越大。

H6：若国有控股上市公司所处的市场环境竞争越激烈，则在公司被 ST 后控股方对国有上市公司的支持力度越小。

2. 研究设计

国有控股 ST 公司被摘帽前，国有控股方对其支持的程度是公司股权结构、公司治理结构和公司外部治理环境共同作用的结果。本书通过以下方式选取了指标和样本，并实证分析了上述因素在国有控股 ST 公司被摘帽前如何影响国有控股方的支持行为。

（1）指标选取

被解释变量：支持程度（*Propping*）

本书根据第 2 章相关概念界定的支持型关联和侵占型关联交易的概念解释，将国有控股方支持程度（*Propping*）定义如下：

$$国有控股方占款程度 = （应收账款 + 预付账款 + 其他应收款 - 应付账款 - 预收账款 - 其他应付款）/年末总资产$$

国有控股方占款程度小于零，表示国有控股方发生支持行为，其绝对值大小表示国有控股方对国有上市公司的支持程度；其值大于零，表示国有控股方发生侵占行为，其绝对值大小表示国有控股方对国有上市公司的侵占程度（见表 5 - 14）。

根据国有控股方占款程度，筛选出国有控股方占款程度小于零的组作为本书的研究对象，在回归中将其取绝对值作为国有控股方支持程度（*Propping*）。

表 5 - 14 变量详细说明

变量性质	变量符号表示	变量解释	变量说明
被解释变量	*Propping*	支持程度	（应收账款＋预付账款＋其他应收款－应付账款－预收账款－其他应付款）/年末总资产，负值为支持，绝对值作为支持程度
解释变量	CR	控股方的控制权	最终控制人的控制权比例，即控制链上的最小投票权之和
	CFR	现金流权	表示最终控制人所持有的现金流权比例，即终极控股方在控制链上各层持股比例乘积之和
	RATIO	控制权与现金流权偏离度	最终控制人控制权除以现金流量权的比例，数值越大，则偏离度越大
	CR2 - 5	股权制衡	第2～第5大股东持股比例之和
	HHI	行业竞争程度	$HHI = \sum (X_i/X)2X_i$ 表示，行业内企业 i 的主营业务收入，X 表示某一行业的主营业务收入之和，HHI 越大行业竞争越小
	IsBos	是否派了监事会主席	国有控股单位派遣监事会主席情况
	IsBoc	是否派了董事长	国有控股单位派遣董事长情况
	IsCeo	是否派了总经理	国有控股单位派遣总经理情况
	LAW	外部法律环境	1/3（当地知识产权保护水平＋当地行政复议受理情况＋当地行政复议应诉情况）
	GOV	政府干预度	1/3（公司纳税额/所在省区市企业纳税额）＋1/3（公司主营业务收入/所在省区市企业主营业务收入）＋1/3（公司规模/所在省区市公司规模）
	GDP	地区经济发展状况	所在地区人均 GDP 值，反映地区经济发展状况及政府治理绩效目标要求
控制变量	SIZE	公司规模	对上市公司总资产取自然对数
	Indus	行业类别	根据证监会 2012 年修订版《上市公司行业分类指引》，剔除金融行业，共设置 12 个行业虚拟变量
	TYPE	实际控制人类别	国有上市公司最终控制人类型，设中央控股方 $TYPE_1$、省级控股方 $TYPE_2$ 和地方控股方 $TYPE_3$ 为虚拟变量
	Lev	资产负债率	期末总负债/期末总资产

注：相关变量的解释详见 5.1.2 变量说明部分。

（2）研究样本与数据来源

本书选取 2007～2013 年沪深两市 A 股中的国有控股上市公司为研究样本，

整个样本涵盖了2007~2013年连续七年的面板数据集。并从连续七年的面板数据中筛选出被实施ST或者*ST的公司，并且以2007~2013年间成功摘帽的公司为研究对象，研究ST公司在摘帽前的控股方通过关联交易对国有上市公司的支持情况。同时，为了保证分析结果的有效性和可信度，本书对研究样本进行了如下处理：

①样本中剔除了金融、银行、证券和保险行业，因为上述行业的特殊性可能会对整体的研究结果造成影响；②考虑到部分上市公司2007~2013年间企业性质发生变化，即由国企转民企脱离了本书的主题，本书剔除了5家该类型的上市公司；③通过查阅公司年报和网上相关资料对数据库中缺失值和偏差较大的值进行了修正和补充，部分数据通过各种努力也无法完善的，为了保证研究资料的一致性，故将这些缺省数据予以剔除。

样本的观测数据主要来源于CSMAR数据库，其中，部分数据由CCER数据库、WIND数据库、巨潮资讯网（www.cnicfo.com）和《中国统计年鉴》补充完整。同时，本书运用Excel进行数据整理和筛选，并使用Excel、SPSS18.0进行描述统计、相关分析和回归分析。

3. 统计分析

2007年"股改"以后，国有上市公司在A股上市公司的占比逐年缩减，由表5-15可知，2007年全部A股上市公司共有1548家，其中，国有控股上市公司950家，占61%；截至2013年为995家，虽然数目上有所增加，但是这个比例缩减为36%，虽然国有上市公司的家数在2007~2013年间整体趋势上有所增加，但在增长速度上明显低于整个A股市场规模上的增幅。并且，由表5-16可以看出，2007~2013年被ST的国有上市公司在所有实施ST的A股上市公司的比例分别为0.57、0.55、0.56、0.66、0.65、0.70、0.6，均大于0.5，整体上呈现增长趋势。相较于国有上市公司在整个A股市场上的占比却在逐年下降，并且被实施ST的国有上市公司在所有被ST的A股上市公司中所占的比例甚至超过了国有上市公司在整个A股市场中所占的比例。这说明，中国国有上市公司的治理效率在整体上低于非国有上市公司。

表5-15　　　　　　　　国有控股公司在全部A股上市公司中的分布情况　　　　　　单位：家

年份	国有上市公司	全部A股上市公司	比例（%）
2007	950	1548	0.61
2008	965	1602	0.60

续表

年份	国有上市公司	全部 A 股上市公司	比例
2009	975	1750	0.56
2010	1009	2108	0.48
2011	1010	2341	0.43
2012	998	2470	0.40
2013	995	2513	0.40

资料来源：根据 CSMAR 数据库、CCER 数据库、WIND 数据库和巨潮资讯网相关数据计算整理而来。

表 5 - 16　　　　被实施 ST 的国有控股公司在所有 ST 上市公司中的比例

年份	实施 ST 的 A 股上市公司	实施 ST 的国有上市公司	比例
2007	69	39	0.57
2008	29	16	0.55
2009	34	19	0.56
2010	41	27	0.66
2011	17	11	0.65
2012	27	19	0.70
2013	25	15	0.6

资料来源：根据 CSMAR 数据库、CCER 数据库、WIND 数据库和巨潮资讯网相关数据计算整理而来。

由图 5 - 4 看出，在 2007 ~ 2013 年被成功摘帽的上市公司中，国有上市公司占比总体上略低于被实施 ST 的国有上市公司占比，并且在随时间变化的趋势上基本一致。造成这种现象的原因：一方面，企业自身经营得到了改善，从而成功被摘帽；另一方面，政府出于社会保障、就业和社会稳定等社会效益的考虑，对经营状况不佳的上市公司予以支持使其得以生存下去。通过本书的统计结果可知，2007 ~ 2013 年间被实施 ST 并被成功摘帽的 113 家国有上市公司中，有 92.92% 与控股方发生了关联交易，仅有 7.08% 未与控股方发生关联交易。同时，结果统计显示在上述公司中，仅有 9 家公司控股方增持了公司股票，41 家上市公司减持了公司股票，说明控股方回购和卖出公司股票不会对公司的治理绩效产生明显的影响。

由图 5 - 5 看出，每一年被 ST 的国有上市公司中发生关联交易的公司数量明显多于取消 ST 的上市公司，一定程度上说明当上市公司被 ST 后控股方会通过与上市公司发生关联交易来促使上市公司业绩的恢复。并且，通过图 5 - 5 明显看出，在国有上市公司被取消 ST 前两年内，控股方通过关联交易向上市公司输入优质资源支持上市公司的样本数明显多于被取消ST的样本数。

以上的统计结果说明，上市公司被ST后控股方为了保住"壳资源"以避免其面临退市风险，控股方与国有上市公司之间的关联交易已成为其对国有上市公司的主要支持形式。

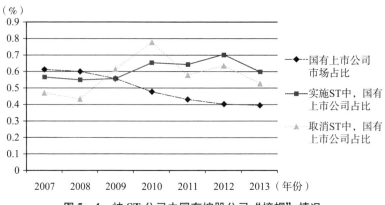

图5-4　被ST公司中国有控股公司"摘帽"情况

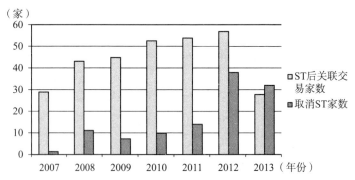

图5-5　ST国有上市公司发生关联交易与取消ST公司情况

（1）国有控股公司取消ST前发生关联交易分类统计

由图5-6可以看出，在国有上市公司取消ST之前，控股方与上市公司发生关联交易的类型主要集中在买入型关联交易和卖出型关联交易两大类上，且从规模上看，买入型关联交易的规模明显大于卖出型关联交易的规模。出现这种现象的原因，可能是由于控股方在支持上市公司帮助其摘帽时所采取方式不同造成的，例如，控股方可以采取高价购买上市公司产品或资源以使上市公司受益，或者采取低价卖给上市公司优质的产品和资源的形式来支持国有上市公司，无论上述哪种行为均会使上市公司受益，业绩得到改善。

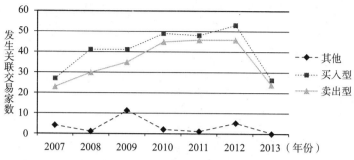

图 5-6　国有控股公司取消 ST 前不同类型关联交易发生情况

由图 5-7、表 5-17、表 5-18 可知，国有上市公司在被 ST 到被取消 ST 期间通过关联交易向上市公司输入资源主要是通过商品交易、股权交易和担保、抵押来实现，在 2011 年之前，卖出型商品交易、代理和资金交易均呈现上涨趋势之后略有下降，2001 年，买入型商品交易、代理和资金交易在 2010 年前呈上涨趋势。

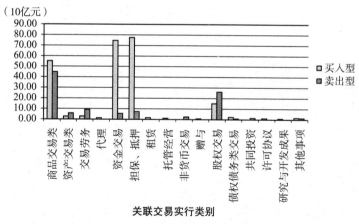

图 5-7　国有控股公司取消 ST 前关联交易买入和卖出情况

由表 5-17、表 5-18 可以看出，国有上市公司被 ST 后，国有上市公司更倾向于买入型关联交易，从而支持上市公司以促进其业绩的改善，并且由图 5-7 可以看出关联交易类别买入型大多集中在商品交易类、资金交易、担保抵押和股权交易，发生资金总额分别为：548.9 亿元、747.6 亿元、770.6 亿元和 146.3 亿元；而卖出型关联交易大多集中在商品交易和股权交易类，发生资金总额分别为：449.39 亿元和 259.13 亿元。这是由于在上市公司被 ST 后，控股方急需使上市公司的业绩得到改善，以避免退市风险和保住"壳"资源；

从而更愿意采用更直接的资金交易，为上市公司提供担保和商品交易，使得上市公司快速盈利。

表 5 - 17　　　国有控股公司取消 ST 前卖出型关联交易分类数据　　单位：亿元

关联交易事项分类	2007 年	2008 年	2009 年	2010 年	2011 年	2012 年	2013 年	总额
商品交易类	13.9	28.76	36.17	110.59	176.8	62.42	20.75	449.39
资产交易类	0.92	6.03	13.19	5.55	10.04	12.1	2.02	49.85
交易劳务	0.36	0.95	1.8	9.13	23.08	24.77	28.56	88.65
代理	0.03	1.16	0	0.18	0.89	0.01	0.01	2.28
资金交易	0.8	0.47	6.7	8.79	22.19	11.35	1.61	51.91
担保、抵押	25.3	2.31	13.86	2.06	19.3	4.61	0.29	67.73
租赁	0.12	0.22	0.12	0.17	0.11	0.84	0.13	1.71
托管经营	0.02	0	0	0.01	0	0.07	0	0.1
股权交易	8.69	26.73	130.26	13.14	28.32	25.56	26.43	259.13
债权债务类交易	0	0.27	0.84	0.88	0.02	1.34	0.2	3.55
共同投资	0.06	8.24	0	0	0	0	0	8.3
许可协议	0	0.01	0	0	0	0	0	0.01
其他事项	0	0	4.34	22.09	0.23	4.45	0	31.11

资料来源：根据 CSMAR 数据库、CCER 数据库、WIND 数据库和巨潮资讯网相关数据计算整理而来。

表 5 - 18　　　取消 ST 前国有上市公司买入型关联交易金额　　单位：10 亿元

关联交易事项分类	2007 年	2008 年	2009 年	2010 年	2011 年	2012 年	2013 年	总额
商品交易类	1.57	4.51	5.41	18.91	14.93	4.84	4.72	54.89
资产交易类	0.40	1.06	0.05	0.08	0.22	0.14	0.13	2.07
提供或接受劳务	0.09	0.16	0.14	0.26	0.86	0.29	0.13	1.92
代理、委托	0.00	0.06	0.06	0.09	0.00	0.05	0.01	0.27
资金交易	0.39	2.42	12.22	17.89	14.64	15.12	12.09	74.76
担保、抵押	5.80	6.00	6.40	12.85	17.14	20.81	8.04	77.06
租赁	0.02	0.04	0.00	0.14	0.09	0.05	0.01	0.43
托管经营	0.00	0.00	0.00	0.00	0.00	0.00	0.01	0.01
赠与	0.00	0.00	0.01	0.00	0.00	0.00	0.00	0.01
股权交易	0.02	1.03	5.51	3.99	0.54	0.61	2.93	14.63
债权债务类交易	0.94	0.00	0.00	0.00	0.00	0.23	0.00	1.17
许可协议	0.00	0.00	0.00	0.01	0.01	0.00	0.00	0.01
研究与开发成果	0.00	0.00	0.00	0.00	0.00	0.00	0.00	0.00
其他事项	0.00	0.02	0.38	0.12	0.00	0.00	0.01	0.53

资料来源：根据 CSMAR 数据库、CCER 数据库、WIND 数据库和巨潮资讯网相关数据计算整理而来。

（2）不同行业竞争环境下国有控股方通过关联交易对 ST 公司的支持情况

由表 5-19 看出，总体上看不同行业竞争环境下控股方支持 ST 的上市公司的力度有很大不同，表现为从 2008 年开始，高行业竞争环境下控股方表现出更愿意支持上市公司，帮助其渡过难关，低竞争环境下控股方的表现恰恰相反。这说明，当公司被 ST 后，行业竞争度越高，控股方越愿意采取支持上市公司使其摆脱 ST，反之支持上市公司的积极性就越低。这是因为低竞争行业属于垄断性行业，公司退出市场的可能性较小，并且由于这种垄断优势公司对市场的操纵更强，公司更倾向于利用这种市场垄断所带来的便利性通过低成本的方式来支持上市公司，2007 年所表现出的这种异常性，主要是由于"股改"等因素造成的。

中央控股的上市公司被 ST 后，中央控股方对上市公司的支持力度明显高于省级政府控股和地方控股的上市公司，相应的地方控股的上市公司获得支持的力度最小，这与不同控制人所具有的财力和主要职能有很大关系。中央控股的上市公司作为国家经济支柱，与经济秩序以及民生改善息息相关，在其经营状况发生异常时国家往往会采取相应的行为来支持使其得到改善；而作为省级政府由于面临税收指标、财政收入计划和就业压力，势必采取支持上市公司的行为，以保证其经济和社会稳定。总体上，中央控股的上市公司被 ST 后，中央控股方更愿意支持上市公司。

从总体上看，被摘帽的上市公司中控股方采取支持行为在不同市场竞争行业中的占比，分别为低竞争度条件下占 26.32%，高竞争度条件下占 73.68%。说明在高竞争行业环境下，公司由于面临的竞争环境非常激烈，相对低竞争行业的国有上市公司面临更高的市场退出风险，控股方为保证自己的控制权收益而采取相应措施支持上市公司帮助其摘帽。

表 5-19 　　　　不同竞争环境下不同终极控制人对 ST 公司支持情况　　　　单位：%

年份	低行业竞争度				高行业竞争度			
	中央控股方	省级控股方	地方控股方	总体	中央控股方	省级控股方	地方控股方	总体
2007	0.45	0.15	0.20	0.81	0.15	0.03	0.01	0.19
2008	0.30	0.02	0.15	0.47	0.24	0.18	0.10	0.53
2009	0.15	0.04	0.06	0.25	0.30	0.19	0.25	0.75
2010	0.05	0.11	0.03	0.19	0.53	0.21	0.07	0.81
2011	0.02	0.17	0.00	0.19	0.39	0.23	0.19	0.81
2012	0.13	0.05	0.00	0.19	0.52	0.05	0.24	0.81
2013	0.18	0.07	0.01	0.26	0.36	0.21	0.17	0.74

资料来源：根据 CSMAR 数据库、CCER 数据库、WIND 数据库、巨潮资讯网和《中国统计年鉴》相关数据计算整理而来。

（3）不同控制强度下国有控股方通过关联交易对 ST 公司的支持情况

图 5 - 8 说明，在不同的控制强度下，国有上市公司控股方在通过买入型关联交易来支持上市公司以帮助其取消 ST 方面表现出很大不同，结果表明控股方在公司被 ST 后，只有在其对公司的控制度较高时，才会实施有利于上市公司的关联交易从而帮助其脱离困境；在弱控制条件下对公司的现状更多地表现为不关心。这是由于在弱控制强度下股权比较分散，控股方支持上市公司的成本较高，即由于第二类代理问题所产生的成本较高，控股方不会轻易地采取直接对上市公司输入资源来支持上市公司。而对于中控制强度和强控制度的控股方来说，上市公司的经营状况直接关系到其所持股份的正常收益，因此会在上市公司遇到困难时积极地支持上市公司以帮助其脱离困境。

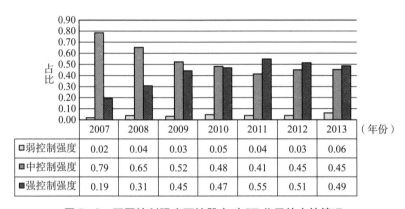

年份	2007	2008	2009	2010	2011	2012	2013
弱控制强度	0.02	0.04	0.03	0.05	0.04	0.03	0.06
中控制强度	0.79	0.65	0.52	0.48	0.41	0.45	0.45
强控制强度	0.19	0.31	0.45	0.47	0.55	0.51	0.49

图 5 - 8　不同控制强度下控股方对 ST 公司的支持情况

（4）基于不同控制权与现金流量权的分离情况对国有控股方关联交易支持 ST 公司情况描述

由表 5 - 20 可以看出，偏离度等于 1 的被 ST 的国有上市公司中控股方支持上市公司占很大比例，即不发生两权分离的上市公司在公司被 ST 后更愿意通过与上市公司发生关联交易来支持上市公司；当控制权和现金流量权的分离度大于 2 时，即两权分离度很大时国有控股方对被 ST 的上市公司支持程度较弱，在不发生偏离时支持程度最大。

表 5 - 20　　　　不同的两权分离度下国有控股方对 ST 公司的支持情况

年份	偏离度 = 1	偏离度在 1 ~ 2 之间	偏离度大于 2
2007	0.93	0.04	0.03
2008	0.74	0.20	0.06
2009	0.70	0.29	0.01

续表

年份	偏离度 = 1	偏离度在 1 ~ 2 之间	偏离度大于 2
2010	0.52	0.38	0.10
2011	0.51	0.49	0.00
2012	0.64	0.34	0.02
2013	0.78	0.22	0.00

资料来源：根据 CSMAR 数据库、CCER 数据库、WIND 数据库、巨潮资讯网和《中国统计年鉴》相关数据计算整理而来。

4. 计量分析

（1）模型设计

为进一步分析股权结构、控股方对公司控制程度以及公司外部治理环境等因素对国有控股方支持行为的影响。根据所选变量，为检验研究假说，本节构建多元线性回归模型：

$$Propping = \alpha_0 + \alpha_1 CR + \alpha_2 CR2 - 5 + \alpha_3 RATIO + \alpha_4 HHI + \alpha_5 LAW + \alpha_6 IsBos$$
$$+ \alpha_7 IsBoc + \alpha_8 IsCeo + \alpha_9 GOV + \alpha_{10} Lev + \alpha_{11} control$$

其中，α_i，$i = 1$，2，$\cdots$，11 为各变量待估系数；α_0 为常数项，$control$ 为控制变量。

（2）回归结果分析

①国有控股方在上市公司被 ST 后，通过关联交易对上市公司的支持程度与国有控股方对上市公司的控制度在 0.05 水平下显著正相关。回归结果表明，假设 1 成立。

回归结果显示，国有控股方对上市公司的控制度越强，则国有控股方在上市公司被 ST 后，通过关联交易对上市公司的支持程度越大。这说明，当国有控股方对公司的控制权越大时，作为国有上市公司的实际控制人的个人利益与上市公司的整体利益会有较大的交集。在上市公司被 ST 时，国有控股方出于保"壳"和控制权长期收益考虑，会采取关联交易支持上市公司，从而使其业绩得到扭转并被成功"摘帽"。

②国有控股方在上市公司被 ST 后通过关联交易对上市公司的支持程度与国有控股方所处行业的竞争度在 0.10 水平下显著正相关；与政府干预程度相关但不显著。回归结果表明，假设 5、假设 6 成立。

回归结果表明，国有上市公司所处的行业环境竞争越激烈，在国有上市公司被 ST 时，控股方对其支持程度就越小。相对而言，高竞争行业市场化程度较高，市场机制发展比较成熟，并且受国有企业"抓大放小"战略的影响，在这种情况下，如果上市公司被 ST 时地方政府更倾向于让市场去决定其是否退市；反之，当国有上市公司所处的行业竞争度较低时，即行业垄断程度大，且这类行业大部分为国家控制的重要行业，在其被 ST 时，作为控股方的政府基于其政治目标更倾向于支持国有上市公司。在国有上市公司被 ST 时，政府干预程度越大，则控股方对国有上市公司的支持力度越大。这是由于政府为了实现国有资产保值和增值的目的，以及出于政治上的考虑，如就业、社会保障、税收和社会稳定，会加大对上市公司的干预促使控股方支持上市公司以渡过难关。

③国有控股方在上市公司被 ST 后，通过关联交易对上市公司的支持程度与国有上市公司的公司治理行为显著相关。回归结果说明，假设 3 成立。

回归结果表明，国有上市公司控股方是否向上市公司派遣董事长和监事会主席与国有控股方在上市公司被 ST 后通过关联交易对上市公司的支持程度之间显著正相关；与是否派遣总经理情况负相关但不显著。也就是说，国有控股方对国有上市公司董事会和监事会的控制程度越高，则在公司被 ST 后国有控股方更倾向于支持上市公司。因此，国有控股方对董事会和监事会的控制度越大，说明其与上市公司共享利益就越多，其保"壳"动机越强。

④股权制衡度与国有控股方在上市公司被 ST 后通过关联交易对上市公司的支持程度之间在 0.05 水平下显著负相关。结果表明假设 2 成立。

回归结果说明，制衡度越大国有控股方在国有上市公司被 ST 后对其支持程度越小。在股权分散的情况下，当国有上市公司被 ST 时，由于控股方付出较大成本来支持上市公司，同时，其他次大股东和中小股东通过"搭便车"稀释了因此而带来的收益；正是由于这种高代理成本、低收益的结果抑制了国有控股方对上市公司采取支持行为的动机。

⑤外部法律环境越完善，则在公司被 ST 后控股方对国有上市公司的支持力度显著减小；结果表明，假设 4 成立。

这是因为地区法律水平越完善，说明其市场环境处于一个良性竞争的状态，市场化水平也相对较高，此时应该充分地发挥市场的自主调节能力；同时，这两个指数较高时，对于政府而言，无论是财政压力还是保障民生的需求表现程度上均较弱。因此，对支持上市公司没有较大的动机，参见表 5 - 21。

表 5 - 21 　　　　　　　　　　　　　　　线性回归结果

变量	*Propping*
CR	0.43 **
CR2 - 5	- 24.03 **
RATIO	0.28
HHI	41.06 *

变量	Propping
LAW	− 19.64 ***
GOV	7.38
IsBos	5.91 **
IsBoc	5.24 **
IsCeo	− 2.88
$TYPE_1$	1.05
$TYPE_2$	3.75
Lev	0.18 ***
SIZE	− 2.47 *
调整 R^2	0.218
D − W 值	0.857
F 值	2.98
Sig F	0.001

注：* 、** 、*** 分别表示在 0.10、0.05、0.01 水平下显著。

5.2.2　国有控股方关联交易与支持行为

本节从一般性关联交易视角出发，进一步分析控股方行为的支持效应，如 5.2.1 所述，控股方常会运用关联交易这种隐蔽方式对上市公司进行正向利益输送，以此支持上市公司。国有控股方基于"政绩观"以及区域经济效应，当上市公司面临困境时控股方会对上市公司提高支持，使上市公司摆脱困境。尤其是实施股权分置改革后，控股方的行为变化得到关注，控制方是否能够注重公司价值及其市场价格？这是国有控股方关注与中小股东共同利益平台的重要体现。本节从一般性关联交易视角对控股方支持行为进行进一步研究，这对资本市场的稳定，上市公司良好形象的塑造，中小股东利益的保护具有积极作用。

1. 研究假设

本章在借鉴国内外学者研究成果的基础上，主要从控制权结构、控股方治理行为及外部治理环境等方面进行研究综述。

（1）控制权结构与支持型关联交易

利安托和图尔瑟玛（Riyanto, Toolsema, 2003）证实了"金字塔"股权结构既存在掏空行为也存在支持行为。公司经营状况不好时，借助于"金字塔"

式的股权结构，控股方能够更好地对上市公司进行支持，一方面，能避免公司破产，另一方面，有利于小股东的利益保护。[307]他们认为，支持恰好为小股东提供了一种保险机制，正是因为这种保险机制的存在，小股东才会向公司投资。王明琳（2007）同样认为，控股方拥有较大的控制权，并不是一味地侵占，而是在侵占同时伴随支持，尤其是在企业陷入困境时，控股方的支持行为能够更好地发挥其作用。[62]刘和路（Liu，Lu，2007）、孟焰（2006）表明，掌握较多控制权的控股方通过关联交易对上市公司的支持只是为了满足特定的监管目标，而短暂的支持背后真正的目的是为了进一步利用上市公司获得私有控制权收益。[63][64]

基于以上分析，提出假设：

H1：控股方控制权较大时，对公司的支持程度较高。

（2）控股方治理行为与支持型关联交易

不同类型股东实现控制、支持的程度存在差异，控股方因持股比例较大，拥有较多的控制权，其有能力对上市公司实施影响。控股方通过控制董事会、监事会人员的选派，来对公司的决策实施影响，也就影响了公司治理的主要方面（唐跃军，2009）。[72]多数情况下，国有控股方还会通过委派高管人员来对上市公司经营进行直接控制，在资本多数决策原则下，控股方选派的代表很容易占据董事会和监事会的多数。控股方一旦控制了董事会、监事会成员的选任，实际上也就控制了公司的日常经营（王维钢，2010）。[277]魏明海（2013）认为，家族企业中控股方在董事会或董监高中所占席位的比例越大，家族企业的关联交易行为越严重。[308]

基于以上分析，提出假设：

H2－1：控股方对董事会及关键人控制越大，其对上市公司的支持程度越大。

H2－2：控股方对监事会约束越大，其对上市公司的支持程度越大。

（3）外部治理环境与支持型关联交易

控股方与上市公司的往来不仅受到内部治理机制的影响，还会受到外部治理环境的影响，本节外部治理环境主要从政府干预、产品市场竞争方面进行分析。

①政府干预方面

政府干预企业经营活动是一个普遍存在的现象，在国家控股上市公司中表现得更为严重。基于政府"支持之手"理论，地方政府官员为了实现个人晋升，达到个人的政治目标，可能会对上市公司进行财政上的补贴、信贷上的支持或直接向地方国有控股上市公司注入优质资产等来进行扶持，从而提高上市公司盈利能力。当政府干预企业的方式表现为对企业的"支持"时，政府干预对企业业绩有正面影响（王新霞，2014；王文成，2014）。[309][310] 总的来说，国有控股方"支持"行为的目的往往是为了通过对公司绩效的正方向支持使上市公司在金融市场上获得融资资格，避免其退市从而扶持其将公司做大做强，但从根本上来说，政府或者大股东最终目的还是为了将来能够从国有控股的上市公司获得更多的控制权收益。

基于上述分析，提出假设：

H3：政府干预与控股方支持程度正相关。

②产品市场竞争度方面

由于产品市场的竞争程度较高，大大提高了企业经营危机和破产的可能性，也就是说，高竞争行业上市公司的控股方如果采取侵占行为，那么，极有可能导致上市公司的财务危机，最终将可能危及控股方自己的利益，因此控股方会由掏空转向支持上市公司。如果外部竞争程度比较强，上市公司自身已经营困难，控股方不得不对上市公司施以援手，这时控股方支持型关联交易会大量发生（武常岐，2011；曹裕，2014），[36][37] 以避免 ST 后再支持的风险。

基于上述研究，提出假设：

H4：产品市场竞争度（HHI）与控股方支持程度正相关。

2. 研究设计

（1）样本选择与数据来源

本部分选取 2007～2013 年期间沪深 A 股国有控股上市公司为基础研究样本。样本数据均来源于 CSMAR 数据库、CCER 数据库，有些缺失数据通过查阅巨潮资讯网、《中国统计年鉴》补充完整。同时，为了达到研究目的，保证研究资料的一致性，对样本数据进行如下处理：剔除金融、保险行业样本；剔除财务会计数据不全或指标缺失的样本公司。经过以上处理，得到国有控股上市公司中发生支持型关联交易的公司样本包括 2705 个观测值。本部分在实证分析中运用 Excel 对数据进行分类处理，最后运用 SPSS 18.0 软件进行实证分析。

（2）指标选取

①被解释变量

本部分国有控股方支持程度（Propping）的度量与解释详见 5.2.1 小节指标选取的被解释变量部分。

②解释变量

基于上述假设，本部分解释变量分别选取了控股方治理行为、控制权、股权制衡；外部治理环境变量：政府干预度、竞争度。具体变量定义见表 5 – 22。

表 5 – 22   变量说明

变量类型	变量含义	变量名称	变量说明
被解释变量	支持程度	$Propping$	控股方占款程度小于零的绝对值
解释变量	控股方治理行为指数	$HDGI^{JDi}$	$i=0$，1，2，3 分别表示控股方控制指数、董事会及关键人控制指数、高管激励指数、监事会约束指数
解释变量	控制权	CR	最终控制人控制权比例，即控制链上最小投票权之和
解释变量	股权制衡	$CR2 – 5$	第二到第五大股东持股比例之和
解释变量	竞争度	HHI	$HHI = \sum (X_i/X) 2X_i$ 表示，行业内企业 i 的主营业务收入，X 表示某一行业主营业务收入之和。HHI 越大，竞争度越小
解释变量	政府干预程度	GOV	1/3（公司纳税额/所在省区市企业纳税额）+ 1/3（公司主营业务收入/所在省区市主营业务收入）+ 1/3（公司规模/所在省区市公司规模）
控制变量	资产负债率	Lev	期末总负债/期末总资产
控制变量	公司规模	$SIZE$	公司年末账面总资产的自然对数
控制变量	行业	$Indus$	根据证监会 2012 年修订版《上市公司行业分类指引》，剔除金融行业，共设置 12 个行业虚拟变量
控制变量	年度	$Year$	年度虚拟变量

3. 统计分析

在进行统计分析时，本书分别按照总体分布情况、控制强度、最终控股方以及行业竞争度等方面进行了统计分析。

（1）总体统计分析

从图 5 – 9 可看出，2007 ~ 2009 年国有控股公司控股方对公司的支持程度逐年上升，从 2009 年之后支持程度处于下降状态，但总体支持程度较高。全流通使得在对大股东定向增发过程中可以按照流通股价进行定价，获得公司股票溢价收益；另一方面，全流通市场下上市公司市值的放大效应、财富效应将吸引大股东把优质资产放到上市公司中，以保证上市公司得以平稳、持续发展，以获得更大的市值放大效应及其相应的财富效应。

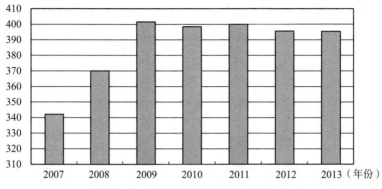

图 5 - 9　支持型关联交易公司数统计

（2）基于不同控制强度统计分析

本书根据控制权的大小，将控制权划分了三个等级，即大于 50% 是强控制，20% ~ 50% 是中控制，小于 20% 是弱控制。从表 5 - 23 来看，控制权小于 20% 的控股方支持程度最少，随着控制权的加大，控股方支持程度也在增大，但并不是一直处于增长状态，当控制权高于 50% 以后，控股方支持程度呈现下降趋势。相对于控制权在 20% ~ 50% 的样本公司而言，控制权大于 50% 的样本公司各方面经营制度都比较健全，公司运营状况良好，通过控股方支持来摆脱困境的占少数。控制权在 20% ~ 50% 的样本公司样本量较大，控股方通过实施较多的支持行为来保证区域经济发展。

表 5 - 23		不同控制强度支持程度占比统计				单位：%	
	2007 年	2008 年	2009 年	2010 年	2011 年	2012 年	2013 年
弱控制 （<20%）	6.76	6.36	6.55	6.85	7.46	6.80	7.30
中控制（20% ~ 50%）	59.91	59.77	61.73	61.03	59.21	60.53	60.62
强控制 （>50%）	33.33	33.86	31.71	32.12	33.33	32.68	32.08

资料来源：根据 CSMAR 数据库、CCER 数据库、WIND 数据库、巨潮资讯网和《中国统计年鉴》相关数据计算整理而来。

（3）基于不同类型控股方统计分析

本书将不同类型控股方划分为三个层次，即中央控股方、省级控股方和地方控股方。从表 5 - 24 来看，总体上，中央控股方支持程度较大，中央控股方为了国企的持续发展，国有资产保值增值，对上市公司进行支持。2008 年，《国有资产法》的颁布进一步厘清了中央、地方出资人职责，中央、省级政府逐渐加大对上市公司的支持，以保证区域经济的长远发展。而地方政府对上市公司支持程度呈现先上升再下降的趋势，地方政府出于政绩观以及所在地区经济发展考虑，对上市公司进行支持，保证所在地区经济的长远发展。

表 5 - 24　　　　　　　　　　不同类型控股方支持程度占比统计

	2007 年	2008 年	2009 年	2010 年	2011 年	2012 年	2013 年
中央政府（%）	36.39	27.35	34.95	29.23	34.35	35.11	40.44
省级政府（%）	30.57	37.62	32.14	31.52	27.57	29.83	30.30
地方政府（%）	33.04	35.03	32.90	39.25	38.08	35.06	29.26

资料来源：根据 CSMAR 数据库、CCER 数据库、WIND 数据库、巨潮资讯网和《中国统计年鉴》相关数据计算整理而来。

（4）基于不同竞争环境统计分析

据表 5 - 25 得知，不同竞争环境下，不同行政控股方支持程度不同。相对而言，低竞争环境下控股方支持程度普遍高于高竞争环境，与 5.2.1 节 ST 公司支持情况相同。可能由于低竞争环境下，中央控股的垄断行业较多，许多上市公司对所在区域经济发展、国家资产安全等具有较大影响。根据样本统计，在高竞争环境下，中央控股方支持程度最大，其次是省级控股方和地方控股方；在低竞争环境下，省级控股方支持程度最大，其次是中央控股方和地方控股方。在不同竞争环境下，不同股权控制强度的控股方表现出不同的支持程度。总体上看，低竞争环境下的支持程度高于高竞争环境下的支持程度，在高竞争环境下，控股方掌握的控制权在 20% 以上的支持程度较高，控股方控制权在 20% 以下的支持程度较少；在低竞争环境下，控制权在 50% 以上的控股方支持程度最高，其次是控制权小于 50% 的控制方。

表 5 - 25　　　　　　　　　　不同竞争环境下支持程度统计

	分组	高竞争（%）	低竞争（%）
不同终极控制人	中央控股方	3.19	3.70
	省级控股方	3.02	3.99
	地方控股方	1.85	3.21
不同控制强度	强控制（>50%）	2.62	4.70
	中控制（20% ~50%）	2.62	3.72
	弱控制（<20%）	2.53	3.52

资料来源：根据 CSMAR 数据库、CCER 数据库、WIND 数据库、巨潮资讯网和《中国统计年鉴》相关数据计算整理而来。

4. 计量分析

计量分析是在上述统计分析的基础上，进一步分析控股方治理行为与侵占型关联交易之间的关系。建立模型并对样本进行相关性分析、回归分析。

（1）模型建立

$$Propping = \beta_0 + \beta_1 HDGI^{JD1} + \beta_2 HDGI^{JD2} + \beta_3 HDGI^{JD3} + \beta_4 CR + \beta_5 HHI$$
$$+ \beta_6 GOV + \beta_7 CR2 - 5 + \beta_8 \sum Control + \sum Industry + \sum Year$$

（2）相关性分析

通过各变量 Spearman 相关性检验，各变量与支持程度的相关性分析结果，如表 5 - 26 所示。其中，控制权、竞争度、债务资产比率与支持程度正相关；董事会及关键人控制、高管激励、CR2 - 5、公司规模与支持程度负相关，为下一步进行回归分析奠定了基础。

（3）回归分析

表 5 - 27 显示了模型各变量与支持程度之间的关系。具体关系如下：

①控制权结构方面，控制权与控股方支持程度正相关，并且在 1% 的水平下显著。国有控股上市公司控股方控制权越大，对公司的支持程度越大，控股方对上市公司进行支持，更多考虑的是区域经济发展以及政绩考核，保证区域资产的保值增值。使上市公司免于退市的危机，确保区域经济的持续发展。即假设 1 成立。

②董事会及关键人控制、监事会约束均与支持程度正相关，且监事会约束与支持程度在 10% 的水平下显著。国有控股上市公司控股方通过对董事会及关键人控制、对监事会的约束来控制上市公司，在上市公司面临困难时董事会、监事会为了公司长远的发展，促使控股方对上市公司进行支持。而控股方为了维护自身利益，也不得不对上市公司进行一定支持，以保证上市公司不被退市。国有控股上市公司控股方拥有较大的控制权，对上市公司的经营决策拥有较大话语权，为了自身利益时刻关注上市公司的经营状况。因此，在上市公司面临危机时，也会伸出援手。所以，验证了假设 2 成立。

③外部治理环境方面，政府干预程度与控股方支持程度正相关，在 10% 的水平下显著。国有控股公司对拉动区域经济发展、促进就业等行政目标实现具有重要贡献，在公司面临经营困难时，控股方会对其进行一定的支持，同时政府也会进入实施干预，迫使控股方加大对公司的支持力度。即假设 3 成立。HHI 与控股方支持程度正相关，且在 1% 的水平下显著。即在低竞争环境下控股方对上市公司的支持程度较高。低竞争环境下，国家垄断行业较多，根据国家抓大放小政策，投股方有选择地进行支持；对于高竞争环境下的上市公司，大多是通过市场机制来进行调节，让市场来进行淘汰。因此，假设 4 成立。

表 5 - 26　　变量相关性分析

	Propping	$HDGI^{ID1}$	$HDGI^{ID2}$	$HDGI^{ID3}$	CR	RATIO	CR2_5	IIH	HHI	GOV	SIZE	Lev
Propping	1											
$HDGI^{ID1}$	-0.003	1										
$HDGI^{ID2}$	-0.106**	0.054**	1									
$HDGI^{ID3}$	0.041*	0.205**	-0.029	1								
CR	0.009	0.123**	-0.009	0.152**	1							
RATIO	-0.013	-0.016	0.01	-0.036*	-0.138**	1						
CR2_5	-0.051**	-0.077**	0.127**	-0.059**	-0.129**	0.084**	1					
IIH	0.068**	-0.012	0.007	0.033	0.190**	0.023	0.004	1				
HHI	-0.063**	0.097**	0.187**	0.067**	0.321**	0.034	0.139**	0.074**	1			
GOV	-0.03	-0.021	0.052**	0.007	0.152**	-0.035*	0.018	0.239**	0.074**	1		
SIZE	-0.113**	0.131**	0.284**	0.097**	0.340**	-0.041	0.096**	0.194**	0.384**	0.306**	1	
Lev	0.443**	-0.004	-0.012	0.022	-0.054**	0.015	-0.008	-0.040*	-0.012	-0.02	0.169**	1

注：**、*分别表示在置信度（双测）为 0.05、0.01 时，相关性是显著的。

表 5 - 27　　　　　　　　　回归结果统计

变量	Propping
C	0.203 ***
$HDGI^{JD1}$	0.005
$HDGI^{JD2}$	- 0.056 *
$HDGI^{JD3}$	0.009 *
HHI	0.101 ***
CR	0.001 ***
GOV	0.034 *
SIZE	- 0.012 ***
Lev	0.001 ***
CR2 - 5	- 0.003
D - W 值	1.883
F 值	101.08
Sig F	0.000
调整 R^2	0.258

注：*** 、** 、* 分别表示在 1%、5%、10% 的统计水平上显著。

5.3　本章小结

本章以 2007 ~ 2013 年国有控股上市公司作为研究样本，基于"掠夺之手"和"扶持之手"的观点，从国有控股方侵占行为和支持行为两方面讨论国有控股方控制给国有企业经营行为带来的影响。本章实证分析表明，在股权分置改革后，国有控股方对国有控股公司仍然存在"掠夺之手"和"扶持之手"的双重效应，即国有控股方在股份减持和关联交易中仍然会对公司进行侵占，另外，当国有上市公司面临财务困境时，国有控股方具有较强的支持行为。主要研究结论如下：

（1）控制权结构方面，国有控股方出于政绩考核，也会利用终极股权结构对其他股东利益进行侵占，而且控制权结构越大，双重效应越显著，同时存在"扶持之手"和"掠夺之手"双重效应。控股方控制权越大，越容易通过关联交易方式进行侵占、支持，其中控股方在上市公司被 ST 后通过关联交易对上市公司的支持程度较明显。

（2）控股方治理行为对控股方侵占、支持效应存在显著影响。董事会及关键人控制、高管激励以及监事会约束都会对侵占、支持行为产生重要的影响，高控制、强监督治理机制利于控股方的支持效应，在关联交易中，高控制、高激励治理机制利于抑制控股方的侵占效应，尤其是过高的高管激励对控股方侵占、支持效应均存在显著影响。

（3）外部治理环境方面，政府对上市公司干预有利于缓解控股方侵占行为，并在控股方对公司进行支持行为时起到促进作用；较高的地区 GDP 水平、较高的法制水平，能够在一定程度上抑制控股方的侵占行为，使得控股方通过较隐蔽的方式进行侵占，而控股方在较低法制水平下会通过关联交易方式进行支持；控股方支持行为在不同竞争环境中存在差异，相对于高竞争环境，国有控股方在低竞争环境下支持行为较明显。

第6章

国有控股方治理绩效实证分析

股权改制以来，《中华人民共和国国有资产管理法》清晰界定了国有控股各方的责任，明确了国有控股方社会目标和经济目标的双重目标。近年来，GDP的快速增长，使得中国经济投资呈现出高速递增趋势。然而，企业投资效率却没有做到与投资增长速度齐头并进，甚至出现背道而驰的情况。尤其是中国国有企业，作为中国经济的重要驱动力量之一，尽管投资增长迅猛，但却始终被投资低效问题困扰。作为国有控股公司的终极控股方，往往出于自身政治利益和政治晋升的需要，利用国有控股公司投资增加的外部效应来推动当地 GDP 的增长和财政收入的增加，容易导致投资效率低下问题，从而严重影响国有控股公司的长远发展；另外，创新不足也是制约中国国有企业竞争力提升的重要"瓶颈"。为此，根据《中共中央国务院关于深化体制机制改革加快实施创新驱动发展战略的若干意见》[①]《关于改进地方党政领导班子和领导干部政绩考核工作的通知》[②] 等文件精神对各级政府的政绩考核不能单纯以地区生产总值及增长率来衡量，还要加大对创新、投资等关乎地区长远发展目标的考核权重。因此，对于国有控股公司治理绩效的考核不仅要注重当期财务绩效，同时还要注重对投资效率和创新投资等因素的考量。芬克特拉曼和拉曼努贾姆（Venkatraman，Ramanujam，1989）、谢永珍（2013）等都提出过相应的观点。[261]

基于上述分析，同时根据第3章控股方博弈行为分析结果，$\varepsilon^* = \beta(\pi(0) - \pi(\varepsilon^*)) + \dfrac{1 - \sigma^T}{T(1 - \sigma)} F(\varepsilon^*, \theta)$，即控股方对公司未来剩余性折现率越高，控股方对公司的侵占可能性越小，通过公司治理保持公司持续成长的动机越强。因

① 新华网. 中共中央国务院关于深化体制机制改革加快实施创新驱动发展战略的若干意见 [EB/OL]. http: //www. xj. xinhuanet. com/2012 – 11/19/c 113722546. html.

② 新华网. 关于改进地方党政领导班子和领导干部政绩考核工作的通知 [EB/OL]. http: //news. xinhuanet. com/politics/2013 – 12/09/c 118484433. html.

此，影响公司未来投资收益的关键因素，不仅包含公司的当期价值托宾 Q，同时，也包含公司长期投资的有效性以及公司的创新投入指标。因此，本部分采用托宾 Q、非效率投资、R&D 投资与总资产之比来衡量行为绩效，并遵循"结构—行为—绩效"的研究思路，对国有控股方治理行为绩效进行实证研究。

6.1 国有控股方行为与公司价值

财务绩效作为衡量控股方治理行为效果的重要指标之一，用公司价值衡量尽管备受争议（Bhagat，Jefferis，2002；Dennis Wright Michaud，Kate A. Magaram，2006；吴淑昆，2001；孙裕君，2003；王化成等，2008），[124][125]但仍为国内外实证研究广泛采用。因此，本节继续通过公司价值，讨论国有控股方治理行为的有效性。在中国国有企业中，政府控制的本质不可否认。而政府作为最终控制人不仅要追求企业的经济效益，由于其特殊的政治身份，更多地代表着国家和国民的意志，需要社会稳定、解决就业等社会效益的实现。在这样的大前提下，面对不同的行业竞争环境，国有公司控股方（即政府）应用怎样的治理结构促进公司绩效的提升；控股方的哪些治理行为更适合企业的发展？基于这些问题的探索，本节进一步从公司价值的视角，分析国有控股方治理行为的有效性。重点分析了不同政府层级背景控股方在不同行业竞争环境下，其治理行为对国有控股公司价值的影响是否存在差异？并从控股方控制权结构、治理行为、外部治理环境角度出发提出有关建议，以期促进国有企业绩效的提高和经济的健康和谐发展。

6.1.1 研究假设

1. 控制权结构与公司价值

关于控制权对公司价值的作用关系，目前尚未得出一致结论。首先，尽管拉波特（La Porta，1998）认为，股权集中可能导致控股方倾向于选择自身利益最大化，而侵占中小股东利益，降低公司价值，[6]但伯利和米恩斯（Berle，Means）最早在 18 世纪 30 年代就指出股权的集中度与公司价值正相关，并认为在这样的控制结构下，有利于股东对经理的监督和制约，为公司价值的最优化提供可能，[227]国内学者近几年的研究也支持了该结论（张红军，2000；徐向艺，2015），[311][312] 即股权有效集中有利于公司价值的提升。其次，拉波特等（La Porta et al.，2002）、伯克莱森斯等（Claessens et al.，2002）[289][15] 的研究均发现，控股方所持有的现金流权与公司价值呈正向关系，但控股方的控制权与现金流权的偏离度越大，公司价值越低。曹裕（2010）从公司成长周期的视角研究，认为在公司成长、成熟阶段，两权分离越大，越不利于公司价值的提升。[313] 而李姝楠（2009）认为，对上市公司而言，控股方将持股比例控制在一个合理的范围内并保持一定的股权制衡度，可以提升公司价值。[314] 关于控制人属性对公司价值的作用关系，学者们的研究普遍表明国有控股公司的公司价值提升状况普遍弱于非国有性质的公司，而且，国家持股比例越高，越不利于公司价值提升（张红军，2000；[311] 李勇，2013；[315] 顾军，2012[316]）。夏立军和方轶强（2005）发现，不同政府层级对公司价值也会产生重要影响，尤其是县级政府和市级政府的控制对公司价值产生了负面影响。[209] 徐莉萍、辛宇和陈工孟（2006）将中国的上市公司分为中央直属国有企业控股和地方所属国有企业控股进行实证研究，发现不同的国有产权行使主体对上市公司经营绩效存在较大差异，其中，中央控股上市公司更有利于公司价值的提升。[46]

基于以上研究，提出假设：

H1：控股方控制权与公司价值呈正相关关系。

H2：不同类型控股方治理对公司价值影响不同，中央控股国有企业在提升公司价值方面表现更优。

H3：股权制衡度与公司价值呈正相关。

H4：控制权和现金流权分离度越小，越有利于公司价值的提升。

2. 治理行为与公司价值

关于董事长、总经理两职合一或是分离对公司价值的影响问题，西方学者经过长期研究，仍然未形成一致的结论。詹森（Jensen，1993）基于董事会监管角度提出了两职合一不利于公司价值提升的结论。[133] 向锐（2008）、党文娟（2010）研究均表明，董事长和总经理两职分开有利于公司价值的提升。[134][135] 但安德森（Anderson，1986）认为，基于公司领导稳定性的角度来讲，董事长和总经理两职合一使公司拥有稳定的领导核心，利于公司经营持续稳定；[159] 国内众多学者的研究也验证了这个观点（杨典，2013）。[132] 关于董事会持股与公司价值之间的关系，目前研究大都认为，董事会持股比例越大，越有利于公司价值的提升（高学哲，2006；李彬，2013）[317]。

有关高管激励与公司价值作用关系问题，也未形成一致的结论，虽然部分学者如科尔和盖伊（Core, Guay, 1999），[140]高明华（2001），[141]胡铭（2003）[142]等认为，国有控股公司中高管激励机制与公司价值之间没有明显关系。但大多数学者，如周建波和孙菊生（2003），刘国亮（2000）则认为，高管持股比例越高，越有利于公司价值提升。[137][318]郑志刚和许荣（2011）等认为，通过加强公司治理不仅可以实现降低代理成本，还可以鼓励经理人努力提高业绩。[319]在高管薪酬激励方面，拉希德和阿萨拉尔（Rashid, Afzalur, 2013）通过对孟加拉国上市公司的研究认为，薪酬激励对公司价值提升具有明显的积极作用。[143]侯剑平（2015）也认为，高管激励机制与公司治理机制之间存在内生性关系，两者相互影响。[320]

基于以上研究，提出假设：

H5：控股方对公司董事会及关键人的控制强度与公司价值正相关。

H6：控股方对公司高管激励会显著提升公司价值。

H7：控股方对公司监事会的制约与公司价值正相关。

3. 外部治理环境与公司价值

随着机构投资者在资本市场的迅速发展，其是否可以提升公司价值一直是学者们争论的焦点。尽管持有"股东消极主义"观点的学者认为，由于法律限制、监督困难、成本较高等原因，机构投资者并不积极参与公司治理，其持股不会对公司价值产生显著影响（Coffee, 1991）。[321]但更多学者认为，机构投资者持有公司一定股份时，其作为出资方出于保护自身利益的需要，积极参与公司治理，加强对企业监管（Chaganti, 1995；CHung, 2002；Mlitra, 2005）。[322]同时，机构投资者较个人投资者而言，专业素质能力更强，更具有信息优势，能在公司经营中发挥专业优势，实现企业经营业绩的提高。尤其当机构投资者持股占比较高时监管成本下降可获取的剩余收益增加，此时，机构投资者会主动介入治理，避免"搭便车"，从而降低企业经营风险，提升企业价值（Grossman, 1980；[73]Black, Coffee, 1994；[323]李向前，2002，[324]潘爱玲，潘清，2013；[325]刘建徽等，2013[326]）。闻岳喜和马志鹏（2012）更是检验出了机构投资者持股与公司价值的双向关系，即机构投资者持股可以改善公司价值，而公司价值得到改善的公司可以更好地吸引机构投资者。[327]

行业市场竞争是否会对公司价值产生重要影响，综合目前学者们的研究成果来看，没有达成一致结论。有的学者认为产品市场竞争不利于公司价值的提升（Howitt, Aghion, 1997）。[328]但也有学者认为，行业市场竞争对公司价值的提升存在正向影响。瓜达卢普和库纳特（Guadalupe, Cunat, 2004）表明，行业市场竞争与公司价值存在正向关系，即行业市场竞争有利于公司价值的提升。[329] 张欣哲（2011）认为，在外部市场竞争较为激烈的环境下，公司高管机会主义行为会减少，同时有利于提升公司价值。[330] 林钟高（2012）认为，产品市场竞争越激烈，公司监督约束机制越能够发挥作用，公司价值越高。[331] 布伦戴尔等（Blundell et al.，1999）表示，较高程度的行业市场竞争有利于公司价值的提升。[332]

政府对企业实施的干预活动，会影响企业经营管理的各个方面并作用于公司价值，由于政府具有"扶持之手"和"掠夺之手"的双重属性，相应地政府干预对公司价值也会产生正向和负向两种影响。邓建平和曾勇（2009）指出，政府干预程度越低，越有利于公司价值的提升。[333] 肖浩（2011）也证实了两者存在负向关系，即政府干预提高了企业的权益资本成本，并且最终对企业的价值产生负面的影响。[334] 陈信元和黄俊（2007）分析了在政府干预下的地方国有企业的多元化经营，结果发现：许多地方性国有企业在进行了多元化经营之后，绩效反而有所下降。[335] 但也有研究表明，政府对公司财政补助有利于提高公司的偿债能力，同时对公司价值产生正向作用（Tzele Pis，2004）。

基于以上研究，提出假设：

H8：机构投资者持股有利于公司价值提升。

H9：高竞争环境更有利于企业公司价值提升。

H10：政府干预不利于企业公司价值提升。

6.1.2　研究设计

1. 样本选取与数据来源

（1）行业竞争度样本数据。行业竞争度 HHI 的确定，根据中国证监会 2001 年颁布的上市公司行业分类指引中对行业的分类情况，将制造业细分至二级代码并考虑到样本数据是否稳定、样本数量是否过少以及上市公司主营业务是否突出等问题。另外，由于股权分置改革和全流通股权市场机制的变化，国有控股公司的行业竞争水平变化较大，为了得到稳定行业竞争度的数据样本，先对行业竞争度水平进行了分析，如图 6-1 和图 6-2 所示，从图形显示的结果可以看出，相对而言，2009~2013 年之间行业竞争度 HHI 值比较平稳。

（2）样本数据。主要来自于 CCER 数据库、CSMAR 数据库和巨潮资讯网站的上市公司年报数据。在剔除金融业、综合类行业，以及制造业中的木材、家具行业和其他制造业的基础上，进一步剔除了 ST、＊ST 或 PT 公司以及数据缺失的公司，由此得到 18 类行业共计 1967 个数据样本。

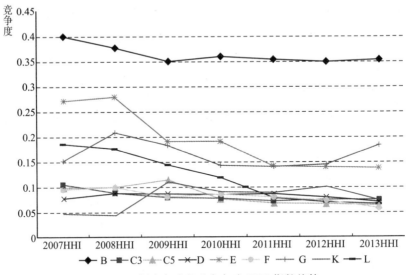

图6-1　低竞争度行业各年度HHI指数趋势

通过不同行业的HHI均值的计算，大于其中位数即属于低竞争行业，小于其中位数即属于高竞争行业。低竞争行业主要有，社会服务业（K），电力、煤气及水的生产和供应业（D），造纸、印刷业（C3），交通运输、仓储业（F），电子业（C5），传播与文化产业（L），信息技术业（G），建筑业（E）和采掘业（B）。

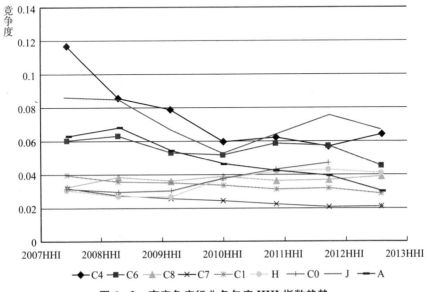

图6-2　高竞争度行业各年度HHI指数趋势

高竞争行业主要有石油、化学、塑胶、塑料业（C4），金属、非金属业（C6），医药、生物制品业（C8），机械、设备、仪表业（C7），纺织、服装、皮毛业（C1），批发和零售贸易业（H），食品、饮料（C0），房地产业（J）和农、林、牧、渔业（A）。

2. 指标选取

（1）被解释变量

公司价值变量。本书公司价值变量选取托宾 Q 来衡量。托宾 Q 理论是由经济学家詹姆斯·托宾于 20 世纪 60 年代提出的，被国内外学者广泛用于公司价值的衡量。其公式原为公司资产的市场价值与其重置成本之比，但因为资产重置成本的数据难以获取，所以在实证研究中较多使用总资产的账面价值来替代。2005 年，中国的股权分置改革和 2006 年开始的非流通股解禁都为托宾 Q 值核算创造了条件和可能，进一步提升了托宾 Q 衡量公司价值的可信度。

（2）解释变量

解释变量主要包括：控股方治理行为指数、控股方行政层级属性，控股方拥有的控股公司控制权、现金流量权以及控制权与现金流量权偏离度、其他股东股权制衡结构、机构投资者比例。

（3）控制变量

根据已有研究，主要从公司所处的外部治理环境和公司特征两个方面设定了控制变量，选取了资产负债率、总资产规模、行业、年度、政府干预度、法律环境、区域 GDP 水平等作为控制变量。变量符号表示及定义，如表 6 - 1 所示。

表 6 - 1　　　　　　　　　　　　　变量定义

	变量名称	符号	定义
被解释变量	托宾 Q	Tobins' Q	（公司的净资产 + 负债的账面价值）/总资产的账面价值
解释变量	控股方治理行为指数	HDGIJDi	$i = 0$，1，2，3 分别表示控股方控制总指数、董事会及关键人控制指数、高管激励指数、监事会约束指数
	控制权	CR	最终控制人的控制权比例，即控制链上的最小投票权之和
	控制权与现金流权偏离度	RATIO	最终控制人控制权除以现金流量权的比例，数值越大，则偏离度越大

续表

	变量名称	符号	定义
解释变量	股权制衡	$CR/2-5$	第 1 大股东持股比例/第 2～第 5 大股东持股比例之和
	实际控制人类别	$TYPE$	国有上市公司最终控制人类型，以地方控股为参照变量，设中央控股方 $TYPE_1$、省级控股方 $TYPE_2$ 两个虚拟变量
	机构投资者	IIH	年报中披露的机构投资者持股比例
	政府干预度	GOV	1/3（公司纳税额/所在省区市企业纳税额）+ 1/3（公司主营业务收入/所在省区市企业主营业务收入）+ 1/3（公司规模/所在区域的公司规模）
	产品市场竞争度	HHI	$HHI = \sum \left(\dfrac{X}{X_i} \right)^2$，$X_i$ 表示行业内企业 i 的主营业务收入，X 表示某一行业的主营业务收入之和
控制变量	地区经济发展状况	GDP	所在地区的人均 GDP 值，反映地区经济发展状况及政府治理绩效目标要求
	外部法律环境	LAW	1/3（当地知识产权保护水平 + 当地行政复议受理情况 + 当地行政复议应诉情况）
	公司规模	$SIZE$	对上市公司总资产取自然对数
	资产负债率	Lev	期末总负债/期末总资产
	年度	$Year$	以 2013 年为参照变量，设置 2009 年 $year1$、2010 年 $year2$、2011 年 $year3$ 和 2012 年 $year4$ 四个虚拟变量

6.1.3　统计分析

本小节对控股方控制权、行政层级以及企业所处行业竞争环境等因素，与控股公司的公司价值之间的关系进行了统计分析。经过初步分析，得到这些要素对公司价值的影响作用趋势，为下一步的实证分析提供支持。

1. 不同控制权下公司价值现状分析

由表 6 - 2 数据统计结果可知，拥有 50% 以上控制权的控股方，其所控制公司的公司价值要明显低于低控制权企业，说明控股方控制权绝对集中时，不利于控股公司公司价值的提升。国有控股方在控股公司拥有较大的控制权，本应更加重视公司的财务绩效，但出于集团公司整体利益的需要，可能会侵占公司的利益，而降低控股公司价值。

表 6 - 2　　　　　　　不同控制权下国有控股上市公司 *Tobins'Q* 数据统计

年度	控制权强度	企业数量	Tobins' Q 最小值	Tobins' Q 最大值	Tobins' Q 均值	Tobins' Q 标准差
2009	低控制权（20% 以下）	47	1.000	12.132	2.811	1.803
	中控制权（20% ~ 50%）	418	0.908	7.179	2.104	0.905
	高控制权（50% 以上）	221	0.870	8.366	2.041	1.245
2010	低控制权（20% 以下）	49	0.959	6.011	2.385	1.191
	中控制权（20% ~ 50%）	420	0.909	10.860	2.293	1.423
	高控制权（50% 以上）	217	0.786	11.272	2.140	1.509
2011	低控制权（20% 以下）	48	0.903	3.834	1.719	0.724
	中控制权（20% ~ 50%）	424	0.846	6.822	1.647	0.774
	高控制权（50% 以上）	214	0.787	6.859	1.549	0.856
2012	低控制权（20% 以下）	51	0.886	3.662	1.635	0.712
	中控制权（20% ~ 50%）	417	0.840	22.627	1.631	1.292
	高控制权（50% 以上）	218	0.734	7.138	1.465	0.758
2013	低控制权（20% 以下）	48	0.894	6.160	1.798	1.058
	中控制权（20% ~ 50%）	416	0.834	15.646	1.697	1.173
	高控制权（50% 以上）	222	0.711	4.860	1.413	0.615

资料来源：根据 CSMAR 数据库、CCER 数据库、WIND 数据库、巨潮资讯网和历年《中国统计年鉴》相关数据计算整理而来。

同时，由表 6 - 2 中数据我们也可以看到，随着控股方对控股公司控制权的加大，公司价值呈现出明显递减趋势，2009 ~ 2013 年度这种趋势普遍存在，控制权与公司价值的负向关系比较明显。

2. 不同类型国有控股公司的公司价值现状分析

大量研究成果表明，不同行政背景的控股方对控股公司财务绩效的影响不同。不同行政背景的控股方追求目标不同，控股公司的财务绩效存在差异。一般认为，非国有控股公司相比国有控股公司来说，更能提升公司财务绩效，中央控股方对公司价值提升的激励效应要优于地方控股方。鉴于此，本小节按照公司所属行政层级划分为，中央控股、省级政府控股和市、县地方控股公司，对样本公司进行了分类统计分析。

由表 6 - 3 可以得出，2009 ~ 2013 年连续五年中，中央控股国有上市公司相比非中央控股（省级政府、市、县地方控股）国有上市公司在公司价值的提升上表现出了明显的优势。

表 6 – 3   不同类型国有控股上市公司 *Tobins' Q* 数据统计

年度	控股方类型	企业数量	*Tobins' Q* 最大值	*Tobins' Q* 最小值	*Tobins' Q* 均值	*Tobins' Q* 标准差
2009	中央控股方	215	0.870	12.132	2.136	1.242
	省级控股方	170	0.908	8.366	2.176	1.288
	地方控股方	301	0.973	6.064	2.105	0.903
2010	中央控股方	214	0.786	11.272	2.462	1.749
	省级控股方	166	0.972	8.989	2.287	1.451
	地方控股方	306	0.909	10.686	2.084	1.138
2011	中央控股方	217	0.787	6.822	1.695	0.853
	省级控股方	166	0.867	6.040	1.623	0.848
	地方控股方	303	0.811	6.859	1.568	0.724
2012	中央控股方	219	0.734	5.152	1.593	0.748
	省级控股方	167	0.903	6.500	1.580	0.905
	地方控股方	300	0.775	22.627	1.567	1.405
2013	中央控股方	224	0.711	11.027	1.755	1.125
	省级控股方	165	0.846	5.796	1.432	0.724
	地方控股方	297	0.835	15.646	1.605	1.076

资料来源：根据 CSMAR 数据库、CCER 数据库、WIND 数据库、巨潮资讯网和历年《中国统计年鉴》相关数据计算整理而来。

3. 不同市场竞争度下公司价值现状分析

企业所处行业竞争环境，会对公司价值产生重要的影响。大部分学者认为，外部市场环境竞争越激烈越能使公司内部激励监督机制发挥作用，从而提升公司价值。本节对 2009 ~ 2013 年间行业竞争度进行了分组，对不同竞争水平下国有企业绩效进行了现状分析。

由表 6 – 4 统计数据可以明显看出，高竞争环境下，企业价值均值要明显高于低竞争环境，这一统计结果符合主流研究结论，即高竞争环境更利于公司价值提升的假设。同时，通过表 6 – 4 中数据我们也可以明显看出，高、低竞争环境下公司价值标准差区别不大，可以很好地排除极端值影响。

表6-4 　　　　不同市场竞争环境下国有控股上市公司 *Tobins'Q* 数据统计

竞争度分组	年度	企业占比	*Tobins' Q* 最小值	*Tobins' Q* 最大值	*Tobins' Q* 均值	*Tobins' Q* 标准差
低竞争	2009	243	0.870	12.132	2.036	1.094
	2010	243	0.786	10.860	2.144	1.492
	2011	243	0.787	5.950	1.577	0.740
	2012	243	0.734	22.627	1.622	1.553
	2013	243	0.711	15.646	1.584	1.179
高竞争	2009	443	0.908	8.366	2.185	1.128
	2010	443	0.927	11.272	2.310	1.403
	2011	443	0.811	6.859	1.646	0.828
	2012	443	0.775	7.138	1.555	0.772
	2013	443	0.768	11.027	1.628	0.933

资料来源：根据 CSMAR 数据库、CCER 数据库、WIND 数据库、巨潮资讯网和历年《中国统计年鉴》相关数据计算整理而来。

4. 不同市场竞争度下不同行政属性控股公司的公司价值分析

表6-3、表6-4分别显现了不同的行业竞争环境下和不同政府层级控股方对公司价值影响的差异性。统计结果表明，高竞争市场环境和中央控股方对公司价值的提升更有利。

表6-5显示了不同市场竞争环境下，不同行政层级国有控股上市公司托宾 Q 值的统计分析结果。从表6-5中样本数据统计结果可知，无论是高竞争环境，还是低竞争环境，中央控股国有企业的公司价值都要高于非中央控股公司；其次，无论是中央控股公司、省级控股公司还是地方控股公司，高竞争环境下企业的公司价值都要优于低竞争环境下企业的公司价值。这一结果进一步印证了上面统计中的结论。

表6-5 　　　　　不同市场竞争环境下不同行政层级国有
　　　　　　　　　　控股上市公司 *Tobins'Q* 数据统计

		Tobins' Q 最小值	*Tobins' Q* 最大值	*Tobins' Q* 均值	*Tobins' Q* 标准差
高竞争	中央控股	0.768	11.272	1.982	1.220
	省级政府控股	0.846	8.989	1.820	1.197
	市、县地方控股	0.775	9.306	1.811	0.911

续表

		Tobins' Q 最小值	Tobins' Q 最大值	Tobins' Q 均值	Tobins' Q 标准差
低竞争	中央控股	0.711	12.132	1.834	1.252
	省级政府控股	0.906	8.765	1.824	1.011
	市、县地方控股	0.835	22.627	1.737	1.419

资料来源：根据 CSMAR 数据库、CCER 数据库、WIND 数据库、巨潮资讯网和历年《中国统计年鉴》相关数据计算整理而来。

6.1.4　计量分析

本部分主要应用多元线性回归模型，分析国有控股方控制对国有控股公司价值是侵占还是促进？不同政府层级背景控股方在不同行业竞争环境下，其治理行为对国有控股公司价值的影响是否存在差异？为此建立了两个回归模型，通过递进回归分析，实证分析国有控股方行为对公司价值的影响。

1. 模型设计

$$Tobin'Q = \alpha + \beta_1 HDGI^{JD1} \beta_2 HDGI^{JD2} + \beta_3 HDGI^{JD3} + u \qquad 模型 \text{I}$$

$$Tobins'Q = \alpha + \beta_1 HDGI^{JD1} + \beta_2 HDGI^{JD2} + \beta_3 HDGI^{JD3} + \beta_4 CR + \beta_5 RATIO$$
$$+ \beta_6 CR/2 - 5 + \beta_7 TYPE + \beta_8 IIH + \beta_9 GOV + \beta_{10} GDP + u \qquad 模型 \text{II}$$

$i = 0，1，2，3$ 分别表示控股方治理总指数、董事会及关键人控制指数、高管激励指数、监事会约束指数。

2. 回归结果分析

（1）模型 I 回归结果分析

为研究不同政府层级控股方在不同竞争环境下控股方行为与公司价值之间的关系，本部分对样本进行了分组回归分析。

表 6-6 显示了模型回归结果，在高行业竞争环境下，省属控股公司董事会及关键人控制指数与公司价值呈正相关关系，在 5% 水平上具有统计显著性，而中央控股方公司和地方控股公司的董事会及关键人控制指数与公司价值呈正相关关系，但不显著。在低竞争环境下，中央控股公司和地方控股公司的董事会及关键人控制指数与公司价值之间呈正相关关系也不显著，但是省属控股公司董事会及关键人控制指数与公司价值呈负相关关系，且在 5% 水平上具有统计显著性。以上回归结果说明，不同行业竞争环境下，不同行政背景的国有控股治理行为绩效不同。高行业竞争环境下，控股方的强控制有利于提升

公司价值，而在低行业竞争环境下，控股方的强控制不利于公司价值的提升。从描述性统计结果进一步分析可知，在低行业竞争环境下，省级控股方派遣董事长的样本公司占比较高，另外，董事长和总经理变更频率也高于其他两类控股公司，统计结果在一定程度上表明，低竞争行业省级控股方对公司董事长等高管关键人的变更对企业价值没有显著正向促进作用，甚至会降低企业价值。

高管激励指数在不同行业竞争环境均与公司价值呈正相关关系，其中，在高行业竞争环境下，中央、省属、地方三类控股公司的高管激励指数与公司价值之间呈正相关关系且在1%水平上具有统计显著性。在低行业竞争环境下，中央、省属、地方三类控股公司的高管激励指数均与公司价值之间呈正相关关系，但是，只有省级控股方的高管激励指数在1%水平上具有统计显著性，其他两类控股方的高管激励指数不具有统计显著性。以上统计结果表明，国有控股方对控股公司的高管激励机制对公司价值的提升具有显著正效应，尤其是在高竞争行业中。在低竞争行业中，高管激励机制对公司价值的提升具有一定的正效应，省属控股公司的高管激励作用非常显著。其实证检验结果说明，目前中国现行的高管薪酬激励机制，对提升国有控股公司的公司价值是比较有效的。

在监事会约束指数方面，不同行业竞争环境下，不同行政背景的控股方对监事会的约束效用有所不同。在高行业竞争环境下，非中央国有控股公司的监事会约束指数与公司价值呈负相关关系，且均在5%以上水平具有统计显著性；在低竞争环境下情况相反，非中央国有控股方的监事会约束指数与公司价值呈正相关关系，且均在5%以上水平具有统计显著性。统计结果说明，在高竞争环境下，通过监事会强化对控股公司的监督并不利于公司价值的提升，同时也进一步说明市场竞争与监事会具有一定的替代效应。在低竞争环境下，加强监事会建设和职能的发挥有利于提升公司价值。但是中央国有控股方，在各种行业竞争环境下，监事会约束对企业价值均没有显著影响。其现象在一定程度上说明，中央控股公司监事会作用相对弱化，控股方对监事会的约束控制并不以提升公司价值为重要目标。

综合以上回归统计结果可知，在不同行业竞争环境下，各行政背景控股方治理行为效应不同。对于中央控股公司而言，只有高管激励机制对公司价值具有显著影响，董事会及关键人控制指数和监事会约束指数与公司价值之间未呈显著相关关系。而省属控股公司在高竞争环境下，对控股公司的有效治理模式是强控制、高激励、弱监督；在低竞争环境下是弱控制、强监督、高激励。地方控股公司在高竞争环境下，对控股公司的有效治理模式是高激励、弱监督，在低竞争环境下则是强监督、高激励。

表6-6 模型 I 公司价值回归结果比较分析

	托宾 Q					
	高竞争			低竞争		
	中央控股方	省级控股方	地方控股方	中央控股方	省级控股方	地方控股方
$HDGI^{JD1}$	0.000	0.088 **	0.028	0.012	-0.081 *	0.036
$HDGI^{JD2}$	0.098 ***	0.153 ***	0.180 ***	0.036	0.178 ***	0.070
$HDGI^{JD3}$	0.021	-0.092 **	-0.073 ***	0.040	0.243 ***	0.088 **
$SIZE$	控制	控制	控制	控制	控制	控制
Lev	控制	控制	控制	控制	控制	控制
$Year$	控制	控制	控制	控制	控制	控制
F 值	43.944	22.604	50.756	20.471	15.873	23.015
$D-W$ 值	1.086	0.799	0.866	1.239	1.092	0.866
调整 R^2	0.367	0.269	0.306	0.294	0.306	0.289

注：*、**、***分别表示在0.10、0.05、0.01水平下显著。

(2) 模型 II 回归结果分析

在模型 I 对控股方治理行为与公司价值关系分析的基础上，本部分应用模型 II，进一步分析控股方控制权结构、治理行为与外部治理环境等因素对公司价值的综合影响。表6-7显示了模型 I 回归结果，国有控股方控制行为对公司价值具有显著影响。在高竞争市场环境下，董事会和关键人控制指数、高管激励指数与公司价值呈显著正相关关系。尤其是高管激励指数与公司价值的正相关关系，在1%水平上具有统计显著性。在低竞争环境下，董事会和关键人控制指数、高管激励指数与公司价值之间仍呈正相关关系但不显著。以上统计结果表明，国有控股方对控股公司关键人的控制以及对高管进行激励对公司价值的提升具有显著作用，尤其是在高竞争行业中。而低竞争行业控股方对董事会及关键人的控制受公司业绩的影响不显著。总样本监事会约束指数与公司价值的相关性并不显著，可能是因为在不同竞争环境下，其行为效率不同。如在高竞争行业监事会约束指数与公司价值之间呈显著负相关关系，低竞争行业呈显著正相关关系。其统计结果说明，在低竞争环境下，国有控股公司的有效治理模式是强控制、强监督、高激励；而高竞争环境下，则是强控制、高激励、弱监督。假设5、假设6无论在高低竞争环境下都得到了充分的验证，而假设7则在低竞争环境下得到了验证，在高竞争环境下实证结果与研究假设相反。

从股权结构、股权行政属性等影响变量来看，无论在高行业竞争水平下，还是低行业竞争水平下，控制权以及控制权和现金流权的偏离度指数均与公司价值之间呈负相关关系。相对而言，在低竞争环境下，控制权越低，越有利于公司价值提升。而在高竞争环境下，控制权与现金流权分离度越小，越有利于公司价值提升。结果进一步证实，在目前国有企业管理体系下，"控制权与现金流权偏离"和"一股独大"的股权结构不利于公司价值提升，假设4成立，而假设1则与研究结果相悖，说明在低竞争环境下，适当降低国有股权的控制，进行混合所有制改革，有利于公司价值的提升。否则，股权缺乏制衡，在外部治理机制弱化的情况下，容易导致控股方为政绩目标或社会目标等损害公司价值。

表6-7 模型Ⅱ公司价值回归结果比较分析

	托宾 Q		
	全样本	高竞争	低竞争
$HDGI^{JD1}$	0.205 **	0.164 *	0.062
$HDGI^{JD2}$	2.193 ***	2.566 ***	1.060
$HDGI^{JD3}$	-0.052	-0.182 **	0.281 ***
CR	-0.003 **	-0.001	-0.008 ***
$RATIO$	-0.110 ***	-0.075 *	-0.054
$CR/2-5$	-0.001	-0.002	-0.004
$TYPE_1$	0.301 ***	0.289 ***	0.387 ***
$TYPE_2$	0.155 ***	0.200 ***	0.362 ***
IIH	0.013 ***	0.014 ***	0.012 ***
GOV	2.244 ***	18.193 ***	2.009 ***
HHI	1.246 ***	—	—
GDP	控制	控制	控制
LAW	控制	控制	控制
$SIZE$	控制	控制	控制
Lev	控制	控制	控制
$Year$	控制	控制	控制
F 值	102.158	84.207	32.206
$D-W$ 值	0.987	0.933	0.983
调整 R^2	0.307	0.404	0.313

注：*、**、*** 分别表示在0.10、0.05、0.01水平下显著。

相应地，机构投资者的持股比例与公司价值，在各种样本区间均与公司价值在1%水平上具有统计显著性。结果说明，股权结构多元化，机构投资者等利益相关者参与治理有利于提升国有控股公司的公司价值，验证了假设8。相对于地方国有控股方而言，中央控股和省属控股公司的公司价值显著高于地方控股公司，无论在高竞争行业中还是在低竞争行业中，显著性水平均达到1%，可见机构投资者参股有利于中央控股和省属控股公司的公司价值提升，假设H2得到验证。就假设3而言，有关股权制衡对公司价值的影响作用关系，没有通过显著性检验，但从作用关系方向而言，一定的股权制衡有利于公司价值的提升。政府干预度与公司价值正相关，且在1%水平上具有统计显著性。结果进一步证实，基于"政绩观"的政府干预有利于公司价值的提升，假设10得到验证。回归结果表明，高竞争行业有利于提升公司价值，其结果与假设9相反。

综上所述，本节统计结果说明，在高竞争行业，国有企业并没有领先优势，没有表现出较好的治理绩效。而在低竞争行业，国有企业的治理效果明显，有利于提升公司的业绩。

（1）在高竞争环境下，省级控股方和地方控股方采用高控制、高激励、弱约束的治理模式，对公司价值有显著的提升作用。其中，省级控股方的治理效应更加显著；在低竞争化环境下，省级控股方的有效治理模式是弱控制、强监督、高激励，且中央控股公司和地方控股公司在低竞争环境之下，控股方治理模式对公司价值提升没有显著影响。

（2）通过控制竞争环境变量，探讨不同行政层级控股方治理行为效率发现，在高竞争环境下，不同行政层级的控股方治理行为效应没有显著差异，高管激励机制有效地促进了公司价值的提升。针对省属控股公司，加强董事会和关键人控制，降低监事会监管作用，有利于公司价值提升；但在低竞争环境下，加强对非中央国有控股公司的监事会的作用，对于提升公司价值有显著影响，另外高管激励机制对提升公司价值也具有显著影响。

6.2　国有控股公司非效率投资

自2007年股改以后，中国进入了后股改时代。随着经济体制改革的不断推进，民营企业队伍不断发展壮大。一方面，竞争的加强为国有企业注入了新的活力，刺激国有企业不断发展，紧抓机遇，但同时这也使其面临更多的挑战。国有企业肩负国有资本保值增值的重任，在国民经济的发展中占有相当重要的地位，其控股方治理绩效关系到国计民生。伴随中国经济的快速增长，中国投资水平一直持续走高。自 2007 年来，中国的全社会固定资产投资增长率起伏不定，2007～2009 年间，国内的全社会固定资产投资增长率由 24.8% 上升至 30%，而 2009～2013 年处于下降趋势，2013 年增长率仅为 19.1%。其中国有全社会固定资产投资增长率也起伏不定，2007～2009 年处于上升趋势，由 17.4% 上升到 43.1%，而 2013 年增长率仅为 14.2%。同时，在国有固定资产投资增长率高低起伏中，反映出国有控股方治理绩效存在不确定性，产生了较多过度投资和投资不足等非效率投资问题。国有控股公司的投资效率不仅直接影响其公司经营绩效，还会对国有资本的保值增值产生威胁。因此，在新一轮国有企业改革中，国有企业投资效率成为国有企业业绩和各级政府政绩考核的重要指标。因此，本节重点从股权结构、控股方治理行为、外部治理环境以及政府干预方面，实证分析了各因素对国有控股公司投资效率的影响。

6.2.1　研究假设

1. 控制权结构与非效率投资

有关股权结构与非效率投资的研究，学者们主要从控制权结构、两权分离、股权制衡等视角展开了研究。如：艾提格（Attig，2008）认为，股权制衡能够提高公司的内部监管水平，减轻公司的代理问题，从而抑制公司的非效率投资行为。[336]吉亚克托（Giaccotto，2013）认为，控制权越大，两权分离程度越高，越容易导致非效率投资行为。[337]国内学者也对此进行了探索，比如：怀特（White，2013）认为，控制权越大，越容易导致过度投资行为。[338]孙晓琳（2010）认为，控制权越大，两权分离度越高使得最终控制人有能力和动机侵占上市公司利益，从而会加剧过度投资。[212]在其他条件不变的情况下，控制权水平越高越有利于最终控制人获取私有收益，即随着控制权的扩大，企业的过度投资行为越严重。

由此，可以提出以下假设：

H1：控股方控制权越强，两权分离越大，越容易发生非效率投资。

H2：股权制衡与非效率投资呈负相关关系。

2. 控股方治理行为与非效率投资

学者们关于公司治理与非效率投资的研究，主要是从董事会、管理层激励等方面进行了研究。较多学者以国内外公司样本实证分析研究认为，较好的公司治理结构可以抑制企业的非效率投资问题（Richardson，2006）。[152]如李维安（2009）、谢志华（2011）认为，董事会是公司决策的核心机构，董事会治理作为公司治理整体的一个补充，可以帮助企业提出科学的决策，保证投资的有效性。[69][156]安德森（Anderson，2000）、康等（Kang et al.，2006）研究认为，公司高管的持股比例越高，过度投资水平越低。[159][160]吕长江（2012）研究发现，股权激励能够抑制非效率投资，但政府控制的企业持股激励对投资效率的作用不是很明显。[161]

基于以上分析及学者的研究，提出以下假设：

H3：控股方治理行为与非效率投资呈负相关关系。

3. 外部治理环境与非效率投资

公司的投资效率，不仅受到股权结构、控股方行为以及公司内部治理机制的影响，还会受到外部治理环境的作用。有关国有控股公司外部治理环境与投资效率的研究成果，较多集中在机构投资者、政府干预、产品市场竞争等方面。

（1）机构投资者与非效率投资

机构投资者具备专业知识，他们在投资来源、投资目标、投资方向等方面具有独特的专业见解。机构投资者是影响公司投资决策的重要力量。当机构投资者持有公司较大股份时，不仅会对公司股东、董事会、管理层形成较大影响，也可以通过外部治理影响公司投资行为。马托斯和费雷拉（Matos，Ferreira，2009）的研究证实了机构投资者持股比例越高，公司发生过度投资行为越少。[339]蒂特曼（Titman，2004），[340]刘志远（2009）发现，机构投资者作为公司治理的重要力量，其发展壮大能够有效地抑制大股东资金侵占行为的频繁发生，可以有效地弥补中小投资者力量不足的缺陷。[341]

基于已有研究成果分析，提出假设：

H4：机构投资者持股比例越大，对非效率投资具有一定的抑制作用。

（2）产品市场竞争度与非效率投资

产品市场竞争影响企业投资行为，在一定程度上甚至决定着企业的投资规模，企业产品的市场竞争能力会影响企业的后续投资能力和经营业绩，使其出现投资不足或过度投资的非效率行为。高竞争环境下，公司与公司之间竞争较为激烈，产品更新换代较快，公司为了生产技术创新、争夺较多的市场份额等目的，容易采取持续投资，扩大投资规模等举措，进而容易导致非效率投资。

低竞争环境下，公司偏向于垄断行业，其产品或服务的价格比较稳定，发生的财务困境成本相对较小，一般不容易发生非效率投资行为。霍尔姆斯特姆（Holmstrom，1982）研究表明，市场竞争有助于所有者更好地识别经营者的真实努力水平，有效降低信息不对称问题。企业为保持在行业中的竞争地位，会通过不同的方式获得更多的资金进行投资。[342] 张祥建等（2009）认为企业投资效率与产品市场竞争之间呈正相关。[343] 徐一民（2010）认为产品市场竞争越激烈，投资效率越高，越能有效地降低企业的投资过度。[162]

基于以上分析，提出假设：

H5：产品市场竞争度与非效率投资负相关。

（3）政府干预与非效率投资

中国证券市场上的大量上市公司由国有企业改制而来，《中华人民共和国企业国有资产法》规定，国务院和地方政府依法代表国家履行出资人职责，享有出资人权益。地方政府官员在自身政治利益和政治晋升的驱动下，必然会利用国有企业增加投资的外部性来推动地方 GDP 的增长和财政收入的增加，并且政府层级越低，晋升竞争就越激烈，政府控制国有企业所带来的非效率投资情况就更严重（周黎安，2007）。[344] 拉·波特（La Porta，1998），吕俊（2012）研究表明，企业过度投资与政府干预有很大的关系，政府的双目标属性（经济目标、政治目标），尤其是政府肩负社会目标的重任，要求政府在实现当地财政收入增加的同时也要着手解决就业率问题，当企业发展目标与政府利益目标冲突时，政府就非常有可能运用政治权力的干预使企业进行非效率投资来提高收入或增加就业。[6][345] 赵静（2014）进一步证实了政府干预会对公司的投资效率产生重要影响，即政府干预加剧了企业的过度投资，对投资不足的缓解却具有非对称性。[346] 然而，不同层级政府干预企业投资的行为可能存在差异。与中央政府相比，地方政府在实现社会目标之外还存在对政绩的强烈诉求。在现行的官员激励机制下，由于地方官员"经济参与人"和"政治参与人"的双重特征，其对企业投资行为的要求也会存在明显不同。各级政府的职能和权力不同，政府干预企业的行为本身可能存在差异。

基于以上的分析，提出假设：

H6：政府干预程度越高，越容易导致过度投资行为的发生。

H7：政府干预能够一定程度上抑制公司投资不足。

H8：政府干预对国有上市公司非效率投资的影响，会随着政府层级的不同而存在差异。

6.2.2 研究设计

1. 样本选择与数据来源

本部分仍选取了 2007～2013 年期间沪深 A 股国有控股上市公司为研究样本。采用数据均来源于 CSMAR 数据库、CCER 数据库、历年《中国统计年鉴》，有些缺失数据通过查阅公司年报和巨潮资讯网对数据库中数据不全的公司进行补充。同时为了达到研究目的，保证研究资料的一致性，对样本数据进行如下筛选：剔除 ST、＊ST 等样本公司，剔除个别缺失数据的样本；剔除金融、保险行业；剔除一些财务数据不完整以及变量数据缺失的样本。

经过以上筛选，最终得到 2007～2013 年连续 7 年的样本数据共 593 家国有控股上市公司，过度投资的公司样本包含 1512 个观测值，投资不足的公司样本包含 2639 个观测值。

2. 指标选取

（1）被解释变量

①投资支出额。（购建固定资产、无形资产和其他长期资产所支付的现金——处置固定资产、无形资产和其他长期资产而收回的现金净额）／上年资产总计。

②过度投资。本书借鉴理查德森（Richardson，2006）的投资模型，估计出公司 i 在 t 年的最佳的资本投资水平，然后，用公司 i 在 t 年的实际的资本投资水平与估算的资本投资水平之差（回归残差）表示公司的投资过度程度，即残差大于 0，用 OVINV 表示。

③投资不足。本书借鉴理查德森（Richardson，2006）的投资模型，即模型 I。估计出公司 i 在 t 年的最佳的资本投资水平，然后，用公司 i 在 t 年的实际的资本投资水平与估算的资本投资水平之差（回归残差）表示公司的投资不足程度，即残差小于 0，用 UNINV 表示。

（2）解释变量。董事会及关键人控制指数、高管激励指数、监事会约束指数、控制权强度、股权制衡度、两权分离度、机构投资者股权比例、产品市场竞争度和政府干预。

（3）控制变量。公司规模、资产负债率、公司上市年龄、公司增长机会、公司股票收益、公司实际控制人类别和年度。

指标变量的选取与说明，见表 6-8。

表 6-8   **变量说明**

	变量含义	变量名称	变量说明
被解释变量	投资支出额	INV_t	（购建固定资产、无形资产和其他长期资产所支付的现金－处置固定资产、无形资产和其他长期资产而收回的现金净额）/上年资产总计
	过度投资	$OVINV$	模型 I 回归正残差
	投资不足	$UNINV$	模型 I 回归负残差
解释变量	控股方治理指数	$HDGI_{JDi}$	$i=0$，1，2，3 分别表示控股方控制指数、董事会及关键人控制指数、高管激励指数、监事会约束指数
	控制权	CR	最终控制人控制权比例，即控制链上的最小投票权之和
	股权制衡	$CR2-5$	第二到第五大股东持股比例之和
	分离度	$RATIO$	最终控制人控制权除以现金流量权的比例，数值越大，则偏离度越大
	行业竞争度	HHI	$HHI=\sum\left(\dfrac{X_i}{X}\right)^2$，$X_i$ 表示行业内企业 i 的主营业务收入，X 表示某一行业的主营业务收入之和
	政府干预度	GOV	1/3（公司纳税额/所在省区市企业纳税额）+1/3（公司主营业务收入/所在省区市公司主营业务收入）+1/3（公司规模/所在省区市公司规模）
	机构投资者	IIH	年报中披露的机构投资者持股比例
控制变量	公司增长机会	$Growtht-1$	以托宾 Q 作为测量公司未来增长机会的动态指标
	公司股票收益	$Art-1$	每股收益
	上市年龄	$Aget-1$	公司上市年限
	资产负债率	Lev	期末总负债/期末总资产
	公司规模	$Size$	公司年末账面总资产的自然对数
	实际控制人类别	$TYPE$	国有上市公司最终控制人类型，设中央控股方 $TYPE1$、省级控股方 $TYPE2$ 和地方控股方 $TYPE3$ 为虚拟变量
	年度	$Year$	年度虚拟变量
	行业	$Indus$	根据证监会 2012 年修订版《上市公司行业分类指引》，剔除金融行业，共设置 12 个行业虚拟变量

6.2.3　统计分析

在进行统计分析时，本部分重点对控股方控制权强度、实际控制人类别、竞争环境等变量进行了统计分析。

1. 基于不同控制权强度的非效率投资状况分析

本部分根据控股方控制权的大小，划分为三个不同控制强度，控制权小于20%为弱控制，控制权在20%～50%之间为中控制，控制权大于50%为强控制。从表6-9中来看，2007～2013年中控制强度无论是过度投资还是投资不足均占比最高，其次是强控制强度，比重最小的是弱控制，即表现出一定的倒"U"型趋势。在强控制结构下，控股方利益与上市公司高度重合，公司的投资决策更注重公司的持续发展，公司投资比较慎重。在弱控制强度下，公司股权结构呈现混合所有制状态，股东之间的相互制衡在一定程度上有效制约了公司的非效率投资。而在中控制状态下，控制权与现金流权存在一定分离，公司控制方为获得控制权的私有收益（国有控股方的其他目标），会侵占上市公司利益，导致非效率投资。

表6-9　　　　　　　　　　不同控制强度非效率投资占比统计　　　　　　　　单位: %

	弱控制（<20%）		中控制（20%～50%）		强控制（>50%）	
	过度投资	投资不足	过度投资	投资不足	过度投资	投资不足
2007 年	11.11	6.63	59.26	62.33	29.63	31.03
2008 年	10.65	5.84	56.02	61.80	33.33	32.36
2009 年	10.19	5.31	36.11	63.93	36.11	30.77
2010 年	10.19	5.57	55.56	63.66	34.26	30.77
2011 年	10.19	5.57	56.48	64.72	33.33	29.71
2012 年	9.72	6.10	56.94	63.66	33.33	30.24
2013 年	9.26	5.57	56.48	64.46	34.26	29.97

资料来源：根据 CSMAR 数据库、CCER 数据库、WIND 数据库、巨潮资讯网和历年《中国统计年鉴》相关数据计算整理而来。

2. 不同控股方类型非效率投资状况

本部分根据国有控股公司控股方类型，将国有控股公司分为中央控股、省属控股、地方控股三个层级。从表6-10中可以看出，非中央国有控股公司非效率投资较严重。其中，省级控股方多表现为过度投资，而地方控股公司多表现为投资不足。省属、地方控股公司可能会受到省级、地方政府的过度干预，当地政府为了追求社会目标以及政绩目标（GDP 增长），会利用国有控股公司来扩大投资甚至是通过重复投资来实现，从而一定程度上可能会导致非效率投资。

表6-10　　　　　　　　不同控股方类型非效率投资占比统计　　　　　　单位：%

	中央控股方		省属控股方		地方控股方	
	过度投资	投资不足	过度投资	投资不足	过度投资	投资不足
2007 年	25.46	28.38	43.98	31.83	30.56	39.79
2008 年	25.93	29.97	43.98	32.63	30.09	37.40
2009 年	25.46	31.17	44.44	31.17	30.09	37.66
2010 年	26.39	31.03	39.35	30.50	34.26	38.46
2011 年	26.39	32.10	39.81	29.97	33.80	37.93
2012 年	26.85	31.56	39.35	31.03	33.80	37.40
2013 年	28.24	32.10	40.74	30.50	31.02	37.40

资料来源：根据 CSMAR 数据库、CCER 数据库、WIND 数据库、巨潮资讯网和历年《中国统计年鉴》相关数据计算整理而来。

3. 基于不同竞争环境非效率投资状况

据表6-11统计来看，不同竞争度行业的非效率投资状况不同。低竞争行业中采掘业、电子、交通运输等行业，非效率投资较大；在高竞争行业中房地产业、制造业、批发零售业，非效率情况严重。高竞争环境下投资效率较差，存在非效率投资较多。高竞争市场环境下，公司之间竞争激烈，产品更新换代频繁，公司的投资项目较多，公司管理层容易盲目扩大投资，将资金投入不是最优的项目上，从而导致投资效率低下。同时，非效率投资在行业中的分布不均，其中制造业非效率投资明显高于其他行业，而且，投资不足类非效率要高于过度投资类非效率。其原因可能有以下几点：其一，国有控股上市公司中制造业的样本量最大，占总样本的48.90%，样本统计量较大。其二，目前，中国还是以发展第二产业为主，国家对制造业的扶持力度较大，国有控股公司中大部分还是以经营制造业为主，使得公司决策层盲目扩大投资规模。相对而言，采掘业，电力、煤气及水的生产和供应业，交通运输、仓储业，房地产业，制造业，批发和零售贸易的非效率投资占比较高；建筑业，信息技术业，社会服务业，传播与文化产业，农、林、牧、渔业，综合类产业的非效率占比较低。随着基础设施水平的不断提高，相关行业发展较快，尤其是有关公共事业和民生问题容易彰显政绩，国家投资力度较大，公司管理层会加大投资规模，从而可能导致非效率投资。而传播与文化产业过度投资和投资不足的样本比较少，可能由于该行业公司样本数较少造成。

表 6 – 11　　　　　　　　不同竞争环境非效率投资占比统计

	行业	非效率投资占比（%）
低竞争	B 采掘业	12.57
	D 电力、煤气及水的生产和供应业	14.5
	E 建筑业	6.35
	F 交通运输、仓储业	14.44
	G 信息技术业	8.94
	K 社会服务业	5.83
	L 传播与文化产业	2.72
高竞争	A 农、林、牧、渔业	3.44
	J 房地产业	12.12
	C 制造业	95.11
	H 批发和零售贸易	17.41
	M 综合类	6.56

资料来源：根据 CSMAR 数据库、CCER 数据库、WIND 数据库、巨潮资讯网和历年《中国统计年鉴》相关数据计算整理而来。

6.2.4　计量分析

本节在前面统计分析的基础上，进一步分析控股方治理行为与治理效率之间的统计关系，以检验研究假设。本书在借鉴理查德森（Richardson，2006）的投资模型（模型 I）的基础上，建立模型 II、模型 III 分别对过度投资和投资不足进行样本分类和分组回归分析。

1. 模型建立

$$INV_t = \alpha_0 + \alpha_1 Growth_{t-1} + \alpha_2 Lev_{t-1} + \alpha_3 Cash_{t-1} + \alpha_4 Size_{t-1} + \alpha_5 Ar_{t-1}$$
$$+ \alpha_6 INV_{t-1} + \alpha_7 Age_{t-1} + \sum Industry + \sum Year + \varepsilon \qquad 模型III$$

$$OVINV = \beta_0 + \beta_1 HDGI^{JD1} + \beta_2 HDGI^{JD2} + \beta_3 HDGI^{JD3} + \beta_4 CR + \beta_5 HHI + \beta_6 CR2-5$$
$$+ \beta_7 RATIO + \beta_8 GOV + \beta_9 IIH + \beta_{10} \sum Control + \sum Industry + \sum Year$$
$$模型IV$$

$$UNINV = \beta_0 + \beta_1 HDGI^{JD1} + \beta_2 HDGI^{JD2} + \beta_3 HDGI^{JD3} + \beta_4 CR + \beta_5 HHI + \beta_6 CR2-5$$
$$+ \beta_7 RATIO + \beta_8 GOV + \beta_9 IIH + \beta_{10} \sum Control + \sum Industry + \sum Year$$
$$模型V$$

2. 回归分析

（1）模型Ⅳ、模型Ⅴ回归结果分析

表 6 - 12 显示了模型Ⅳ、模型Ⅴ的回归结果，股权结构方面，控制权、分离度均与过度投资正相关，控制权在 5% 的水平下显著；控制权强度、分离度均与投资不足呈正相关关系，其中，分离度在 1% 的水平下显著；表明国有控股上市公司中控股方控制权越大，发生非效率投资的可能性越大；控制权与现金流权分离越严重，越容易发生非效率投资行为。结果表明公司控股方拥有过多的控制权，控股方在投资项目选择上拥有更多的决策权，如果决策目标不是公司价值最大化，容易使得公司投资决策发生偏离，导致非效率投资；CR2 - 5 指数与投资不足负相关，且在 1% 的水平下显著。CR2 - 5 指数与投资不足呈显著负相关，表明股权制衡机制对投资不足起到了抑制作用。由此，假设 1、假设 2 成立。

表 6 - 12　　　　　　　　　模型Ⅳ与模型Ⅴ回归结果统计

	过度投资（OVINV）	投资不足（UNINV）
C	- 0. 350 ***	0. 040 ***
HDGI^{JD1}	- 0. 080 ***	- 0. 005
HDGI^{JD2}	- 0. 257 **	- 0. 129 ***
HDGI^{JD3}	- 0. 042 ***	- 0. 014 ***
CR	0. 001 **	7. 59E - 05
RATIO	0. 001	0. 004 ***
CR2 - 5	- 0. 01	- 0. 028 ***
GOV	0. 006	- 0. 039 *
HHI	- 0. 322 *	- 0. 003
IIH	- 3. 21E - 05	- 5. 087E - 5 *
TYPE1	0. 002 *	- 0. 002 *
SIZE	0. 019 ***	0. 001
Lev	- 0. 001 ***	8. 073E - 5 *
D - W 值	1. 130	1. 047
F 值	50. 9	19. 2
Sig. F	0. 000	0. 000
调整 R^2	0. 29	0. 074

注：***、**、* 分别表示在 1% 、5% 、10% 的统计水平上显著。

控股方治理行为方面，董事会及关键人控制指数、高管激励指数、监事会约束指数均与过度投资、投资不足呈显著负相关关系，其中董事会及关键人控制、高管激励以及监事会约束对过度投资影响较显著，显著性水平指标分别在10%、5%的水平下显著，而高管激励、监事会约束对投资不足呈显著负相关关系，显著性水平在10%的水平下显著。结果表明，国有控股方强化对控股公司的控制机制、激励机制、监督机制与约束机制，有利于抑制公司的非效率投资。公司控股方加强对董事会治理，削弱了董事会盲目投资的动机；同时，加大了对高管的薪酬和股权激励，促进高管积极为公司利益考虑；加大对监事会的约束，使得监事会充分发挥监督的作用，减少非效率投资。即验证了假设3成立。

外部治理环境方面，机构投资者持股比例与过度投资呈负相关关系，但不显著；与投资不足呈负相关关系，在10%统计水平下显著。表明国有控股上市公司机构投资者规模不断加大，已经能够对控股方起到一定制衡的作用，有利于提高公司投资的质量，降低管理层通过非效率投资等行为谋取私利的倾向，保护中小股东利益，即假设4成立。产品市场竞争度与过度投资、投资不足均呈显著负相关关系，在10%水平下显著。国有控股公司在高竞争市场环境下发生过度投资的可能性较大。在高竞争环境下，公司管理层为了获得较好的竞争优势，不断对产品进行更新换代，扩大投资规模，容易导致非效率投资过度。即假设5成立。政府干预程度与过度投资呈正相关，但不显著；与投资不足呈负相关，在10%的水平下显著。说明政府对公司投资决策的干预，容易导致公司的过度投资倾向，在一定程度上可以抑制投资不足。结果说明，当地政府为了追求当地经济发展，追求政绩考评，对公司的投资决策进行干预，使得公司管理人员盲目扩大投资导致投资效率降低，假设6成立；大部分公司在财务状况不佳时，往往投资不足。公司经营状况好时，政府会依靠公司拉动当地经济增长，提高政绩，因此公司经营状况不佳时，有动机向政府索求经济援助，政府出于投资成本的考虑会对公司进行一定扶持，帮助公司解决困难，从而抑制投资不足，因此假设7成立。

（2）基于不同控股方的回归分析

本书借鉴夏立军和方铁强（2005）对国有上市公司的分类方法，将国有公司控股方分为中央控股方、省级控股方、地方控股方，通过模型Ⅳ与模型Ⅴ的回归分析，公司控股方类型与过度投资在10%显著水平下呈正相关，与投资不足呈负相关。为进一步分析不同行政层级国有控股公司投资动机是否存在差异，以此来检验假设8。本部分依据模型Ⅳ、模型Ⅴ，分别对三类控股方样本进行回归分析，结果如表6-13所示。

表 6 – 13   基于不同控股方回归结果分析

	中央控股方		省级控股方		地方控股方	
	OVINV	*UNINV*	*OVINV*	*UNINV*	*OVINV*	*UNINV*
C	− 0.775 ***	0.009	− 0.680 ***	0.006	0.051	0.075 **
$HDGI^{JD1}$	− 0.092 ***	− 0.001	− 0.177 ***	− 0.002	− 0.007	− 0.003
$HDGI^{JD2}$	− 0.341 *	0.224 ***	− 0.493 *	0.073 ***	− 0.071	0.087 ***
$HDGI^{JD3}$	− 0.064 ***	− 0.001	− 0.094 **	− 0.003	− 0.007	− 0.024 ***
CR	0.004 ***	0.001	0.003 ***	0.001 *	2.79E − 05	− 5.50E − 05
RATIO	0.017	0.012 ***	0.015	0.001	0.014 *	− 0.001
*CR*2 − 5	− 0.242	− 0.036 ***	− 0.089	− 0.030 ***	− 0.060 *	− 0.024 *
GOV	0.062 **	− 0.032 **	0.504 *	− 0.108 *	0.835 *	− 0.266 *
HHI	− 0.116 **	− 0.025	− 0.192 **	− 0.009	0.131 **	0.022
Div	− 0.007	0.002	− 0.023	0.002	− 0.006 *	0.002
IIH	0.001	− 0.001 **	9.237E − 5	− 1.63E − 05	− 4.626E − 6	− 2.53E − 05
SIZE	0.045 ***	0.001	− 0.023 *	0.002 *	0.001	− 0.001
Lev	− 0.001 ***	5.88E − 05	0.001	0.001 *	− 4.29E − 05	9.08E − 05
D − W 值	1.44	1.11	1.23	1.04	1.09	1.05
F 值	64.02	16.57	13.54	4.11	4.41	9.51
Sig. *F*	0.000	0.000	0.000	0.000	0.000	0.000
调整 R^2	0.624	0.157	0.282	0.067	0.08	0.074

注：*** 、** 、* 分别表示在1%、5%、10%的统计水平上显著。

  中央控股、省属控股、地方控股样本公司中政府干预程度均与过度投资呈正相关，与投资不足呈负相关，且均通过显著性检验。其中，中央控股公司样本中政府干预与过度投资在5%水平下呈相关关系，与投资不足在5%水平呈负相关关系，即政府干预激励了中央控股公司过度投资，有效地抑制了投资不足。省级国有控股公司和地方控股公司样本中，政府干预与非效率投资之间均在10%显著水平下呈相关关系，即当地政府的干预激励了控股公司过度投资，有效抑制了投资不足。结果进一步说明，政府对国有企业投资进行干预是受所承担的社会目标和经济发展双重目标的驱使，导致国有企业在经营中不可避免地存在为了推动经济发展而进行的过度投资。由此验证假设8成立。

  中央和省属控股公司的董事会及经理人的控制机制，监事会的约束机制，高管的激励机制，较好地抑制了公司过度投资，均在1%水平呈负相关关系。但是，高管的激励机制与投资不足，在1%显著水平呈正相关关系，即高管激励机制会强化投资不足。统计结果说明，从国有企业经营者的视角，为保持现有激励水平，并不愿意进行投资，激励水平越高，避免风险的效应越强。

控制权方面，中央和省属企业控制权在1%水平呈正相关关系，即控股方对控股公司的控制力越强，越容易导致过度投资，即"侵占之手"的效应越强。而偏离度与中央投资不足呈10%水平正相关，与地方投资过度呈10%正相关。股权制衡变量与投资不足在1%～10%水平呈负相关关系，说明公司存在股权制衡时，能有效抑制非效率投资，尤其是投资不足，进一步说明混合所有制改革有利于提高国有企业投资的有效性。中央和省属国有控股公司在高竞争行业存在过度投资现象，显著水平为5%，而地方控股公司在低度竞争市场有过度投资的倾向性。

（3）基于不同控制强度回归分析

表6-14显示了不同控制强度回归结果，控股方治理方面，董事会及关键人控制、监事会约束在抑制非效率投资方面发挥了较好作用，其中，在强控制样本中董事会及关键人控制、监事会约束表现出较好的回归效果，即控股方加强对董事会、监事会的控制，有利于提高投资效率，促进资产的保值增值。股权结构方面，股权制衡在三个样本中均与非效率投资负相关，回归得出较好的效果，即股权制衡有利于抑制非效率投资，尤其是对过度投资具有很好的抑制作用；而控制权、分离度均与非效率投资正相关，表明控股方控制权越大，分离度越严重，国有控股上市公司发生非效率投资的可能就越大。因此，中国国有企业股份所有制改革应降低一股独大、一股独权、一言堂的效应，不断提升国有企业的投资效应。政府干预因素在不同控制方中回归分析结果相同，即政府干预激励了控股公司的过度投资，抑制了投资不足，而且控制权越大，效应越明显。机构投资者与产品市场竞争度在三组样本中均表现出不同的回归结果，在低竞争市场下强控制，在高竞争市场下公司控股方实施中控制和弱控制均导致过度投资，而高竞争市场下实施强控制会导致投资不足。结果表明，产品市场竞争越激烈，公司管理层为了争取竞争优势，需要不断对产品进行更新换代，扩大投资规模，容易导致非效率投资。机构投资者在强控制组中的回归效果较好，国有控股上市公司强控制组，当控股方拥有较大控制权时，比较注重公司长期利益发展，希望控股方参与治理，而机构投资者规模较大，机构投资者持股比例较大，参与公司治理的积极性较强，能够制约董事会的投资决策，在高竞争环境下，能够降低投资不足程度。保护中小股东利益，提高公司的投资效率。

表 6 – 14　　　　　　　　　　　　基于不同控制强度回归结果

	强控制		中控制		弱控制	
	OVINV	UNINV	OVINV	UNINV	OVINV	UNINV
C	- 0. 361 ***	- 0. 017	- 0. 680 ***	0. 097 ***	- 0. 205 *	- 0. 044
$HDGI^{JD1}$	- 0. 144 ***	- 0. 012 *	- 0. 060 ***	- 0. 006	- 0. 057 ***	0. 031 *
$HDGI^{JD2}$	- 0. 292	0. 150 ***	- 0. 378 ***	0. 153 ***	0. 144	0. 002
$HDGI^{JD3}$	- 0. 088 ***	- 0. 005	- 0. 023 *	- 0. 020 ***	- 0. 026 **	0. 034 *
RATIO	0. 015	0. 009 *	0. 023 ***	0. 009 *	0. 025 **	0. 009 *
CR2 – 5	- 0. 148 **	- 0. 037 ***	- 0. 168 ***	- 0. 027 **	- 0. 103 **	- 0. 033
GOV	0. 081 *	- 0. 036 *	0. 142 ***	- 0. 223 **	0. 159 *	- 0. 124
HHI	0. 170 ***	- 0. 024 *	- 0. 266 ***	0. 030 *	- 0. 291 ***	0. 022
IIH	7. 715E – 5	- 8. 625E – 5 *	8. 571E – 6	1. 29E – 05	- 0. 001 **	0. 001
SIZE	0. 018 ***	0. 003 ***	0. 036 ***	- 0. 003 **	0. 013 **	0. 002
Lev	- 0. 001 ***	0. 001 *	- 0. 001 ***	0. 001 ***	0. 001	0. 001 ***
D – W 值	1. 21	1. 06	1. 17	1. 06	1. 32	1. 36
F 值	20. 02	7. 18	51. 15	14. 66	7. 95	4. 90
Sig. F	0. 000	0. 000	0. 000	0. 000	0. 000	0. 000
调整 R^2	0. 287	0. 074	0. 312	0. 086	0. 306	0. 237

注：*** 、** 、* 分别表示在 1% 、5% 、10% 的统计水平上显著。

（4）基于不同竞争环境回归分析

①基于高竞争环境。

通过模型Ⅲ和模型Ⅳ回归分析，竞争环境与非效率投资量呈显著相关关系。为了进一步分析不同竞争环境下国有企业投资效率的影响因素，本部分将样本分成高竞争市场组和低竞争市场组进行了回归分析，表 6 – 15 显示了高竞争度下非效率投资回归结果。

结果显示，控股方治理行为与非效率投资在 10% 水平上呈显著相关关系。其中，中央控股公司的董事会约束机制显著抑制了投资不足，地方控股公司的监事会机制显著抑制了投资不足和投资过度。而高管激励机制与非效率呈显著正相关关系。高管过度激励机制导致了投资不足，显著性水平达到 1% ~ 5%。而且在中央控股公司，这种效应尤为显著。进一步验证了假设 5。

公司控制权强度与非效率投资在 10% 水平呈显著关系，中央控股公司和省属公司控制权强度与过度投资正相关关系达到 1% 显著水平，即控制权越大，过度投资倾向性越强。

政府干预与非效率投资呈正相关关系，在1%水平下显著，无论是中央控股公司还是非中央控股公司，政府干预都激励公司的过度投资，干预度越大，激励效应越强，同时对投资不足也有一定的抑制作用，但相互关系不显著。机构投资者的参与对中央控股公司能够抑制过度投资，但对非中央控股公司却有激励公司过度投资的作用。

表6－15　　　　　　　　　　高竞争环境非效率投资回归结果

	全样本	过度投资（OVINV）			投资不足（UNINV）		
		中央控股方	省级控股方	地方控股方	中央控股方	省级控股方	地方控股方
$HDGI^{JD1}$	− 0.015 *	− 0.009	− 0.023	0.001	− 0.014 *	3.952E − 5	− 0.005
$HDGI^{JD2}$	0.036 *	− 0.380 *	− 0.061	0.008	0.175 ***	0.065 **	0.007
$HDGI^{JD3}$	− 0.005 *	0.01	0.019	− 0.007 **	− 0.009 *	− 0.002	− 0.017 ***
CR	0.001 *	0.001 ***	0.001 ***	0.001	4.887E − 6	8.219E − 5	0.001
$CR2 - 5$	0.002	0.139 ***	0.002	− 0.011	− 0.030 *	− 0.013	− 0.025 *
$RATIO$	0.002	0.003	− 0.015 *	− 0.004	0.010 ***	0.003	0.003 *
IIH	− 6.314E − 5 *	− 0.001 **	0.001 *	0.001 *	3.018E − 5	1.832E − 5	1.304E − 5
GOV	0.204 ***	0.061 **	0.023 *	0.021 *	− 0.015	− 0.010	− 0.006
$SIZE$	0.003 ***	0.037 ***	− 0.009 *	0.003	0.002 *	0.004 ***	0.001
Lev	− 1.988E − 5	− 0.001 ***	0.001 *	0.001 **	0.001 *	0.001 ***	− 8.720E − 5
$D - W$ 值	1.041	1.385	1.112	1.048	1.150	1.143	1.051
F 值	5.77	31.40	5.91	4.10	11.29	7.46	6.23
$Sig. F$	0.000	0.000	0.000	0.000	0.000	0.000	0.000
调整 R^2	0.059	0.048	0.215	0.047	0.170	0.103	0.074

注： *** 、 ** 、 * 分别表示在1%、5%、10%的统计水平上显著。

②基于低竞争环境。

表6－16显示了低竞争市场环境下非效率投资的回归结果。低竞争市场环境下，适当的股权制衡可以抑制非效率投资，尤其是能够抑制投资不足。但是中央控股公司股权过度制衡，反而会导致非效率投资；高控制、强监督的治理机制能够有效地抑制中央、省级控股方的过度投资，但是会导致中央控股公司的投资不足；另外，过高的高管激励能够导致省属控股公司的过度投资和中央及地方控股公司的投资不足。高控制、高激励的治理模式能够抑制地方控股方的过度投资，但也容易导致投资不足；省级控股方和地方控股方所拥有的公司控制权越大，越容易导致过度投资，而中央控股方与此相反，拥有较高的控制权会抑制过度投资。

表6-16　　　　　　　　低竞争环境非效率投资回归结果

	全样本	过度投资（OVINV）			投资不足（UNINV）		
		中央控股方	省级控股方	地方控股方	中央控股方	省级控股方	地方控股方
$HDGI^{JD1}$	-0.074 ***	-0.127 ***	-0.430 ***	-0.041 *	0.020 *	-0.005	0.003
$HDGI^{JD2}$	0.020	-0.247	2.110 *	-0.542 **	0.292 ***	0.001	0.434 ***
$HDGI^{JD3}$	-0.060 ***	-0.101 ***	-0.175 *	0.01	0.007	-0.004	-0.035 ***
CR	$6.540E-5$	-0.003 ***	0.005 ***	$2.89E-06$	0.001	0.001 ***	$7.901E-5$
$CR2-5$	-0.075 *	0.246 ***	-0.406 *	0.210 ***	-0.028 *	-0.043 ***	-0.015
$RATIO$	0.006	-0.053 **	0.003	-0.054 ***	0.016 ***	-0.005	-0.006 *
IIH	$5.875E-5$	$6.71E-05$	0.001	0.001	0.001 ***	$1.150E-5$	$1.642E-5$
GOV	-0.016	-0.004	0.668 *	0.025	-0.010	-0.001	-0.002
$SIZE$	0.015 ***	0.048 ***	-0.031 *	0.010 *	0.001	-0.001	-0.007 **
Lev	0.001 ***	-0.001 ***	-0.001	-0.001 ***	0.001 *	$-8.091E-6$	0.001 **
$D-W$ 值	1.202	1.548	1.758	1.211	1.158	1.081	1.184
F 值	30.64	48.09	15.90	8.57	8.20	3.31	13.43
Sig. F	0.000	0.000	0.000	0.000	0.000	0.000	0.000
调整 R^2	0.151	0.679	0.468	0.224	0.187	0.061	0.158

注：***、**、*分别表示在1%、5%、10%的统计水平上显著。

本部分重点分析了市场竞争环境、控股方行政层级、公司控制权结构以及控制方治理模式等因素对国有控股公司非效率投资的影响，上述统计分析结果表明，中央控股方和省级控股方加强对董事会及关键人的控制和监事会约束，可以提高公司绩效；在不同竞争环境下，公司控股方加强对董事会及关键人控制机制、监事会约束机制的建设对抑制非效率投资具有积极作用，不同竞争环境下，公司控股方治理效率不同，高控制、高监督治理模式在低竞争环境下可以抑制投资过度，在高竞争环境下可以抑制投资不足。现有的高管激励机制导致了非效率投资，尤其是投资不足；拥有中度控制权和强度控制权的控股方，应加强对董事会及关键人控制、完善高管激励机制，可以减少非效率投资行为，提高投资效率，提升公司绩效。

6.3　国有控股公司 R&D 投资

在目前全球经济竞争环境下，任何企业要持续发展必须重视创新战略的支撑地位，需要将资源更为合理配置于创新，以不断提升企业竞争力。公司治理的核心问题是资源配置问题，公司治理结构决定谁在公司中有权做出决策，进行何种投资，如何进行投资收益分配。较好的公司治理结构不仅可以在一定程度上缓解代理问题和其他相关问题，同时可以对企业技术创新活动提供引导和激励，即通过规则或程序等有形的公司治理制度安排和文化价值模式等无形的公司治理制度安排，为企业技术创新活动服务。公司治理作为一种制度框架，直接影响着企业 R&D 投资，决定企业长期发展战略。这正是中国国有企业深化改革中，将企业创新能力作为国有企业考核重要指标的目的和意义所在。

因此，本部分主要从 R&D 投资视角研究了国有控股公司控股方治理绩效，通过对于控股方治理模式对企业 R&D 投资影响研究，探讨国有控股方的内在机理，为国有企业如何完善公司治理结构提出建议。从而保证企业技术创新决策的正确性，进一步促进企业 R&D 投资水平的提高，强化国有控股企业的创新能力。

6.3.1 研究假设

本部分主要从控股方治理行为、控制权结构以及外部治理环境三个方面，分析影响公司 R&D 投入的主要因素，以及各因素之间的相互作用关系，在已有研究成果的基础上，提出相应理论假设。

1. 控股方治理行为与 R&D 投资

有关控股方对董事会及关键人控制对 R&D 投入的影响研究，研究成果很多。其中，杨其静（2011）、逯东（2012）等学者认为，国有控股方对国有控股企业拥有资产处置权和高管任免权，对国有企业的资源配置起着主导性作用。[198][199] 也有学者认为控股方派遣董事能够通过其所具有的信息优势积极履行监督控制职能（周杰，2008）[180]，董事长与总经理两职合一能够有效地克服两个角色之间的矛盾和冲突，赋予经营者更多的创新自主权，有利于提高企业创新的自由度，即两职兼任会促进企业 R&D 投资（余志良，2009）。[186] 李国勇等（2012）[187]认为，研发所带来的非物质的激励远胜于物质激励，两职合一可以更好地满足管理者自我价值的实现以及对企业家精神的追求，从而加大创新投资。

另外，大部分学者研究认为，高水平薪酬与企业 R&D 投资存在显著正向互动关系（刘振，2014），[200]经理人薪酬机制能够有效地抑制管理者防御下的低投入（李秉祥，2014）。[202]股权激励将个人收益与企业长期发展结合起来，使得管理者为保证绩效的长期回收增加 R&D 投资，经营者持股能够显著提高公司 R&D 投入（唐清泉等，2009；冯根福，温军，2008）。[203] 同时，较高的薪酬也可以吸引高素质人才，其识别、捕捉机会的能力往往更强一些，在复杂环境下更能抓住机会进行研发投资（王燕妮，2011）。[204] 控股方对监事会实施控制是为了更好地控制董事会，规避董事会和经理人的"短视"行为。因此，要有效地发挥监事会的监督作用，减少董事会对监事会职能实施的干预，就要保证监事会的独立性。控股方控制监事会可以更好地保证监事会的独立性，以更大的权限对本公司实施有效监督，从而在一定程度上避免管理层"短视"行为，有效促进 R&D 支出。

通过上述研究结果，提出以下假设：

H1：控股方对企业董事会及关键人的控制与 R&D 投资正相关。

H2：控股方对企业高管激励与 R&D 投资正相关。

H3：控股方对企业监事会制约与 R&D 投资正相关。

2. 控制权结构与 R&D 投资

关于股权结构对 R&D 投资的影响作用，大部分的研究主要集中于现金流权、股权性质、股权制衡、控制权与现金流权的偏离度等方面。

大量研究成果认为，控股方在控股公司拥有较高的现金流权，其投资决策就会服从于企业长期利益发展，实现企业长期盈利能力，即控股方拥有高现金流权有利于创新投资（Hill，Snell，1988；R. La Porta，1998；任海云，2010）。[168][6][170] 同时，股权适当集中可以提升公司控股方对董事会的控制，降低代理成本，相应的机制建设会使经营者积极推动企业创新投资（Shlerifer，1997；Hosono，2004；Jakub Kastl，Salvatore Piccolo，2013）。[171] 理想的股权结构，需要股东之间的相互制衡与监督。大部分学者的研究表明，在股权集中的基础上，保持股权制衡度适当，可以保证企业 R&D 投资集体决策的科学性，使公司能够基于企业长远利益进行创新投资，有效降低决策风险，即一定的股权制衡有利于 R&D 投资（任海云，2010）。[170] 对于控制权与现金流的偏离，大部分学者认为控制权与现金流权的分离程度较小时，控股方与中小股东的代理冲突减小，双方利益趋于一致，会共同努力增加公司价值（Claessens et al.，2002；[15] 张华，2004[347]），企业投资决策更趋向于追求公司长期价值最大化，即追求高风险的 R&D 投资所带来的高回报。当控制权与现金流权发生显著分离时，控股方与中小股东之间的冲突加大，公司控股方可能为追求私人收益最大化而趋向于短期效益投资，有利于企业长期发展的创新投资。

大量研究成果认为，股权性质是影响企业 R&D 投资的重要因素。对于国有企业来说，其控股方类型很大程度上影响了公司战略导向，也影响了企业研发投资战略。较多学者认为，中央控股方对 R&D 投资强度的激励效应，要明显优于非中央控股方（文芳，2008）。[348] 相对而言，中央控股的国有企业因为拥有较多的资金与其他资源，可以使其不受资金约束而大胆进行创新投资；另外，中央控股企业往往掌握国家经济命脉，其运营服从于国家整体战略需要，因此，中央控股的国有企业进行创新投资要明显高于省级控股公司、地方控股公司。

根据上述研究结果，提出以下假设：

H4：控股方现金流权与创新投资呈正相关关系。

H5：中央控股公司创新投资要明显优于省级、地方控股公司。

H6：股权制衡与 R&D 投资呈正相关关系。

H7：控制权和现金流权分离度越小，越有利于研发投资。

3. 外部治理环境与 R&D 投资

大部分的研究都证明，机构投资者专业素质更高，拥有更多的信息优势，可以做出科学的决策判断，对风险的承受力也更强。因此，机构投资者参与治理可以在决策中纵观全局帮助公司经营层做出更优的判断。另外，机构投资者往往以企业的长期回报作为投资的目标而不仅仅是追求短期利益，可以有效降低管理层的机会主义行为，激励企业进行 R&D 投资（Mitra，Cready，2005；王斌等，2011）。[349] 随着市场机制的进一步健全，机构投资者逐步成为公司治理重要的主体之一，利用自身优势激励并帮助企业进行 R&D 投资。

基于上述分析，提出假设：

H8：机构投资者持股与企业 R&D 投入呈显著正相关关系。

早在 1943 年，熊彼特就提出产业竞争与企业创新之间呈负向关系的预言，阿特斯（Artes，2009）、保罗·G. 贾雷拉（Paolo G. Garella，2012）的研究也先后支持了他的观点，但以艾劳（Arrow，1962）为代表的一部分学者却得到了与此相反的结论。[350] 中国部分学者也持与此相反的结论。如马静玉（1996）通过实证研究认为，有利于技术创新的市场结构应是垄断竞争结构，即竞争有利于创新。[351] 刘黎清（2001）认为，外压力（市场竞争状况）要比内动力（企业技术创新潜在获利能力）更能激发企业创新动力。[352] 高竞争市场环境相对低竞争市场环境而言，更能够激发企业的忧患意识，其作为企业创新的一个最为重要的外动力能刺激企业不断进行创新。

基于上述分析，提出假设：

H9：高竞争环境更有利于企业 R&D 投资。

对于中国国有企业来说，地方官员与企业经营者目标函数往往是不一致的，政府控股的企业管理者在追求经济目标的同时还要兼顾所必须承担的社会和政治目标，在一定程度上影响其进行研发的动力。张保柱（2009）以企业研发投资度量了企业学习行为，结果表明地方政府干预越严重，企业 R&D 支出水平越低。[353]另外，目前中国对企业高新技术研发进行税收和直接补贴，对企业 R&D 投入成果起到预测和促进作用。以上研究成果和现实情况表明，政府干预不利于企业 R&D 创新投资。但实际上，地方政府追求 GDP 使得企业更加注重当期绩效而非长远潜力，这对企业创新所造成的影响要远大于其政策补贴。

基于上述分析，提出假设：

H10：政府干预不利于企业 R&D 投资。

6.3.2　研究设计

1. 指标选取

（1）被解释变量

R&D 投资强度。衡量 R&D 最为常用的指标，是公司 R&D 投资支出与主营业务收入之比和公司 R&D 投资支出与总资产之比，两个指标分别体现了 R&D 投资的流量规模和存量规模。本部分选用规模效用指标，即将 R&D 投资与总资产之比作为被解释变量；在回归结果稳健性检验中，用 R&D 投资与主营业务收入之比作为被解释变量，检验分析结果。

（2）解释变量

根据相关文献，本部分选取了公司控股方治理指数、股权结构、外部治理等影响因素变量作为本部分的解释变量。

（3）控制变量

根据已有的研究成果，将其他与公司 R&D 投入有一定关联性的影响因素，如公司规模、企业发展年份、企业负债水平等纳入控制变量。

全部变量的名称与定义，详见表 6 – 17。

表 6 – 17　　　　　　　　　　变量的名称及定义

变量	代码	名称	变量取值方法及说明
被解释变量	R&D_T	R&D 投资强度	年报中披露的研发支出/总资产
	R&D_I	R&D 投资强度	年报中披露的研发支出/主营业务收入

变量	代码	名称	变量取值方法及说明
解释变量	$HDGI^{JDi}$	控股方治理行为指数	$i=1$，2，3 分别表示董事会及关键人控制指数、高管激励指数、监事会约束指数
	CFR	现金流权	表示最终控制人所持有的现金流权比例，即终极控股方在控制链上各层持股比例乘积之和
	RATIO	控制权与现金流权的偏离度	最终控制人控制权除以现金流量权的比例，数值越大，则偏离度越大
	CR/2 – 5	股权制衡	第一大股东持股比例/第二～第五大股东持股比例之和
	TYPE	控股方类型	国有上市公司最终控制人类型，设中央控股方 $TYPE_1$、省级控股方 $TYPE_2$ 和地方控股方 $TYPE_3$ 为虚拟变量
	IIH	机构投资者	年报中披露的机构投资者持股比例
	HHI	行业竞争程度	$HHI = \sum \left(\dfrac{X_i}{X} \right)^2$，$X_i$ 表示行业内企业 i 的主营业务收入，X 表示某一行业的主营业务收入之和，设低竞争 HHI_1 和高竞争 HHI_2 为虚拟变量
	GOV	政府干预度	1/3（公司纳税额/所在省区市企业纳税额）+ 1/3（公司主营业务收入/所在省区市企业主营业务收入）+ 1/3（公司规模/所在省区市公司规模）
控制变量	SIZE	公司规模	公司年末账面总资产的自然对数
	Year	年度	年度虚拟变量
	Lev	资产负债率	期末总负债/期末总资产

2. 样本选取与数据来源

本部分样本数据是以沪深 A 股上市国有控股公司 2007～2013 年七年的均衡面板数据集为基础，根据研发投资披露情况选取了研发披露较为完备的 2010～2013 年连续四年的数据，剔除部分数据异常和部分数据项存在缺失的公司，最后为 1316 个样本观测值。样本的观测数据主要来源于 CSMAR 数据库，部分数据来源于 CCER 数据库、WIND 数据库，有些缺失数据通过巨潮资讯网（www. cnicfo. com）和《中国统计年鉴》《中国城市统计年鉴》和《中国法律年鉴》补充完整。

另外，由于上市公司 R&D 信息披露不充分，尽管 2007 年新会计准则实施时，对企业的研发活动做出了强制性披露要求，2011 年相关法律、法规进一步要求强制披露，但截至 2013 年，在财务报表中明确进行披露的企业仍未超过半数，本部分数据样本集中，因为交通运输、仓储业没有进行 R&D 信息披露的公司。因此，去除金融和保险业后，本部分只选择了 R&D 信息披露较为完备的 10 个行业来进行分析。

6.3.3　统计分析

本部分从控股方治理行为、股权结构、控股方类型及市场竞争程度四个方面，对国有控股公司的 R&D 投资强度情况进行了描述性统计分析，为下一步实证分析提供研究支持。

1. 不同行业的创新投资现状分析

由表 6 - 18 可知，由于各行业市场环境和特性不同，国有上市公司创新投资强度存在明显差异。信息技术业 R&D 投资强度明显高于其他行业，为 3.0697，达到国际 R&D 投入平均水平。之后是社会服务业和制造业，其中制造业在样本中所占比重最大，由于没有进一步细分制造业样本，制造业样本数占整体样本数的 76.6%。从统计的均值、最大值和标准差来看，制造业整体 R&D 投入程度较高。信息技术业和社会服务业 R&D 投入强度平均值较大，但是样本组标准差较大，说明行业样本公司 R&D 投入差异性较大；电力、煤气及水的生产和供应业，批发、零售贸易行业 R&D 投资水平最低，分别为 0.2231 和 0.3871，而且两个行业的样本标准差均值分别为 0.7147 和 0.4436，说明两个行业整体 R&D 投入水平偏低。

表 6 - 18　　　　国有上市公司中不同行业的 R&D 投资数据统计

行业	企业数量比例（%）	研发支出总额占总资产比例最大值（%）	研发支出总额占总资产比例最小值（%）	研发支出总额占总资产比例均值（%）	研发支出总额占总资产比例标准差
农、林、牧、渔业	0.61	3.4992	0.0494	1.0887	1.3422
采掘业	5.47	3.8635	0.0023	0.6715	0.9273
制造业	76.60	8.1895	0.0003	1.4531	1.3662
电力、煤气及水的生产和供应业	2.74	3.2628	0.0020	0.2231	0.7147
建筑业	2.74	4.9271	0.0005	1.2955	1.1084

行业	企业数量比例（%）	研发支出总额占总资产比例最大值（%）	研发支出总额占总资产比例最小值（%）	研发支出总额占总资产比例均值（%）	研发支出总额占总资产比例标准差
信息技术业	6.38	23.6797	0.0068	3.0697	3.2831
批发和零售贸易	1.82	1.2245	0.0004	0.3871	0.4436
房地产业	1.22	2.8498	0.0069	0.5955	0.9319
社会服务业	0.61	5.5839	0.0991	2.6783	2.7365
综合类	1.82	3.8339	0.0040	1.1282	1.2659

资料来源：根据 CSMAR 数据库、CCER 数据库、WIND 数据库、巨潮资讯网和历年《中国统计年鉴》相关数据计算整理而来。

2. 控股方治理行为对 R&D 投入水平影响分析

本部分根据国际 R&D 投资水平分类标准对样本公司进行了分组，根据不同的 R&D 投资强度对控股方治理指数、股权结构以及外部治理环境进行了比较分析。统计结果见表 6 - 19。随着 R&D 投资强度增强，控股方治理指数、机构投资者指数呈递增趋势，R&D 投资强度越高，控股方的控制指数、激励指数、约束指数越大，但政府干预指数呈递减趋势。现金流权和股权制衡度呈"U"型趋势，控制权与现金流权分离度也呈倒"U"型关系。

表 6 - 19　　　　　　　不同研发投资水平下控股方治理行为数据统计

控股方治理行为/R&D 强度	R&D 投资强度 <3%	R&D 投资强度 3% ~ 5%	R&D 投资强度 >5%
$HDGI^{JD1}$	0.5518	0.5546	0.5930
$HDGI^{JD2}$	0.0619	0.0804	0.1029
$HDGI^{JD3}$	0.3298	0.3493	0.3977
CFR	35.5551	32.2632	43.5003
RATIO	1.2507	1.3234	1.0938
CR/2 - 5	0.1243	0.1055	0.1296
GOV	0.0064	0.0030	0.0025
IIH	46.8055	47.4565	51.9419

资料来源：根据 CSMAR 数据库、CCER 数据库、WIND 数据库、巨潮资讯网和历年《中国统计年鉴》相关数据计算整理而来。表中数据均为均值。

3. 基于不同行政层级控股方对 R&D 投入水平影响分析

控股方行政背景不同，追求目标不同，对企业的创新投入影响也不同。大量的研究成果认为，私有产权控股对公司研发强度的激励效应是积极的，中央直属国企控股对研发投资强度的激励效应优于地方所属国企控股。鉴于此，本节按照控股方类型不同将样本划分为：中央控股、省级政府控股和市、县地方控股，对样本的 R&D 投入数据进行了分类统计分析。

由表 6-20 可见，2010～2013 年连续四年中，中央控股公司相对于非中央控股（省级政府、市、县地方控股）公司在 R&D 投资强度上表现出明显的优势。2010～2011 年，省属控股公司 R&D 投入强度略大于中央控股公司，但 2012～2013 年中央控股公司 R&D 投入强度远大于省属控股公司。而地方控股公司 R&D 投入强度始终低于前两类公司。进一步比较各个控股方类型下不同年份的 R&D 投资情况，总体而言，各类控股公司 R&D 投入均呈逐步递增趋势。

表6-20　　不同类型控股方所属国有上市公司 R&D 投资数据统计

年度	最终控制人类型	研发支出总额占总资产比例最大值	研发支出总额占总资产比例最小值	研发支出总额占总资产比例均值	研发支出总额占总资产比例标准差
2010	中央控股方	7.1303	0.0053	1.2857	1.3157
	省级控股方	7.3142	0.0005	0.9297	1.2892
	地方控股方	5.6874	0.0017	0.9404	1.1714
2011	中央控股方	6.1089	0.0003	1.3669	1.2564
	省级控股方	7.3760	0.0020	0.9585	1.3512
	地方控股方	6.8567	0.0004	1.0634	1.1859
2012	中央控股方	23.6797	0.0025	2.0468	2.5213
	省级控股方	8.1895	0.0023	1.6402	1.8024
	地方控股方	6.3555	0.0042	1.6249	1.3216
2013	中央控股方	13.5741	0.0068	2.0401	1.9321
	省级控股方	8.0655	0.0109	1.5306	1.6072
	地方控股方	6.3386	0.0018	1.6793	1.4069

资料来源：根据 CSMAR 数据库、CCER 数据库、WIND 数据库、巨潮资讯网和历年《中国统计年鉴》相关数据计算整理而来。

图 6-3 显示了中央控股样本公司在不同 R&D 投入强度区间的分布情况。在 2010～2013 年连续 4 年中，中央控股企业 R&D 投资强度在 0～3% 区间的公司数量始终占较大比例，R&D 投资强度在 3%～5% 和大于 5% 区间的公司数量在不断增加，而且 R&D 投资强度小于 3% 的公司在逐步减少，根据公司

R&D 投资强度 >5% 可以进入研发企业水平的国际标准，统计结果说明中央控股公司中研发企业水平的公司数量在不断增加。

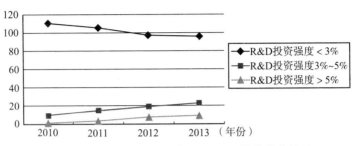

图 6 - 3 中央控股国有上市公司 R&D 投资分布情况

4. 基于不同行业竞争度分组的投资现状分析

行业竞争结果是对企业经营效果最为有效的评价，也是检验企业治理效率的重要标准。国内外学者从不同视角和研究层面分析了产品市场竞争度与企业 R&D 投资的关系，普遍认为产品市场竞争度与 R&D 投资之间具有高度相关关系。因此，本部分将数据样本根据竞争度进一步分组，对不同竞争水平下国有企业 R&D 投资强度现状进行了分析。统计结果如表 6 - 21 所示，无论是在低竞争行业，还是高竞争行业，R&D 投资强度平均值逐年增大。高竞争行业 R&D 投资强度的平均值显著高于低竞争行业，各行业 R&D 投资最大值、最小值显著高于低竞争行业。但是，高竞争行业 R&D 投资强度的标准差要大于低竞争行业，说明行业间样本企业差距较大，其原因可能是由于机械行业处于高竞争行业组。

表 6 - 21　　　　不同行业竞争强度下国有上市公司 R&D 投资数据统计

竞争度分组	年度	研发支出总额占总资产比例最小值	研发支出总额占总资产比例最大值	研发支出总额占总资产比例均值	研发支出总额占总资产比例标准差
低竞争	2010	0.0017	7.3142	1.0027	1.1636
	2011	0.0003	7.3760	1.1141	1.1951
	2012	0.0042	8.1895	1.7192	1.4481
	2013	0.0018	8.0655	1.7441	1.4246
高竞争	2010	0.0005	7.1303	1.2308	1.4942
	2011	0.0010	6.8567	1.2418	1.4376
	2012	0.0023	23.6797	1.9659	2.9459
	2013	0.0068	13.5741	1.8888	2.2481

资料来源：根据 CSMAR 数据库、CCER 数据库、WIND 数据库、巨潮资讯网和历年《中国统计年鉴》相关数据计算整理而来。

6.3.4　计量分析

本部分应用多元回归线性模型，进一步分析国有控股方治理指数、股权结构以及外部治理环境等因素对企业 R&D 投入产生了怎样的影响。在不同竞争环境下，不同控股方治理下各因素如何影响公司 R&D 投入。

1. 模型建立

$$R\&D\_T(R\&D\_I) = a + \beta_1 HDGI^{JD1} + \beta_2 HDGI^{JD2} + \beta_3 HDGI^{JD3} + \beta_4 CFR + \beta_5 RATIO$$
$$+ \beta_6 CR/2 - 5 + \beta_7 TYPE + \beta_8 IIH + \beta_9 HHI + \beta_{10} GOV + \mu$$

2. 回归结果分析

（1）全样本回归结果分析

如表 6－22 所示，本部分重点分析了国有企业控股方治理指数、股权结构以及外部治理等变量与公司 R&D 投入强度之间的统计关系结果。

关于控股方治理，如表 6－22 所示，全样本数据显示，国有控股方对董事会及关键人的控制及对高管层的激励都对企业创新投入产生显著的促进作用，显著性水平分别为 5% 和 1%，而且高管层激励指数回归系数达到 7.021。尤其通过回归系数与其他变量进行比较，高管的激励对企业 R&D 投资的促进作用要优于其他变量。说明控股方在促进国有企业创新投资的过程中，应该加大对高管的激励，使经营者愿意为公司长远利益而承受风险。假设 1、假设 2 均成立。

假设 3：监事会制约机制对企业 R&D 投入影响未通过显著性检验，但与 R&D 投入呈正相关关系，与理论假设相一致。

关于股权结构方面：控股方现金流权强度、股权制衡度和控制权与现金流量偏离度对 R&D 投资呈显著的正相关关系。其中，现金流权强度的显著性水平达到 3%，股权制衡度和偏离度的显著性水平为 10%。结果说明，当控股方在公司拥有较大现金流时，控股方会注重公司的长期发展，对于公司创新投入的许诺力和控制力较大；另外，公司股权制衡度越大，越有利于公司创新资本投入，因此，通过混合所有制改革优化股权结构，有利于公司创新驱动；但是股权偏离度与 R&D 呈显著正相关，与假设方向相反。

外部治理环境方面：机构投资者持股、政府干预与企业 R&D 投资的关系都未通过显著性检验，但其关系方向与我们最初的假设是相一致的。机构投资者持股与创新投资呈正相关关系，政府干预与 R&D 投入呈负相关关系。假设 8、假设 10 没有通过假设检验；假设 9 中市场竞争与企业 R&D 投资的关系，虽然通过了显著性检验，显著性水平为5%，结果与预期不一致，即低竞争更有利于企业的研发投资支出。结果表明，样本公司在低竞争市场具有较强的R&D投资趋势。市场竞争度与公司R&D投资在5%的显著性水平下呈正相关关系，相对于高竞争市场环境，国有企业在低竞争下R&D投入更高，与假设预期方向相反。这可能是由于研究样本中低竞争企业所占比重较大，且包含一定数量的垄断型大型企业，一般R&D投资规模较大。

表6－22　　　　　　　　　　　R&D 投资回归结果比较分析

	全样本	R&D 投资					
		高竞争			低竞争		
		中央控股方	省级控股方	地方控股方	中央控股方	省级控股方	地方控股方
$HDGI^{JD1}$	0.415 **	0.221	1.327 **	0.023	− 0.164	− 0.686	1.661 **
$HDGI^{JD2}$	7.024 ***	4.412 **	7.374 ***	7.387 ***	6.811	21.097 ***	− 0.931
$HDGI^{JD3}$	0.135	0.005	0.245	0.678 ***	− 0.992	− 0.984 *	0.511
CFR	0.014 ***	0.003	0.031 ***	0.000	0.086 ***	− 0.007	0.020
$CR/2-5$	− 0.006 *	0.002	− 0.008	− 0.002	− 0.055 **	− 0.016	0.000
$RATIO$	0.205 *	− 0.093	0.460	0.083	1.289 ***	0.667	0.580
GOV	− 1.092	− 9.901	− 5.345	− 0.182	− 10.112	3.221	− 15.359
IIH	0.003	0.009 **	− 0.008	0.004	0.001	0.007	− 0.015
$TYPE_1$	0.346 ***	—	—	—	—	—	—
HHI_1	0.205 **.	—	—	—	—	—	—
$SIZE$	控制	控制	控制	控制	控制	控制	控制
Lev	控制	控制	控制	控制	控制	控制	控制
$Year$	控制	控制	控制	控制	控制	控制	控制
F 值	14.367	4.262	4.199	8.440	3.353	3.518	3.172
$D-W$ 值	1.516	1.749	1.379	1.465	1.950	1.643	1.296
调整 R^2	0.143	0.111	0.152	0.198	0.169	0.262	0.209

注：*、**、***分别表示在10%、5%和1%水平下显著。

根据全样本下的统计结果我们可以看到，行业竞争环境、不同控股方类型均与企业R&D投资之间呈显著相关关系，为了进一步研究不同控股方在不同竞争环境下与企业R&D投资之间的关系，本部分对样本进行了分组回归分析，并着重探讨不同行业竞争环境下，不同背景下控股方治理行为对企业R&D投资的影响作用。

（2）不同竞争环境下回归结果分析

表6－22显示了模型回归结果，在高竞争市场环境下，省级控股方董事会

及关键人控制指数与企业 R&D 投资呈正相关关系，在 5% 水平上具有统计显著性，中央和地方控股方的董事会和关键人控制指数与企业 R&D 投资呈正相关关系，但不具有统计显著性。在低竞争环境下，地方控股方董事会及关键人控制指数与企业 R&D 投资呈正相关关系，且在 5% 水平上具有统计显著性，但中央和省级控股方的董事会及关键人控制指数与企业 R&D 投资之间关系不显著，且呈现出负相关关系。以上回归结果说明，不同行业竞争环境下，不同行政层级的国有控股方治理行为模式不同。高行业竞争环境下，控股方加强对董事会和关键人控制有利于增加对企业创新投入，而在低行业竞争环境下，对中央控股公司和省属控股公司的董事会和关键人进行了强控制，会削减企业经营者的积极性，而对于地方控股公司，强化对董事会和关键人的控制有利于创新推动。实证结果在一定程度上表明，在低竞争行业中央和省级控股方对公司董事会和关键人的过度控制可能会不利于企业长期价值的实现。

从回归结果看，高管激励指数对企业 R&D 投资强度的影响，明显高于其他变量的回归系数。尤其在高竞争行业，无论是中央控股公司还是地方控股公司，高管激励指数均与企业 R&D 投资强度呈显著正相关关系，显著性水平均在 1% ~5% 之间，回归系数较大。在低竞争市场环境下，省属控股公司的高管激励机制的作用非常显著。回归系数最高，达到了 21.097。但是，中央控股公司和地方控股公司高管激励作用没有通过显著性检验，其中，地方控股公司的高管激励与企业 R&D 投资强度呈负相关关系。在不同行业竞争环境下，不同行政层级的控股方监事会约束机制效应不同。在高竞争行业中，国有控股方监事会约束指数均与公司 R&D 投资呈正相关关系，但只有地方控股公司监事会约束机制与公司 R&D 投入强度之间的关系通过了显著性检验，且显著性水平为 1%。低竞争行业情况与之相反，中央和省级国有控股方的监事会约束指数与公司 R&D 投资呈负相关关系，其中，省级控股方两者之间的关系通过了显著性检验，且在 10% 水平下显著。统计结果说明，在高竞争环境下，通过监事会加强对控股公司的监督，有利于公司 R&D 投资的提升，尤其是地方控股公司，这种提升作用尤为明显。在低竞争环境下，对中央和省级控股公司过度加强监事会约束，不利于提高公司 R&D 投资。

综合以上回归统计结果可知，面对不同市场竞争环境下，各行政层级控股方治理模式效应不同，中央控股方在高竞争环境下高管激励机制对公司 R&D 投资有显著影响，而董事会和关键人控制机制、监事会约束机制的作用均不显著；相对而言，中央和省属控股公司的控股方在高竞争环境下，对控股公司的有效治理模式是强控制、高激励、强监督，而在低竞争环境下是弱控制、高激励、弱监督；在低竞争环境下，过度控制和过度监督约束会抑制企业经营者的创新动力；地方控股方在高竞争环境下，对控股公司的有效治理模式是强控制、高激励、强监督，在低竞争环境下强控制、低激励、强监督。

3. 稳健性检验

本部分的稳健性检验由两部分组成。第一组检验中改变了模型中的自变量，在模型中减少了控制变量，只保留公司规模这一控制变量而剔除其他控制变量，检验模型运行结果与被检验模型运行结果没有太大差异，表明回归模型结果通过了显著性检验，见表6－23。第二组检验变更了因变量，以研发投资额/主营业务收入的比值替代研发投资额/总资产的比值，更换了研发投资水平的度量指标，检验模型运行结果与被检验模型运行结果比较一致，见表6－23。通过以上两组检验，可以认为回归模型及运行结果通过了稳健性检验。

表6－23　　　　　　　　　　R&D 影响因素的稳健性检验结果

变量	检验 1	检验 2
$HDGI^{JD1}$	0.368 *	0.637 **
$HDGI^{JD2}$	7.682 ***	8.857 ***
$HDGI^{JD3}$	0.185	− 0.124
CFR	0.011 ***	0.020 ***
$CR/2 - 5$	− 0.005 *	− 0.008 *
$RATIO$	0.160 *	0.185
$TYPE_1$	0.371 ***	0.672 ***
GOV	− 1.370	− 6.563 *
HHI_1	0.215 **	0.457 ***
IIH	0.005 **	0.003
$SIZE$	控制	控制
$Year$	—	控制
Lev	—	控制
F 值	14.426	19.874
$D - W$ 值	1.657	1.663
调整 R^2	0.109	0.187

注：*、**、*** 分别表示在10%、5%和1%水平下显著。

通过上述实证分析，本部分对国有控股公司 R&D 投资情况进行了系统研究，重点分析了不同行业竞争环境下、不同行政层级控股方治理对 R&D 投资强度的影响。实证分析结果表明，国有控股公司控股方加强对董事会及关键人控制、高管激励、监事会约束都可以在一定程度上促进企业 R&D 投资，尤其是高管激励机制作用尤为明显。不同行业竞争环境、不同行政层级控股方促进企业 R&D 投资的有效治理模式不同，应根据市场竞争情况进行相机治理，以促进企业 R&D 投资。

6.4　本 章 小 结

本章应用回归分析方法，从公司的当期市场价值、公司投资非效率性以及公司 R&D 投资三个方面，对公司控股方治理模式及其治理绩效进行研究。总体而言，不同竞争环境下，不同行政层级控股方有效治理模式不同；不同竞争环境下，不同外部治理机制作用效应不同。具体结论如下：

（1）在不同行政背景、不同控制权结构下，控股方表现出不同的治理绩效。控股方拥有较强控制权、股权制衡合理、控制权与所有权适度分离对控股方治理效率提升会产生积极影响。无论对公司当期市场价值，还是对公司投资效率，中央控股方治理均表现了较好的绩效，省、地方控股方治理绩效次之。在投资效率方面，省、地方政府为拉动当地经济发展，促进就业或为政绩考核对公司投资决策进行干预的倾向较为显著，导致控股公司过度投资；创新投资方面，中央控股公司创新投资治理绩效表现得尤为突出。

（2）控股方治理行为对公司绩效影响显著。在对公司当期市场价值影响方面，高管激励机制对公司市场价值的提升具有显著影响，之后是董事会及关键人控制机制，但是，监事会约束对公司价值的提升没有发挥积极作用。对于投资效率的影响，董事会及关键人控制、监事会约束机制能够显著抑制过度投资，控股方加强董事会和监事会控制有利于提高投资有效性；高管激励对提高公司投资效率没有显著的影响。过高的高管激励，容易导致投资不足。在创新投资方面，样本公司的控股方对董事会及关键人控制、高管激励机制、监事会约束机制都能有效地促进国有企业 R&D 投资，高管激励机制对 R&D 投资的促进效应尤其显著。

（3）不同竞争环境下，不同控股方的治理绩效存在差异。在高竞争环境下，省级控股方采用高控制、高激励、弱约束的行为模式，对公司价值具有显著提升作用；在低竞争环境下，省级控股方强化高管激励会对提升公司价值具有显著影响，但其他机制因素作用均不显著。在投资效率方面，低竞争环境下，高控制、强监督的治理模式能够有效地抑制中央、省属控股公司的过度投资，高激励能够导致中央、省级控股公司的投资不足，而地方控股方高控制、高激励的治理模式竞争环境不同，治理模式效应也不同；在高竞争环境下，高控制、低激励、强监督的治理模式有利于抑制控股方非效率投资，尤其是强监督对于抑制地方控股方非效率投资非常显著，而过高的高管激励容易导致中央、省属控股公司投资不足。创新投资方面，低竞争环境下，高激励、弱监督的治理模式有利于省属控股公司创新投资的提升，而高控制、强监督的治理模式则有利于地方控股公司的创新投资；高竞争环境下，高控制、高激励的治理模式对不同类型控股公司的创新投资均存在显著影响，其中，高激励治理模式的促进作用尤为显著。

（4）外部治理环境方面，机构投资者的作用比较明显。机构投资者已经成为国有控股公司治理的重要主体。样本数据分析结果表明，机构投资者积极参与公司治理，有利于提升国有控股公司的公司价值，减少公司的非效率投资行为，并有利于促进企业 R&D 投资。有关于行业竞争环境与政府干预对企业 R&D 投资的影响，研究结果表明过度的市场竞争和过度的政府干预都不利于企业 R&D 投资行为，这进一步说明创新动力来源于企业家的内在动力、是企业家创造性的破坏，自由、宽松的经营环境更有利于企业创新。

第7章

总结与展望

本章对研究成果进行总结，概括前面开展的工作和研究结论，以及由此得到的启示，并对研究中存在的局限性进行分析，提出今后进一步的研究方向。

7.1 研究主要结论

本书以中国证券市场2007~2013年期间国有控股公司中的 A 股非金融类上市公司为研究对象，运用理论分析、实证研究方法，对国有控股股东行为模式、行为影响因素、行为机理及效应、治理效率等问题进行了研究。得到以下主要研究结论：

（1）股权分置改革是国有控股公司逐步实现由行政治理到经济治理，由单一治理向多元治理转变的重要制度改革。股权分置改革以后，随着股权结构集中度的降低，多元股权结构逐步形成，公司控股方与中小股东利益共同体形成。股权制衡因素和机构投资对公司治理的影响逐步加强，促使国有控股公司治理逐步由行政治理向经济治理转变，由单一治理向多元治理转变，集中表现在股权制衡度适度提高有利于提高公司价值，抑制公司投资不足；而机构投资者参与公司治理有利于提升公司价值，抑制公司非效率投资，促进企业创新投入。

（2）国有控股企业通过"管人""管事""管资产"对公司董事会及关键人、公司监事会以及高层管理者，形成了控制和约束。对公司的长期战略和重大项目投资都具有一定的干预控制，形成了较强的政府干预效应。

国有控股公司多以政绩观进行公司治理，导致在不同开放的国际竞争市场和不同竞争行业市场公司治理的低效率，突出表现在：高度控制和高度政府干预导致国有控股公司在高竞争市场的过度投资，以及低竞争市场的投资不足。

在低竞争环境下，过度控制会抑制中央和省属国有控股公司的创新投入，同时，无论高竞争环境和低竞争环境，政府干预都会抑制企业创新投入。

（3）国有控股公司股权分置改革，构建了国有控股方和中小股东的共同利益基础。使公司控股方能够根据公司长期预期收益，来决策公司的治理模式。但是，双重治理目标使不同政府层级背景控股方具有不同的"政绩"诉求，从而表现出不同的"侵占"和"支持"行为方式。市场竞争度越高，国有控股方对国有控股公司支持行为越强，其中，中央控股方相对于非中央控股方"扶持之手"效应更明显。此外，随着国有控股方控制程度的加强，国有上市公司会得到更多的"政治庇护"，尤其在国有上市公司被 ST 时，控股方的"扶持之手"效应更明显。具体表现为：

①国有控股方对公司的控制度越高，越不倾向于通过减持来获得超额收益，而是倾向于通过关联交易的方式进行侵占；在较强的控股方治理水平下，控股方的侵占行为效应有所降低；在上市公司被 ST 后，国有控股方更倾向于以关联交易形式支持上市公司以使其盈利水平扭亏为盈，这种支持程度在股权集中度较高时表现得更明显，并且控股方支持程度与上市公司所处的行业环境的竞争程度有一定的正相关关系；当控股方控制强度减弱并且监事会约束水平较高时，其支持行为效应更明显。

②国有上市公司所处的外部市场环境良好时，国有控股方往往会表现出积极的态度，不会通过股份减持来获得超额收益；根据本书博弈分析和实证分析结果可知，当外部法律环境水平较高时，国有控股方通过其他途径对公司和中小股东侵占的成本会较高，其更愿意利用自身控制权所带来的信息优势，对股价进行准确预期并择机进行股份减持来获得超额收益。

③此外，地方政府与公司之间存在相互依赖的关系，地方政府为了当地GDP 的提升，会通过提高政府干预来加强对上市公司的治理，以便实现其政绩目标并获得更好的晋升机会。尤其是在公司经营状况不佳时，控股方支持程度会加大，地方政府的"扶持之手"效应较为显著。

（4）不同市场竞争环境下，不同政策背景的国有控股公司控股治理模式及其效率不同，而且在垄断低竞争行业，中央和省级公司控股方治理更为有效。不同政府层级背景控股方的治理绩效存在差异，中央控股企业在抑制非效率投资、促进 R&D 投资方面具有明显优势；非中央控股企业由于政绩考核而过分关注GDP，因此，控股方治理对公司价值提升有显著影响，但是对 R&D 投资明显不足，而且非效率投资问题严重。同时，随着行业竞争环境的加剧，国有企业控股公司过度投资、R&D 投资的激励不足等问题愈发严重。具体表现为：

①控股方治理在提升公司绩效方面发挥了重要的积极作用。低竞争环境

下，国有控股公司的有效治理模式是弱控制、强监督、高激励。其中，省级控股方治理对公司价值提升有显著影响，而中央和地方控股方治理对公司价值提升没有显著影响；在高竞争环境下，国有控股公司的有效治理模式是强控制、高激励、弱监督。省级控股方和地方级控股方治理相对中央级控股方治理对公司价值有显著的提升作用。

②高控制、低激励、强监督的治理模式在低竞争环境下，能够有效地抑制中央和省属控股公司的过度投资；在高竞争环境下，这种治理模式能够抑制中央控股公司的投资不足。并且，对高管过度的激励会导致各级控股公司的投资不足和地方控股公司的过度投资。

③对于控股公司创新的影响。不同治理模式会产生不同的创新驱动效果。高竞争环境下，强控制、高激励、强监督的治理模式有利于非中央控股公司的R&D 创新资金的投入，在低竞争环境下，弱控制、高激励、弱监督的治理模式有利于中央和省属控股公司创新投资的提升，而地方控股公司的有效治理模式是高控制、低激励、强监督。另外，在低竞争环境下，过度控制和监督约束会抑制企业创新投资，尤其是对中央控股公司，强控制会抑制企业经营者的创新动力。

7.2　研究对策与建议

1. 优化国有资本资源配置，完善国有控股公司分类管理和监督

党的十八届三中全会通过的《中共中央关于全面深化改革若干重大问题的决定》中明确指出，要"推动国有企业完善现代企业制度"，"准确界定不同国有企业功能"①，因此可以认为，完善国有企业分类监管和分类考核的运作机制，是深化国企改革必须首先突破的关键环节。但是，如何进行分类管理？国有资本应该从哪些行业中不断退出，哪些行业应继续保持，以保证经济整体有效运行、基本民生的基础设施和基础产业的稳定普遍供应以及实现经济发展转型升级、重大民生事业建设和战略性新兴产业发展？这些是目前理论界和实务界讨论的热点问题。本书对不同竞争环境下，不同行政背景控股方治理绩效进行了实证检验。基于实证研究结果，对此问题提出一定的建议。

---

① 中共中央关于全面深化改革若干重大问题的决定. 见新华网. http：//news. xinhuanet. com/politics/2013 – 11/15/c_ 118164235. htm.

本书发现，不同竞争环境、不同行政背景控股方治理绩效不同，而且治理模式存在差异。相对而言，低竞争行业国有控股公司的治理绩效要优于高竞争行业，中央控股企业的治理绩效要优于非中央控股企业。即在低竞争行业，国有控股方治理行为显著促进了公司投资有效性、公司创新投入以及公司价值提升；在高竞争行业，国有控股方治理行为对治理绩效的影响不显著。中央控股方在提升公司价值、投资效率以及促进创新方面存在显著作用。在本书的竞争行业分类中，电力、交通运输、采掘业等垄断行业基本包含其中。其结果，一方面，说明国家对这些与国家安全和国计民生相关行业的治理是有效的；另一方面，说明这些行业的国有控股公司集中了规模较大的国有资本，更有责任履行国有控股公司出资人的义务。既要保证国有资产保值、增值，又要增加国民的福祉，同时要在国家经济转型升级的发展中起到引领作用。而高竞争行业，如机械、纺织、房地产等，目前政府为了保证经济调控目标，维护经济稳定，仍要保持一定控制力，在高竞争行业仍保留一部分国有企业。对于经营技术成熟、公司治理机制和竞争机制较为健全的国有控股公司，政府应放开行政垄断，减少政府干预，让其在市场中与民营企业进行公平竞争，优胜劣汰。要加快国有资本从不具备竞争优势、产能过剩的行业中退出，重点投向新能源、节能环保等战略性新兴产业，推进国有企业创新发展。不同类型的国有企业在市场上处于不同的地位，发挥着不同的作用，国有控股公司的监督管理应该针对不同类别的企业类型，因地制宜。坚持分类改革，统筹兼顾，重点推进，更好地促进国有经济布局结构调整优化，规范国有企业法人治理结构，增强企业市场竞争能力，构建公平完善的市场机制，这对于国有经济调整和发展以及经济的整体运行，都具有重要意义。

2. 大力推进混合所有制改革，优化股权结构

《中共中央关于深化改革若干重大问题的决定》指出，发展相互整合的混合所有制经济，有利于国有资本的保值、增值，提高国有企业竞争力，促进国民经济的长远发展。① 中国推行股权分置改革旨在优化上市公司的股权结构，提高公司治理的效率。股权分置改革解决了同股不同权、同股不同责的局面。另外，股权分置改革后，非流通股东和流通股东利益逐渐趋同，形成了公司治理的共同利益基础，对混合所有制经济的发展具有重要意义。那么，股权分置改革以后国有控股方是否还存在严重的大股东侵害中小股东的现象？引进什么

---

① 中共中央关于全面深化改革若干重大问题的决定. 见新华网. http://news. xinhuanet. com/politics/2013 – 11/15/c_ 118164235. htm.

样的投资者才能更好地提升国有控股公司治理效率？本书对此进行了研究，得到了一些有价值的结论，以此提出建议。

本书通过实证检验得出，国有控股方对控股公司仍存在侵占效应，且控制权与现金流权分离度越大，控股方侵占效应越大。国有控股公司"一股独大"不利于公司价值的提升。机构投资者在提升国有控股方治理绩效方面发挥的作用较为突出，在高竞争行业下，机构投资者持股比例越大，越有利于促进中央控股方的创新投资，也能有效地抑制中央控股方的过度投资；而在低竞争行业中，国家垄断行业较多，机构投资者持股比例较少，处于较弱的地位，不能充分发挥外部监督作用，并且对提升公司绩效的作用不显著。因此，培育和发展机构投资者是优化国有控股公司股权结构的重要基础。机构投资者作为上市公司治理的重要主体，对于完善上市公司治理，促进证券市场的稳定发展发挥着重要作用。机构投资者具有专业的投资知识，能够对公司投资决策提出积极有建设性的意见，通过鼓励其参与公司经营决策可以提升公司价值。在高竞争行业中，应加快混合所有制进程，改善股权结构，培养和引进高质量的机构投资者，充分发挥其外部监督作用，为企业的发展提供有价值的建议。在低竞争行业中，应择机推进混合所有制进程。国有控股公司应采用多方治理模式，提高公司治理效率。鼓励创新基金、信托机构、保险公司、企业年金等战略投资者增加资本市场投资，适当加快引进合格境外机构投资者（QFII）步伐，激励其增加投资额度，尽可能提高机构投资者在证券市场所占的比重，做强做大优势产业，推动战略新兴产业发展。同时，不断健全与完善相应的法律法规，引导机构投资者向理性和规范的方向发展，加强对企业的监督和激励。另外，可通过股权的转让、置换等措施对股权结构进行优化，进而形成少数几个利益相互独立的大股东，实施公司控制权的相互制衡。实现股权多元化，达到发展混合所有制经济的目的。

3. 完善外部治理机制

根据《中共中央关于深化改革若干重大问题的决定》的精神，国有企业改革应以规范经营决策、承担社会责任等为重点，表明国有控股方在公司治理过程中不能只注重个人经济利益和政治利益的最大化，要努力增加国民的福祉。[①] 本书结果表明，国有控股公司在股权分置改革以后，随着国有股权的流通，控股方与中小股东之间共同利益逐渐形成，但是，国有控股方仍然具有"扶持之手"和"掠夺之手"的双重效应。相对而言，制造行业和信息技术行

---

① 新华网．十八大报告（全文）．http：//www.xj.xinhuanet.com/2012－11/19/c_ 113722546.htm.

业控股方侵占程度较严重，制造业、电力、煤气及水的生产和供应行业以及房地产业的公司在面临困境时，国有控股方通过关联交易，给予支持的程度更为显著。国内外大量关于控股方行为的研究成果认为，解决控股方与中小股东利益冲突，应完善法律、文化、信息、机构投资者等外部治理机制，本书进一步证实了这些观点。例如，随着外部法制水平的不断完善，股权分置改革完成以后，国有控股方侵占行为方式发生了变化。特别是各种限制恶性侵占关联交易法律法规的相继出台，违规侵占的惩罚风险成本的提高，控股方更倾向于利用信息优势通过股份减持等更隐蔽的方式获得控制权私有收益。同时，研究发现地区经济发展水平与国有控股方股份减持之间呈负相关关系，即地区经济环境越好，控股方对公司的未来预期更加积极，控股方更加关注公司长远发展，不倾向于侵占上市公司利益；中小股东与利益相关者参与国有控股公司治理的偏好，与其所在地区的文化和经济发展水平正相关。并且，本书博弈分析结果表明，中小股东参与公司治理的偏好主要受文化素养、法律环境以及监督成本的影响。目前，中国对上市公司中小股东权益保护的相关法规还不完善，中小股东很难提前和及时发现控股方侵占上市公司利益的行为，即使发现了所付出的监督成本也远远超出其因此而带来的收益。因此，中小股东监督控股方行为的积极性不高，导致控股方行为缺乏社会监督。基于上述分析可知，国有控股公司面临经营困境时，作为控股方的政府可能出于长期利益以及政绩目标的考虑，会积极地支持上市公司帮助其渡过难关；尤其是在外部法制水平较低的情况下，支持效应更为明显。

为了解决上述问题，本书认为政府作为公司终极控股方不仅要注重公司的经济效益，同时也应该加强地区文化建设，注重中小股东对国有控股公司治理的参与意识、参与能力以及参与积极性的培育；努力营造良好的地区经济环境和法律环境，保证经济主体市场竞争与发展的公平性、公正性；完善董事会、监事会以及控股股东的"问责制"建设，加大对控股方侵占行为的惩罚力度，以强化对控股方行为的约束；加强网络治理平台建设，完善信息披露体制机制建设，增加公司治理的透明度，降低中小股东参与公司治理的成本；进一步简化对造成国有资产损失行为的检举和控告程序，加大对举报人的奖励，积极接受社会公众监督，保证国有控股公司的良性发展。针对关系国民经济命脉和国家安全的行业（如电力、煤气及水的生产业），在公司面临经营困境时，控股方应该通过关联交易等方式对其进行支持，以保证国家利益的最大化。

4. 对监事会的职能进行正确定位

《中华人民共和国企业国有资产法》规定国有控股公司监事会的职能是：

依照法律、行政法规以及企业章程的规定，对董事、高管的行为进行监督、对企业财务进行监督检查，对企业负责人提出奖惩和任免建议，并且监事会不参与、不干预企业的生产经营决策和经营管理活动。监事会作为保证国有资产增值、保值的监督机构，监事会的作用一直备受诟病。本书发现，股权分置改革以后，随着国有资产法的实施，监事会约束机制也在不断的完善，并且在不同的竞争环境下对公司价值和投资有效性的提升具有不同的作用。

监事会约束机制对中央控股企业价值的提升有促进作用，但是，对非中央控股企业的作用因竞争环境的不同而表现出较大的差异。在高竞争环境下，过强的政府监督不利于非中央控股公司价值的提升；在低竞争环境下，监事会的有效监督对公司价值的提升有明显的促进作用。因此，监事会在履行自身的监督职责时也应该根据外部环境的竞争程度和实际控制人所处的政府层级来制定自己的监督目标。在低竞争环境下，由于中央控股企业的经营往往关系到国民经济命脉和国家安全，且外部市场机制很难对其公司价值的提升发挥作用，此时应该充分发挥监事会的监督作用；在高竞争环境下，市场竞争机制已基本完善，为了提升非中央控股公司的公司价值，应该充分发挥市场"看不见的手"的调节作用，避免对控股公司进行过多的约束。监事会约束机制在低竞争环境下对于非地方控股公司过度投资具有显著抑制作用，同时能够抑制地方控股公司的投资不足，较好地保证国有资本的利用效率。在高竞争环境下，由于竞争激烈导致市场机制的完善和就业机会的增加，公司治理目标应该更加偏重于经济效益最大化，监事会应该积极地对地方政府的过度投资行为进行监督；同时，激烈的竞争环境也为国有控股公司带来了更大机遇，监事会应该通过参与企业决策和进行积极监督来抑制控股方的投资不足。为了更好地提高公司的投资效率，监事会应该在充分认识外部环境竞争水平的前提下，结合国有控股公司自身的经营目标，对控股方的投资行为进行监督。具体来说，在不同的竞争环境下，监事会作为政府监管工具，应该在公司的经济目标和政治目标中做出选择，基于选择的目标，实施具体的监督从而正确地进行公司投资，譬如在高竞争行业应该更加注重公司投资的有效性而不是投资的覆盖面，低竞争行业应该更加偏重投资的覆盖面和关系国家长期战略的投资。

综上所述，为了更好地发挥监事会的职能，监事会在对国有控股公司治理情况进行监督时应该根据外部市场竞争环境和控股公司所承担的社会责任来进行有效的监督。具体来说，在低竞争环境下，由于外部市场机制很难对其公司价值的提升发挥作用，监事会应该加强对非地方控股公司投资效率的监督，尤其是在过度投资方面；在高竞争环境下，应该加强对地方控股公司投资效率的监督，而对于非地方控股公司应该充分发挥市场机制的作用，避免较多的监督，从而促进公司价值的提升。同时，由于国有控股公司的董事、监事以及经理人均是由国务院和地方政府授权的国有资产管理委员会任命，彼此之间存在裙带关系的可能性较大，为此引入的外部监事应该从社会上公开选聘，同时注重被选聘人员的专业素质。此外，还应充分发挥新媒体的监督作用，引入更为广泛的社会公众监督。

5. 充分发挥外部市场竞争机制，推动国有企业的创新引领作用

国有企业深化改革的发展目标，是建设新型国际化公司，使国有企业成为实现"走出去"的领路人。然而，就目前步入经济新常态的中国来讲，国有企业如何引领？通过大众创业和企业创新，是否能较好化解和应对中国经济增长中面临的问题，实现中国经济持续健康发展？国有控股公司作为国民经济的核心集中了大量国有资本，在国家创新体系中如何发挥创新引领作用？不同行业竞争环境下，国有企业创新投资动力如何等问题一直是理论界和实务界研究的热点问题。本书将 R&D 投资作为控股方治理绩效的衡量指标之一，实证检验了国有控股方治理行为对 R&D 投资的影响作用，同时系统分析了不同行业竞争环境下不同行政背景控股方治理行为对 R&D 投资的影响。研究结果发现，国有控股方治理能够有效地促进企业 R&D 投资，不同竞争环境下不同控股方治理行为对创新投资的影响不同。低竞争环境下企业 R&D 投资水平普遍高于高竞争环境下的投资水平。同时，无论在低竞争环境下还是高竞争环境下，中央企业均表现出较高的 R&D 投资水平。基于以上发现，本书提出以下建议：

（1）进一步加强对中央控股企业的治理，以保证其可以在国家创新驱动战略实施中更好地发挥引领作用。

中央控股企业承担着基础性创新的重要作用。出于国民经济发展的需要，必须重视基础性创新，扩大其正外部性，以惠及整个相关产业的发展。对于关乎国家经济命脉、关系产业发展的中央企业，国家应继续加大创新激励，给予政策和财政的进一步支持，使得央企可以更好地起到对整个国有企业创新的引领作用。在低竞争行业中，除中央控股企业外，大部分国有控股公司多为省、地方控股的地方经济龙头企业，它们在区域经济创新驱动战略实施中发挥着重要的支撑作用。为进一步发挥这些企业在区域科技创新中的带动引领作用，保证其在基础产业领域和重要领域的创新能力，政府应继续给予财政、税收等补偿性支持，保证区域创新主体的形成与稳固。

（2）高竞争环境下国有控股公司的创新，应依靠市场机制的选择与推进作用，逐步降低政府的扶持激励，充分发挥市场机制对创新、创业的推动作用，打造国有企业与非国有企业公平竞争的市场环境和机制。

对市场竞争度较高行业的国有控股公司，要逐步实现去政府化，由市场竞争规律寻求机遇，进行分类管理、分类推进，在保证国家基础产业、重要科技领域以及重大产业领域创新能力的基础上，改变要素驱动和资源驱动的经济发展模式，由创新驱动推进国有资产的保值、增值，实现经济社会持续健康发展。

6. 强化长效激励约束机制，完善考核体系

在现代化企业中以董事长和总经理为核心的管理层是公司决策的中心，是公司经营发展的关键。如何对高管进行有效的考核激励，使其个人利益与公司利益一致，降低控股方与管理层之间的利益冲突，降低代理成本，提高股东和公司价值等，一直是公司治理难以有效解决的关键问题。目前国有控股公司高管薪酬备受争议，主要是因为国有企业高管薪酬的无序和不受约束、高薪低能以及薪酬激励不能体现高管的贡献等。本书基于以上问题，通过国有控股方高管激励指数与其治理绩效之间关系的实证研究，得到了一些有价值的结论：如无论是在高竞争环境下还是低竞争环境下，加强高管激励对提升公司价值、促进企业 R&D 投资以及抑制过度投资都具有显著的影响作用，但是过高的薪酬水平也容易导致国有控股公司投资不足问题。针对以上发现，提出以下建议：

（1）分层分类进行高管薪酬体系设计。

在不同的市场竞争环境下，高管激励对控股方治理绩效的影响效果存在差异。相对而言，高竞争环境下，高管薪酬对于公司治理绩效的提升作用显著大于低竞争环境下的推动作用。进一步分析得到，高竞争环境下，不同行政背景控股方持股水平不同，其对治理绩效的推动作用也存在差异，省级政府、地方控股公司董事会及关键人的持股都显著高于中央控股方的持股水平，地方控股方的薪酬激励水平和股权激励水平，除高管和总经理的股权激励低于省级控股方外，其他指标均高于其他两类控股方的激励水平，也高于同类控股方在低行业竞争环境下的激励水平，不同行政背景控股方对绩效提升的显著性依次是地方控股方、省控股方、中央控股方。中央控股方高激励能够显著抑制过度投资，但也容易导致投资不足；但是在低竞争环境下，省属控股公司高管薪酬机制对公司价值提升与 R&D 投资推动作用最为显著，但也导致了投资过度问题。中央、地方控股企业高薪酬的推动作用不明显，但造成了投资不足现象。中央控股方的薪酬激励和股权激励水平，不仅高于其他两类控股方的激励水平，同时，也高于同类控股方在高竞争行业的激励水平。

本书认为，在高竞争行业中，应加大股权激励，尤其是国有控股公司董事长、董事会的激励，使高管人员自身利益与公司的价值利益趋于一致，能够努力通过提高公司价值来提高其薪酬水平。对这类公司应使用经济性指标加以考

核和激励；在低竞争行业中，很多企业是处于国家垄断地位的企业，而且涉及国家战略性行业的央企较多，对于高管人员的任命、考核、选派更多是由国资委来决定，其考核指标既要达到经济目标更要达到政治目标，国有资产保值、增值的责任更加艰巨。因此，薪酬体系组合应该是降低股权激励、加大薪酬激励，才能提高企业的治理效率。同时，激励决定行为，考核标准要全面，改变以往单一从财务绩效衡量管理者水平的考核方式，将 R&D 投资、投资效率等指标引入管理者考核体系。

（2）延长考核期限，强化长效激励约束。

《中央企业负责人经营业绩考核暂行办法》规定对国有资本控股公司国有股权代表出任的董事长、副董事长、董事，列入国资委党委管理的总经理（总裁、院长、局长、主任）、副总经理（副总裁、副院长、副局长、副主任）、总会计师任期经营业绩考核期为三年。[①] 创新也作为干部考核的一个重要指标。由于投资，尤其是 R&D 投资具有较长周期性，无法在短期内迅速取得收益，因此，确定科学合理的考核期就显得非常重要。在目前所规定的三年考核期中，企业关键人为追求经营绩效的较高水平，往往会关注企业短期绩效，忽视企业长期发展。通过适当延长考核期，使企业关键人能够在决策过程中从企业长远利益出发，提高企业治理效率。

（3）限制垄断行业国有企业高管过度激励。

本书实证研究发现，在高、低竞争环境下控股方高管激励指数均与 R&D 投资、公司价值表现出正向作用关系。即高管激励有利于促进 R&D 投资和提升公司价值，但是，在低竞争环境下，高管激励对控股方治理绩效的提升作用要明显弱于高市场竞争环境，并且容易导致中央控股公司的投资不足。在低竞争环境下，中央控股公司大多数是垄断企业，国有企业垄断使得外在激励机制的作用减弱，这些垄断企业所取得的垄断利润很大程度上归因于其所在领域的垄断地位。为了激励的公平性，对该类企业的高管要避免过度激励，建立科学化业绩考核机制，提高重点领域、关键领域的国有控股公司治理效率，保证国有资产的保值增值，促进经济的持续健康发展。

7. 完善国有控股方治理机制，提高公司治理绩效

国有控股公司作为国有资产运营机构，是以实现国有资产保值、增值为主要目标的特殊企业法人。国有产权的天然属性、国有股权行使的特殊性以及公

---

① 《中央企业负责人经营业绩考核暂行办法》第十六条：任期经营业绩考核以三年为考核期。http://www.gov.cn/flfg/2013-02/01/content_2324949.htm.

司治理"经济目标"和"社会目标"的二重性，导致"政府对企业的直接干预与国有资产出资人不到位""大股东滥用控制权与内部人控制""公司董事会治理机制虚化与用人机制和激励机制不规范"等矛盾的不断冲突，造成我国国有控股公司治理的低效率。本书通过建立控股方治理指数，对国有控股方治理机制进行了量化分析。重点研究了控股方控制指数、高管激励指数、监事会约束指数对公司治理效率的影响。在研究中发现：高竞争环境下，强控制、高激励、弱监督的治理模式能有效地提升国有控股公司的公司价值，省级控股方治理模式效应最为显著；对创新投资而言，在高竞争环境下，强控制、高激励、强监督的治理模式比较有效；在低竞争环境下，弱控制、弱监督、高激励的治理模式比较有效，强控制、低激励、强监督的治理机制组合模式有利于抑制控股方非效率投资。其中，强监督能够显著抑制地方控股方的非效率投资，而过高的高激励反而容易导致中央、省属控股公司的投资不足。低竞争环境下，弱控制、强监督、高激励是省级控股方提升公司价值比较有效的治理模式；高控制、强监督的治理模式能够有效抑制中央、省属控股公司的过度投资，高控制能够抑制地方控股公司的过度投资；对创新投资而言，高激励、弱监督的治理模式有利于省属控股公司创新投资的提升，而对于地方控股公司而言，高控制、强监督的治理模式有利于创新投资。基于以上发现，本书提出以下对策：

各机制的不同组合，会产生不同的治理绩效；不同竞争环境下，各机制组合的有效模式不同；不同竞争环境下，不同类型控股公司的有效治理模式也不同。在高竞争环境下，提高公司治理绩效，要发挥市场竞争机制，参与公平竞争，同时，要保持对国有资本的控制力，即通过对董事长、总经理、董事会成员等决策层人员的任免与变更实现对公司的监督与控制，影响公司的战略行为。在低竞争环境下，提高公司治理绩效，要强化监事会机制建设，充分发挥监事会的监督作用，保证所集聚的大量国有资本保值、增值，同时，通过合理的考核机制促进高层管理者企业家精神的发挥，减弱对公司董事会及关键人的控制，减少变更频率，完善长效激励与约束机制。国有控股方应根据市场竞争环境的需求，基于国有控股公司的特征、功能分类以及公司治理目标，权变调整治理机制组合模式，进行有效的相机治理，在谋求国有控股公司双重治理目标实现的基础上，实现治理绩效的有效提升。

8. 合理进行政府干预，优化资源配置

国有控股公司是国有资产管理体系实现"政资分离、政企分开"的关键环节和完成国有企业公司化改造的重要途径。国有控股公司作为独立法人，按

照市场规律运行，发挥其优势优化资源配置。长期以来，政府在企业发展过程中存在"扶持之手"和"掠夺之手"的双重效应。国有控股方存在严重侵占行为，导致国有控股公司治理绩效低下。《中华人民共和国国有资产法》规定，政府委托国有控股方作为出资人代表，对国有企业进行治理，国有控股方实际控制人应履行《中华人民共和国国有资产法》相关规定，不得干预企业的经营活动。但在转轨经济时期，行业竞争驱动作用以及政府政绩考核的影响，政府一直充当着"运动员"和"裁判员"的双重角色，通过公司董事会、监事会来对企业进行控制、干预，以达到政治目标和经济目标。因此，如何有效地界定政府治理边界，发挥政府职能是理论界一直关注的热点问题。

本书从公司的主营业务收入、纳税额以及资产规模方面构建政府干预指标，将这一指标作为政府干预的代理变量，重点考察政府对区域财税收入、区域社会服务（就业）等经济、社会目标管理对公司经营的干预，并实证研究政府干预对国有控股公司经营绩效的影响，以此提出相应的建议。本书发现，政府对企业的发展仍然存在"扶持之手"和"掠夺之手"的双重效应。一方面，有效的政府干预促进公司价值的提升，抑制控股方侵占行为和投资不足，并且当公司财务困境时给予支持；另一方面，无效的政府干预不利于公司创新投资的发展，加剧了过度投资。无论高、低竞争环境下，政府干预均有利于公司价值的提升，但不利于创新投资的发展。在高竞争环境下，政府干预会导致国有控股方的过度投资；在低竞争环境下，政府干预对省级控股方过度投资存在显著的促进作用。这表明政府受"政治晋升锦标赛"的驱动作用，更注重政治利益、短期经济目标，而忽略区域经济的长期发展，具有一定的短视行为。

综上所述，为了更好地实现国有资产的保值、增值，保证国有控股公司的持续健康发展，应对政府干预进行合理的制衡，加快市场化进程，积极引导社会资源优化配置。具体的，政府应该避免其官员为了营建自己的政绩工程而过度干预的行为，努力以市场发展的目标为导向，实现资源的优化配置；根据当地经济发展的实际情况和长期战略规划，引导官员在任职期内合理对企业进行干预，避免因政治周期而导致的影响经济大幅波动的过度投资；各级政府的政绩考核不能单纯以地区生产总值及增长率来衡量，要加大对区域经济投入产出率、环境保护以及创新、投资等关乎地区长远发展目标的考核权重；不断加强公司创新能力的发展，减少政府对公司创新投资的干预；另外，加强政府执政能力，减少政企关联、降低政府腐败程度等也是不容忽视的重要方面。

7.3 研究局限与研究展望

7.3.1 研究局限

本书成果通过理论分析、实证研究相结合的方法，对中国国有控股方行为模式及治理绩效进行了研究，得出了一些有意义的结论。但所研究的问题涉及多个学科，由于研究能力和数据资料不易获得的限制，使得研究内容不够全面深入。具体存在以下几点不足之处。

1. 研究视角的局限性

作为转轨经济国家，由于制度路径依赖性的影响，国有控股公司治理问题不仅涉及宏观、微观层面的公司内部、外部治理，同时也涉及国有企业体制改革、国家宏观经济战略调整的各个方面，其间的影响因素纷繁复杂。有关国有控股公司控股方行为的研究涉及公司治理、组织行为学、行为金融学、社会学、法律等多个学科领域，甚至是多个学科领域的交叉与综合。因而，由于研究水平有限，本书所作的研究仅能被视为国有控股方治理风险研究的"冰山一角"，其中，尚有许多研究内容难以达到全面、深入的境地，需要在后续的研究中进一步丰富和完善。

2. 研究样本的局限性

研究中所使用的样本是 2007~2013 年，A 股非金融类国有控股上市公司的均衡样本。相应的数据主要来源于 WIND 数据库、CSMAR 数据库、CCER 数据库等数据库公开的二手数据，针对国有控股方治理指数设计中有关高管激励和公司控制问题，深入访谈了一定数量具有实践经验的企业家和实务界专家，但是没有进行系统的开放式问卷调查。另外，本书对控股方治理中不易量化的因素，如高管激励中非显性的激励因素（如升迁激励）、公司战略决策中的价值驱动因素等问题没有进行深入访谈研究。

3. 研究内容的局限性

国有控股公司控股方行为受国家宏观经济政策、区域经济政策、国家国有企业改革进程以及法律法规影响较大，相应的数据也会发生变化。为了保证样

本的科学性、代表性以及普适性，本书选取了股权分置改革以后，2007～2013
年的国有上市公司为样本。但是期间相关政策的不断出台，较大幅度的外部治
理环境变化给相关研究增加了研究难度，加大了研究的局限性，也导致在实证
研究中，对数据统计结果的分析，结合政策、法规背景分析不够深入；另外，
受数据可获性的限制，本书没有将"党委会"制度因素纳入国有控股方行为
的研究范围。有关国有控股方治理效率的研究，由于研究精力和研究资源的限
制没有进行与非国有公司的比较研究。

7.3.2　研究展望

针对研究中存在的局限，今后研究中将做以下努力：

（1）新一轮改革是以国企公司分类治理为导向，以提高国企运营效率、
适应市场竞争为目标。这必将为本书的深入研究提供新的制度背景要素和研究
样本。本书将以现有研究为基础，深入分析股权分置改革对国有控股方行为及
治理效率的影响。

（2）在政府推行的"晋升锦标赛"激励机制下，地方各级政府官员普遍
存在为了实现政治利益而控制国有企业的动机。因此，未来的研究将从"政企
互动"的角度，深入探讨"政企分离""政资分离"的国有资产管理体系和充
分市场竞争环境下，政府监管机制、激励机制对国有控股方行为的影响。

（3）不断丰富研究样本的数量和类型，加入非国有控股公司配对样本，
比较分析国有控股方行为特征和治理效率；在大样本分析的基础上，通过开放
式问卷调查、深入访谈及典型个案分析，进一步加强对国有控股方行为非显性
影响因素的研究。

参 考 文 献

［1］樊纲. 论当前国有企业产权关系的改革. 经济研究，1995（1）：17 - 23.

［2］张维迎. 控制权损失的不可补偿性与国有企业的产权障碍. 经济研究，1998（7）：3 - 14.

［3］林毅夫，蔡昉，李周. 国有企业改革的核心是创造竞争的环境. 改革，1995（3）：17 - 28.

［4］Shleifer, A., Vishny, R. W. A Survey of Corporate Governance. Journal of Finance, 1997, 52: 737 - 783.

［5］Becht, M., Patrick Bolton, Ailsa Roell. Corporate governance and control. www. ecgi. org. wp, 2002.

［6］La Porta, R., Lopez-de - Silanes, F., Shleifer, A., Vishny, R. Law and Finance. Journal of Political Economy, 1998, 6（106）: 1113 - 1155.

［7］Denis, D. K., & McConnell, J. International corporate governance. Journal of Financial and Quantitative Analysis, 2003, 38（1）: 1 - 36.

［8］Shleifer, A., Vishny, R. W. Large shareholders and corporate control. Journal of Political Economy, 1986, 94（3）: 461 - 488.

［9］Dyck A., Zingales L. The Corporate Governance Role of the Media. Harvard Business School and University of Chicago, 2002.

［10］Edwards, S. Openness, productivity and growth: what do we really know? The Economic Journal. 1998, 108（447）: 383 - 398.

［11］Julian Franks, Colin Mayer. Ownership and Control of German Corporations. Review of Financial Studies, 2001, 14（4）: 943 - 977.

［12］Gorton Gary, Schmid F. Universal Banking and the Performance of German Firms. Working Paper, Cambridge, MA: National Bureau of Economic Research, 1996: 53 - 54.

［13］Prowse S. D. The structure of corporate ownership in Japan. Journal of Finance, 1992, 47: 1121 - 1140.

[14] Berglof, E. Thadden, E. L. Short-term Versus Long-term Interests: Capital Structure with Multiple Investors. The Quarterly Journal of Economics, 1994, 109 (4): 1055 – 1084.

[15] Claessens, S., S. Djankov, J. P. H. Fan, L. H. P. Lang. Disentangling the Incentive and Entrenchment Effects of Large Shareholdings. Journal of Finance, 2002, 57 (6): 2741 – 2771.

[16] Claessens, S., Djankov, S., Lang, L. H. P. The Separation of Ownership and Control in East Asian Corporations. Journal of Financial Economics, 2000, 58 (1/2): 81 – 112.

[17] 冯根福, 韩冰, 闫冰. 中国上市公司股权集中度变动的实证分析. 经济研究, 2002, 8: 12 – 18.

[18] 冯根福, 吴林江. 我国上市公司并购绩效的实证研究. 经济研究, 2001, 01: 54 – 61.

[19] Eisenberg, Melvin. The Structure of the Corporation: A Legalanalysis. Boston, MA: Little, Brown and Company, 1976.

[20] Demsetz Harold. The structure of ownership and the theory of the firm. The Journal of Law & Economics, 1983, 26: 375 – 390.

[21] Demsetz Harold, Kenneth Lehn. The Structure of Corporate Ownership: Causes and Consequences. The Journal of Political Economy, 1985, 6. (93): 1155 – 1177.

[22] Barca F. On Corporate Governance in Italy: Issues, Facts and Agency. Rome: Bank of Italy, 1995.

[23] Faccio, M., Lang, L. H. P. The ultimate ownership of Western European corporations. Journal of Financial Economics, 2002 (65): 365 – 395.

[24] 刘芳佳, 孙孺, 刘乃全. 终极产权论、股权结构及公司绩效. 经济研究, 2003 (4): 51 – 62.

[25] 邹小芃, 陈雪洁. 控制权和现金流权分离下的公司治理研究. 浙江学刊, 2003, 03: 144 – 147.

[26] 万俊毅. 控股股东、实际控制权与小股东权益保护. 当代经济科学, 2005, 01: 10 – 16.

[27] 丁新娅. 控股股东资本运营代理问题研究——基于控制权与现金流量权分离前提下的思考. 广东金融学院学报, 2005, 04: 56 – 61.

[28] 唐宗明, 奚俊芳, 蒋位. 大股东侵害小股东的原因及影响因素分析. 上海交通大学学报, 2003, 04: 596 – 599.

[29] 叶勇, 胡培. 基于无因管理的国有资产管理研究. 经济体制改革, 2003, 06: 55 - 58.

[30] Xu Xiaonian, Yan Wang. Ownership Structure and Corporate Governance in Chinese Stock Companies. China Economic Review, 1999, 10 (1): 75 - 98.

[31] 肖作平, 廖理. 终极控制股东、法律环境与融资结构选择. 管理科学学报, 2012, 09: 84 - 96.

[32] Masahiko Aoki, Hugh Patrick & P. Sheard, "The Japanese Main Bank System: An introductory Overview," in Masahiko Aoki and Hugh Patrick, eds The Japanese Main Bank System and It's Relevancy for Developing and Transforming Economies, Oxford University Press, 1994: 3 - 50.

[33] Holderness C. G. A Survey of Blockholders and Corporate Control. New York: Federal Reserve Bank, 2003: 51 - 64.

[34] 姜国华, 岳衡. 大股东占用上市公司资金与上市公司股票回报率关系的研究. 管理世界, 2005, 09: 119 - 126.

[35] Morck R., Wolfenzon D., Yeung B. Corporate Governance, Economic Entrenchment and Growth. Journal of Economic Literature, 2005, 3 (43): 655 - 720.

[36] 武常岐, 钱婷. 集团控制与国有企业治理. 经济研究, 2011, 6: 93 - 104.

[37] 曹裕. 产品市场竞争、控股股东倾向和公司现金股利政策. 中国管理科学, 2014, 03: 141 - 148.

[38] 穆胜. 我国国有企业绩效管理困境成因分析——基于 G 机场集团绩效管理项目的实地跟踪研究. 科研管理, 2011, 06: 75 - 83.

[39] 邵传林. 国有企业性质的比较制度分析. 经济学动态, 2011, 09: 37 - 43.

[40] 李斌, 孙月静. 中国上市公司控制权特征及其对公司绩效的影响——基于改进的投票概率模型. 中国软科学, 2011, 01: 124 - 134.

[41] Jensen, M., Meckling, W. Theory of the Firm: Managerial Behavior, Agency Costs, and Ownership Structure. Journal of Financial Economics, 1976, 3 (4): 305 - 360.

[42] Morck, R., Nakamur, M., Shivdasani. A. Banks, Ownership Structure and Firm Value in Japan. Journal of Business, 2000, 4: 539 - 567.

[43] Durnev, A., E. H. Kim, To steal or not to steal: Firm attributes, legal environment, and valuation. Journal of Finance, 2005, 60 (3): 1461 - 1493.

[44] 冯根福, 闫冰. 公司股权的"市场结构"类型与股东治理行为. 中国

工业经济，2004，06：85 - 92.

[45] 宋敏，张俊喜，李春涛．股权结构的陷阱．南开管理评论，2004，01：9 - 23.

[46] 徐莉萍，辛宇，陈工孟．股权集中度和股权制衡及其对公司经营绩效的影响．经济研究，2006，01：90 - 100.

[47] 刘孟晖，沈中华，余怒涛．大股东侵占行为及其限制途径研究．财会通讯（学术版），2008，11：3 - 5.

[48] 冯根福，刘志勇，王新霞．股权分置改革、产权属性、竞争环境与公司绩效——来自 2005~2007 年中国上市公司的证据．当代经济科学，2008，05：1 - 8.

[49] Tirole J. Corporate Governance. Econometrica, 2001, 69 (1): 1 - 35.

[50] Bebchuk, L. A. and M. J. Roe. A Theory of Path Dependence in Corporate Ownership and Governance. Stanford Law Review, 1999 (52): 127 - 170.

[51] Daniel Wolfenzon. A Theory of Pyramidal Ownership. NYU Stern School of Business, Working Paper, 1999, 1.

[52] Eric Friedman, Simon Johnson, Todd Mitton. Propping and Tunneling. Journal of Comparative Economics, 2003, 31: 732 - 750.

[53] Bennedsen M., Wolfenzon D. The balance of power in closely held corporations. Journal of Financial Economics, 2000, 58: 113 - 139.

[54] 孙永祥，黄祖辉．上市公司的股权结构与绩效．经济研究，1999，12：23 - 30.

[55] 屠巧平．股权结构与控股股东行为的实证研究．技术经济，2009，07：100 - 104.

[56] 杨淑娥，王映美．大股东控制权私有收益影响因素研究——基于股权特征和董事会特征的实证研究．经济与管理研究，2008，3：30 - 35.

[57] 宋小保，刘星．大股东侵占与外部监督的进化博弈分析．系统工程学报，2009，05：589 - 595.

[58] 张利红，刘国常．大股东掏空和减持关系实证研究——基于股票全流通时代的经验证据．财会通讯，2014，18：56 - 60.

[59] 贾璐熙，朱叶，周强龙．大股东表决权结构、身份类型与公司价值——基于"掏空"行为的视角．世界经济文汇，2014，05：31 - 51.

[60] Riyanto, Y. E., L. A. Toolsema. Tunneling and propping: A justification for pyramidal ownership. Journal of Banking and Finance, 2008 (32): 2178 - 2187.

［61］Cheung Y., Rau, P. R. A. Stouraitis. Tunneling, propping and expropriation: evidence from connected party transactions in Honk Kong. Journal of Financial Economics, 2004 (82): 343 – 386.

［62］王明琳. 支持、掏空与家族控制的金字塔结构. 财经论丛, 2007, 01: 97 – 102.

［63］孟焰, 张秀梅. 上市公司关联方交易盈余管理与关联方利益转移关系研究. 会计研究, 2006, 04: 37 – 43.

［64］Liu, Q. and J. Lu. Corporate governance and earning management in China's listed companies; a tunneling perspective. Journal of Corporate Finance, 2007, 13 (5): 881 – 906.

［65］段亚林. 高收益债券将为中国经济带来什么. 上海证券报. 2011 – 12 – 28.

［66］侯晓红. 大股东对上市公司掏空与支持的经济学分析. 中南财经政法大学学报, 2006, 05: 120 – 125.

［67］马忠, 陈彦. 金字塔结构下最终控制人的盘踞效应与利益协同效应. 中国软科学, 2008, 05: 91 – 101.

［68］宋力, 胡运权. 股权分置改革后控股股东代理行为实证分析. 管理评论, 2010, 04: 26 – 33.

［69］李维安, 牛建波, 宋笑扬. 董事会治理研究的理论根源及研究脉络评析. 南开管理评论, 2009, 01: 130 – 145.

［70］Dong, M., Ozkan, A. Institutional investors and director pay: An empirical study of UK companies. Journal of Multinational Financial Management, 18 (2008): 16 – 29.

［71］王维钢, 谭晓雨. 中国大股东与中小股东的利益博弈模型分析. 中央财经大学学报, 2010, 07: 33 – 37.

［72］唐跃军, 李维安. 大股东对治理机制的选择偏好研究——基于中国公司治理指数（CCGI～（NK））. 金融研究, 2009, 06: 72 – 85.

［73］Grossman S., Hart O. Takeover bids, the free-rider problem, and the theory of the corporate. Journal of Economics, 1980, 11: 42 – 64.

［74］Kaplan, S. N., "Top Executives, Turnover, and Firm Performance In Germany", The Journal of Law, Economics, and Organization 1994, 10: 142 – 159.

［75］Kaplan, S. N., and B. A., Minton, "Appointments of Outsiders To Japanese Boards Determinants and Implications for Managers", Journal of Financial Economics, 1994, 36: 225 – 258.

［76］Kang, J., A. Shivdasani, "Firm Performance, Corporate Governance, and Top Executive Turnover In Japan", Journal of Financial Economics 1995, 38: 29 – 58.

［77］Claessens, S., Djankov, S., Lang, L. H. P. The Separation of Ownership and Control in East Asian Corporations. Journal of Financial Economics, 2000, 58 (1/2): 81 – 112.

［78］张宪初. 控制股东在公司并购中的诚信义务：理论与实践的借鉴和比较. 公司法律评论, 2004: 232 – 256.

［79］Jensen, Michael C. Agency costs of free-cash-flow, corporate finance, and takeovers, American Economic Review, 1986, 76: 323 – 329.

［80］Conyon, M. J., K. J. Murphy, "The Prince and the Pauper: CEO Pay in the US and UK", Economic Journal, forthcoming, 2000, 110 (467): 640 – 671.

［81］Cheung Y., Rau, P. R. A. Stouraitis. Tunneling, propping and expropriation: evidence from connected party transactions in Honk Kong. Journal of Financial Economics, 2004 (82): 343 – 386.

［82］Bertrand, M., S., Mullainathan, 'Are Ceos Rewarded for Luck? The Ones Without Principals Are', The Quarterly Journal of Economics, 2001, 116: 901 – 932.

［83］深圳证券交易所博士后工作站何卫东. 深交所上市公司治理状况调查分析报告. 证券时报, 2003 – 12 – 18.

［84］张逸杰, 王艳, 唐元虎, 蔡来兴. 上市公司董事会特征和盈余管理关系的实证研究. 管理评论, 2006, 03: 14 – 19.

［85］Sanjai Bhagat, Bernard Black. The Non – Correlation Between Board Independence and Long – Term Firm Performance. Journal of Corporation Law, 2001 27: 231 – 273.

［86］Peng M. W. Institutional Transitions and Strategic Choices. The Academy of Management Review, 2003 (1): 275 – 296.

［87］Dahya, J., Karbhari, Y., Xiao, J. The Usefulness of the Supervisory Board Report in China. Corporate Governance: An International Review, 2003, 4 (11): 308 – 321.

［88］Xiao, J. Z., Dahyaw, J. A Grounded Theory Exposition of the Role of the Supervisory Board in China. British Journal of Management, 2004 (15): 39 – 55.

［89］ Peng, W., Wei, K. C. J., Z. Yang. Tunneling or propping：evidence from connected transactions in China. Working Paper, Hong Kong University of Science and Technology, 2006.

［90］ 李维安，李汉军. 股权结构、高管持股与公司绩效——来自民营上市公司的证据. 南开管理评论，2006，05：4 – 10.

［91］ 李维安，唐跃军. 公司治理评价、治理指数与公司业绩——来自2003 年中国上市公司的证据. 中国工业经济，2006（4）：98 – 107.

［92］ 高雷，宋顺林. 高管人员持股与企业绩效——基于上市公司2000 ~ 2004 年面板数据的经验证据. 财经研究，2007，03：134 – 143.

［93］ Grossman, Sanford J., Hart, Oliver D. One Share one Vote and the Market for Corporate Control. Journal of Financial Economics, 1988, 20：175 – 202.

［94］ Friedman E., Johnson, S., Mittonc T. Propping and Tunneling . Journal of Comparative Economics, 2003, 31（4）：732 – 750.

［95］ Jiang G., Lee C., H. Yue. Tunneling through intercorporate loans：the China experience. Journal of Financial Economics, 2010, 98：1 – 20.

［96］ Johnson S., Porta R. L., Lopez – De – Silanes A., Shleifer A. Tunneling. American Economic Review, 2000, 90（3）：22 – 27.

［97］ Ronald J. Gilson, Gordon J. N. Controlling Shareholders and Corporate Goverance：Complicating the Comarative Taxonomy. Columbia Law School：The Center for Law and Economics Studies, 2005.

［98］ 国务院发展研究中心研究员吴敬琏. 控股股东行为与公司治理. 中国证券报，2001 – 06 – 08.

［99］ 李增泉，孙铮，王志伟. "掏空" 与所有权安排——来自我国上市公司大股东资金占用的经验证据. 会计研究，2004，12：3 – 13.

［100］ 韩亮亮，李凯. 民营上市公司终极股东控制与资本结构决策. 管理科学，2007，05：22 – 30.

［101］ 吴育辉，吴世农. 股票减持过程中的大股东掏空行为研究. 中国工业经济，2010，05：121 – 130.

［102］ 林大庞，苏冬蔚. 股权激励与公司业绩——基于盈余管理视角的新研究. 金融研究，2011，09：162 – 177.

［103］ 刘亚莉，李静静. 大股东减持、股权转让溢价与控制权私利. 经济问题探索，2010，08：92 – 98.

［104］ 林振兴，屈文洲. 大股东减持定价与择机——基于沪深股市大宗交易的实证研究. 证券市场导报，2010，10：71 – 77.

[105] 曹国华，林川. 基于股东侵占模型的大股东减持行为研究. 审计与经济研究，2012，05：97-104.

[106] 黄志忠. 股权比例、大股东"掏空"策略与全流通. 南开管理评论，2006，01：58-65.

[107] Bai, C. E., Q. Liu, F. M. Song. Bad news is good news: propping and tunneling: Evidence from China. Working Paper, University of Hong Kong, 2004.

[108] Jean, Wong. Propping and tunneling through related party transactions. Working Paper, The Chinese University of Hong Kong, 2006.

[109] 王亮，罗党论，姚益龙. 股权分置改革、大股东支持的动机与后果——来自中国上市公司的经验证据. 山西财经大学学报，2010，11：94-101.

[110] 任凌玉. 大股东对上市公司的掏空与支持行为研究——基于Johnson模型的实证检验. 财会月刊，2007，20：4-6.

[111] 江妍. 上市公司大股东支持行为的影响因素研究. 浙江金融，2008，05：42-43.

[112] 王浩，刘碧波. 定向增发：大股东支持还是利益输送. 中国工业经济，2011，10：119-129.

[113] 江妍. 大股东支持行为市场效应的实证研究. 财会通讯，2009，03：34-36.

[114] 李增泉，余谦，王晓坤. 掏空、支持与并购重组——来自我国上市公司的经验证据. 经济研究，2005，01：95-105.

[115] 吕长江，赵宇恒. ST公司重组的生存分析. 财经问题研究，2007，06：86-91.

[116] Pearce J. A., Zahra S. A. Board Composition From a Strategic Contingency Perspective. Journal of Management Studies, 1992, 29 (4): 411-438.

[117] Garg S. Venture Boards: Distinctive monitoring and Implications for Firm Performance. Academy of Management Revievw, 2013, 38 (1): 90-108.

[118] 于东智. 股权结构、治理效率与公司绩效. 中国工业经济，2001，05：54-62.

[119] 李维安，曹廷求. 股权结构、治理机制与城市银行绩效——来自山东、河南两省的调查证据. 经济研究，2004，12：4-15.

[120] 王跃堂，赵子夜，魏晓雁. 董事会的独立性是否影响公司绩效？经济研究，2006，05：62-73.

［121］林润辉，范建红，赵阳，张红娟，侯如靖．公司治理环境、治理行为与治理绩效的关系研究——基于中国电信产业演进的证据．南开管理评论，2010，06：138－148.

［122］叶康涛，祝继高，陆正飞，张然．独立董事的独立性：基于董事会投票的证据．经济研究，2011（1）：126－139.

［123］Sanjai Bhagat, Bernard Black. The Non－Correlation Between Board Independence and Long－Term Firm Performance. Journal of Corporation Law, 2001, 2（27）: 231－273.

［124］孙裕君．公司股权结构与绩效关系实证研究．工业技术经济，2003，04：102－104.

［125］王化成，黄磊，杨景岩．公司治理效率及其评价研究．中国人民大学学报，2008，04：105－110.

［126］Chi－Kun Ho. Corporate Governance and Corporate Competitiveness: An International Analysis. Corporate Governance: An International Review, 2005, 13（2）: 211－253.

［127］Wu J. F., Tu R. T., CEO Stock Option Pay and R&D Spending: A Behavioral Agency Explanation. Journal of Business Research, 2007, 60: 482－492.

［128］Miller T., del Carmen Triana M. Demographic Diversity in the Board-room: Mediators of the Board Diversity-firm Performance Relationship. Journal of Management Studies, 2009, 46（5）: 755－786.

［129］Anderson, Reeb, "Founding-family ownership and firm performance: Evidence from the S & P 500", Journal of Finance, 2003, 58（3）: 1301－1328.

［130］Villalonga, Amit, "How do family ownership, control and management affect firm value", Journal of Financial Economics, 2006, 80: 385－417.

［131］郑呆娉，薛健，陈晓．兼任高管与公司价值：来自中国的经验证据．会计研究，2014，11：24－29.

［132］杨典．公司治理与企业绩效——基于中国经验的社会学分析．中国社会科学，2013，01：72－94.

［133］Jensen M. The modern industrial revolution, exit, and the failure of internal control systems. The Journal of Finance, 1993, 48（3）: 831－880.

［134］向锐，冯建．董事会特征与公司经营绩效的关系——基于中国民营上市公司的经验证据．财经科学，2008，11：91－99.

［135］党文娟，张宗益．独立董事的消极行为：股权集中度角度的分析．

求索, 2010, 04: 19 - 21.

[136] 张晖明, 陈志广. 高级管理人员激励与企业绩效——以沪市上市公司为样本的实证研究. 世界经济文汇, 2002, 04: 29 - 37.

[137] 周建波, 孙菊生. 经营者股权激励的治理效应研究——来自中国上市公司的经验证据. 经济研究, 2003, 05: 74 - 82.

[138] 李彬, 张俊瑞, 马晨. 董事会特征、财务重述与公司价值——基于会计差错发生期的分析. 当代经济科学, 2013, 01: 110 - 117.

[139] 王艾青, 王涛. 上市公司董事会特征对公司业绩的影响分析. 技术经济与管理研究, 2009, 03: 6 - 9.

[140] Core, J., Guay, W. The use of equity grants to manage optimal equity incentive levels. Journal of Accounting and Economics, 1999, 28 (2): 151 - 184.

[141] 高明华. 论国有企业经营者内部激励制度的改革. 学习与探索, 2001, 06: 83 - 87.

[142] 胡铭. 上市公司高层经理与经营绩效的实证分析. 财贸经济, 2003, 04: 59 - 62.

[143] Rashid, Afzalur. Corporate Governance, Executive Pay and Firm Performance: Evidence from Bangladesh. International Journal of Management, 2013, 30 (2): 556 - 575.

[144] 吴淑琨. 股权结构与公司绩效的 U 型关系研究——1997 ~ 2000 年上市公司的实证研究. 中国工业经济, 2002, 01: 80 - 87.

[145] 王华, 黄之骏. 经营者股权激励、董事会组成与企业价值——基于内生性视角的经验分析. 管理世界, 2006, 09: 101 - 116.

[146] 郑志刚, 许荣, 林玲, 赵锡军. 公司治理与经理人的进取行为——基于我国 A 股上市公司的实证研究. 金融评论, 2013, 01: 49 - 65.

[147] 李紫薇. 中国国有上市公司薪酬激励与企业价值相关性研究. 金融经济, 2015, 08: 156 - 157.

[148] 曹廷求, 段玲玲. 治理机制、高管特征与农村信用社经营绩效——以山东省为例的实证分析. 南开管理评论, 2005, 04: 51 - 54.

[149] Myers, Stewart C., Nicholas S. Majluf: Corporate financing and investment decisions when firms have information those investors do not have. Journal of Financial Economics, 1984, 13: 187 - 221.

[150] 唐雪松, 周晓苏, 马如静. 上市公司过度投资行为及其制约机制的实证研究. 会计研究, 2007, 07: 44 - 52.

[151] 李维安. 上市公司治理准则: 奠定中国证券市场可持续发展的制度基础. 南开管理评论, 2002, 01: 1.

[152] Richardson, S. Over-investment of free cash flow. Review of Accounting Studies, 2006 (11): 159 – 189.

[153] 贺贝贝. 管理层权力与投资效率的实证研究. 山西财经大学硕士学位论文, 2014.

[154] 覃家琦. 董事长特征与上市公司过度投资行为. 中国管理现代化研究会. 第四届 (2009) 中国管理学年会——会计与财务分会场论文集. 中国管理现代化研究会, 2009: 15.

[155] 王艳林, 薛鲁. 董事会治理、管理者过度自信与投资效率. 投资研究, 2014, 03: 93 – 106.

[156] 谢志华, 张庆龙, 袁蓉丽. 董事会结构与决策效率. 会计研究, 2011, 01: 31 – 37.

[157] 陈昌平. 基于自由现金流量的股权激励制度探析. 物流工程与管理, 2011, 10: 128 – 129 + 110.

[158] Denis. Agency Problem, Equity Ownership and Corporate Diversification. Journal of Finance, 1997 (52): 135 – 160.

[159] Anderson R., Bates T., Bizjak J., Lemon M. Corporate Governance and Firm Diversification. Financial Management, 2000 (29): 5 – 22.

[160] Kang S., Kumar P., Lee H. Agency and Corporate Investment: the Role of Executive Compensation and Corporate Governance. Journal of Business, 2006 (79): 1127 – 1147.

[161] 吕长江, 张海平. 上市公司股权激励计划对股利分配政策的影响. 管理世界, 2012, 11: 133 – 143.

[162] 徐一民, 张志宏. 产品市场竞争、政府控制与投资效率. 软科学, 2010, 12: 19 – 23.

[163] 罗富碧, 冉茂盛, 杜家廷. 高管人员股权激励与投资决策关系的实证研究. 会计研究, 2008, 08: 69 – 76.

[164] 杨淑娥, 袁春生, 丁善明. 高科技企业集群化成长的资源获取与资源供给缺失. 科技管理研究, 2006, 08: 76 – 78.

[165] 赵博. 产权属性、管理层激励与企业过度投资. 财会月刊, 2012, 05: 7 – 11.

[166] 何金耿, 丁加华. 上市公司投资决策行为的实证分析. 证券市场导报, 2001, 09: 44 – 47.

［167］李香梅，潘爱玲．控制权私有收益、负债与企业过度投资．东岳论丛，2013，06：117－120.

［168］Hill，C. W. L.，S. A. Snell. External control，corporate strategy，and firm performance in research intensive industries. Strategic Management Journal，1988，6（9）：577－590.

［169］徐晓东，陈小悦．第一大股东对公司治理、企业业绩的影响分析．经济研究，2003，02：64－74.

［170］任海云．股权结构与企业 R&D 投入关系的实证研究——基于 A 股制造业上市公司的数据分析．中国软科学，2010，05：126－135.

［171］Hosono Kaoru，Tomiyama Masayo，Miyagawa Tsutomu. Corporate governance and research and development：evidence from Japan. Economic innovation new technology，2004，13（2）：141－164.

［172］Jakub Kastl，David Martimort and Salvatore Piccolo. Delegation，Ownership Concentration and R & D Spending：Evidence From Italy. The Journal of Industrial Economics，2013，1（61）：84－107.

［173］Suk Bong Choi，Byung II Park，and Paul Hong. Does Ownership Structure Matter for Firm technological Innovation Performance? The case of Korean Firms. Corporate Governance：An International Review，2012，20（3）：267－288.

［174］杨建君，盛锁．股权结构对企业技术创新投入影响的实证研究．科学学研究，2007，04：787－792.

［175］Morck，R.，and B. Yeung，"Dividend Taxation and Corporate Governance"，Journal of Economic Perspectives，2005，19：163－180.

［176］宋小保，刘星．股东冲突对技术创新投资选择的影响分析．管理科学，2007，01：59－63.

［177］鲍家友．大股东控制、控制权私人收益与投资风险．经济研究导刊，2006，06：88－90.

［178］罗正英，李益娟，常昀．民营企业的股权结构对 R&D 投资行为的传导效应研究．中国软科学，2014，03：167－176.

［179］Baysinger，B. D.，R. D. Kosnik，T. A. Turk. Effects of board and ownership structure on corporate R & D strategy. The Academy of Manangment Journal，1991，1（34）：205－214.

［180］周杰，薛有志．公司内部治理机制对 R&D 投入的影响——基于总经理持股与董事会结构的实证研究．研究与发展管理，2008，03：1－9.

［181］Zahra, S. A. , D. O. Neubaum, M. Huse. Entrepreneurship in Mediumsize Companies: Exploring the Effects of Ownership and Governance Systems. Journal of Management, 2000, 5 (26): 947 −976.

［182］刘斌，岑露. 中国上市公司 R&D 费用的契约动因研究——来自沪深两市 2002 ~2003 年报的经验证据. 经济管理，2004，22：46 −51.

［183］刘伟，刘星. 高管持股对企业 R&D 支出的影响研究——来自2002 ~2004 年 A 股上市公司的经验证据. 科学学与科学技术管理，2007，10：172 −175.

［184］夏芸，唐清泉. 我国高科技企业的股权激励与研发支出分析. 证券市场导报，2008，10：29 −34.

［185］张宗益，张湄. 关于高新技术企业公司治理与 R&D 投资行为的实证研究. 科学学与科学技术管理，2007，05：23 −26.

［186］余志良，张平. 高层管理团队激励与企业自主创新的实证研究. 科技管理研究，2009，12：384 −386.

［187］李国勇，蒋文定，牛冬梅. CEO 特征与企业研发投入关系的实证研究. 统计与信息论坛，2012，01：77 −83.

［188］Guay W. R. , The Sensitivity of CEO Wealth to Equity Risk: An Analysis of the Magnitude and Determinants. Journal of Financial Economics, 1999, 53: 43 −71.

［189］Xue Y. , Make or Buy New Technology – A CEO Compensation Contract's Role in a Firm's Route to Innovation. Working Paper No. 4436 − 03, 2003, 8.

［190］Chen H. L. , Huang W. S. Employee Stock Ownership and Corporate R & D Expenditures. Asia Pacific Journal of Management, 2006, 23: 369 −384.

［191］Wu Jian-feng, Tu Rung-ting. CEO Stock Option Pay and R&D Spending: A Behavioral Agency Explanation. Journal of Business Research, 2007 (5).

［192］唐清泉，徐欣，曹媛. 股权激励、研发投入与企业可持续发展——来自中国上市公司的证据. 山西财经大学学报，2009，08：77 −84.

［193］冯根福，温军. 中国上市公司治理与企业技术创新关系的实证分析. 中国工业经济，2008，07：91 −101.

［194］夏芸. 管理者权力、股权激励与研发投资——基于中国上市公司的实证分析. 研究与发展管理，2014，04：12 −22.

[195] Defuseo, R., R. Johnson, and T. Zom, The effect of executive stock option Plans on Shareholders and bondholders, Journal of Finance XLV, 1990: 617 -627.

[196] Wiseman R. M., Gomez - Mejia L. R. A behavioral agency model of managerial risk taking. Acad Manage Rev, 1998 (23): 133 - 153.

[197] Qian, Yingyi. "Enterprise Reform in China: Agency Problems and Political Control," Economics of Transition, 1996, 4 (2): 422 -447.

[198] 杨其静. 企业成长: 政治关联还是能力建设?. 经济研究, 2011, 10: 54 -66.

[199] 逯东, 林高, 杨丹. 政府补助、研发支出与市场价值——来自创业板高新技术企业的经验证据. 投资研究, 2012, 09: 67 -81.

[200] 刘振. CEO 年薪报酬、研发投资强度与公司财务绩效. 科研管理, 2014, 12: 129 -136.

[201] 卢锐. 企业创新投资与高管薪酬业绩敏感性. 会计研究, 2014, 10: 36 -42.

[202] 李秉祥, 陈英, 李越. 管理防御、R&D 投入与公司治理机制关系研究. 科研管理, 2014, 07: 99 -106.

[203] 唐清泉, 甄丽明. 管理层风险偏爱、薪酬激励与企业 R&D 投入——基于我国上市公司的经验研究. 经济管理, 2009, 05: 56 -64.

[204] 王燕妮. 高管激励对研发投入的影响研究——基于我国制造业上市公司的实证检验. 科学学研究, 2011, 07: 1071 -1078.

[205] 李维安, 郝臣. 中国上市公司监事会治理评价实证研究. 上海财经大学学报, 2006, 03: 78 -84.

[206] 王世权. 监事会的本原性质、作用机理与中国上市公司治理创新. 管理评论, 2011, 04: 47 -53.

[207] Sun Q., H. S. Tong, China Share Issue Privatization: the Extent of its Success. Journal of Financial Economics, 2003, 70: 183 - 222.

[208] Volpin, P. E. Governance with Poor Investor Protection. Journal of Financial Economics, 2002, 64: 61 -90.

[209] 夏立军, 方轶强. 政府控制、治理环境与公司价值——来自中国证券市场的经验证据. 经济研究, 2005, 05: 40 -51.

[210] 张军, 金煜. 中国的金融深化和生产率关系的再检测: 1987 ~ 2001. 经济研究, 2005, 11: 34 -45.

[211] 张玮婷, 魏紫洁, 游士兵. 大股东特征、股权制衡与公司价

值——基于 EVA 的实证研究. 会计与经济研究，2015，04：86 – 100.

[212] 孙晓琳. 终极控股股东对上市公司投资影响的实证研究. 山西财经大学学报，2010，06：85 – 91.

[213] 邓翔，祝梓翔. 欧元区与美国之间的经济波动比较——基于开放RBC 模型的分析. 财经科学，2014，06：63 – 74.

[214] 何金耿. 股权控制、现金流量与公司投资. 经济管理，2001，22：59 – 64.

[215] 李延喜，杜瑞，高锐，李宁. 上市公司投资支出与融资约束敏感性研究. 管理科学，2007，01：82 – 88.

[216] 李香梅，袁玉娟，戴志敏. 控制权私有收益、公司治理与非效率投资研究. 华东经济管理，2015，03：139 – 143.

[217] 辛清泉，郑国坚，杨德明. 企业集团、政府控制与投资效率. 金融研究，2007，10：123 – 142.

[218] 魏明海，柳建华. 国企分红、治理因素与过度投资. 管理世界，2007，04：88 – 95.

[219] 王化成，佟岩. 控股股东与盈余质量——基于盈余反应系数的考察. 会计研究，2006，02：66 – 74.

[220] S. Friedrich, A. Gregory, J. Matatko, et al. Short-run Returns around the Trades of Corporate Insiders on the London Stock Exchange. European Financial Management, 2002 (8)：7 – 30.

[221] 张大勇. 基于全流通进程中小投资者保护视角的大股东隧道行为研究. 天津大学博士学位论文，2011.

[222] 朱茶芬，李志文，陈超. A 股市场上大股东减持的时机选择和市场反应研究. 浙江大学学报（人文社会科学版），2011，03：159 – 169.

[223] 周晓苏，张继袖，唐洋. 控股股东所有权、双向资金占用与盈余质量. 财经研究，2008，02：109 – 120.

[224] 姜国华，岳衡. 大股东占用上市公司资金与上市公司股票回报率关系的研究. 管理世界，2005，09：119 – 126.

[225] 游家兴，罗胜强. 政府行为、股权安排与公司治理的有效性——基于盈余质量视角的研究. 南开管理评论，2008，06：66 – 73.

[226] 杨忠海，周晓苏，冯明. 政府最终控制、控股股东行为与财务报告透明度——中国 A 股市场上市公司的经验证据. 中国会计学会财务成本分会. 中国会计学会财务成本分会 2011 年年会暨第二十四次理论研讨会论文集. 中国会计学会财务成本分会，2011：17.

[227] A. A. Berle, G. C. Means. The Modern Corporation and Private Property. Harcourt, Brace and World, Inc. , 1932.

[228] Alford R. R. , Friedland R. Powers of theory: Capitalism, the state, and democracy. Cambridge: Cambridge University Press, 1985.

[229] Thornton P. H. , Ocasio W. Institutional Logics and the historical contingency of power in organizations: Executive succession in the higher education publishing industry, 1985—1990. American Journal of Sociology, 1999, 105 (3): 801 – 843.

[230] 乔治·C·洛奇. 轮到美国改革了. 北京: 企业管理出版社, 1994, 1.

[231] Hart O. D. The market mechanism as an incentive scheme. The Bell Journal of Economics, 1983, 14 (2): 366 – 382.

[232] Schmidt K. M. Managerial incentives and product market competition. The Review of Economic Studies, 1997, 64 (2): 191 – 213.

[233] Aghion P. M. , Dewatripont, P. Rey. Competition, Financial Discipline and Growth. Review of Economic Studies, 1999 (66): 825 – 852.

[234] Raith. Competition, Risk, and Managerial Incentives. American Economic Review, 2003 (76).

[235] Scharfstein D. Product – Market Competition and Managerial Slack. RAND Journal of Economics, 1988 (19): 147 – 155.

[236] Karuna C. The Effect of Industry Product Market Competition on Managerial Incentives and Pay. Working Paper, University of California, 2005.

[237] Guadalupe M. , F. Perez – Gonzalez. The impact of product market competition on private benefit of control. Working Paper, Columbia University, 2005.

[238] 陈明贺. 股权分置改革及股权结构对公司绩效影响的实证研究——基于面板数据的分析. 南方经济, 2007, 02: 57 – 66.

[239] 廖理, 沈红波, 郦金梁. 股权分置改革与上市公司治理的实证研究. 中国工业经济, 2008, 05: 99 – 108.

[240] 丁守海. 股权分置改革效应的实证分析. 经济理论与经济管理, 2007, 01: 54 – 59.

[241] Alchian, Armen. "Some Economics of Property Rights." Politico, 1965, 30 (4): 816 – 829.

[242] Nellis, John. "Is Privatization Necessary?" World Bank Viewpoint,

1994，7：1－4.

［243］Shleifer A.，Vishny R. W. Politicians and firms. The Quarterly Journal of Economics，1994，109（4）：995－1025.

［244］安德鲁·施莱弗，罗伯特·维什尼. 掠夺之手. 北京：中信出版社，2004，8.

［245］余明桂，夏新平. 控股股东、代理问题与关联交易：对中国上市公司的实证研究. 南开管理评论，2004，06：33－38＋61.

［246］唐宗明，蒋位. 中国上市公司大股东侵害度实证分析. 经济研究，2002，04：44－50.

［247］陈通，张国兴，谢国辉. 委托代理框架中道德风险的临界行为. 天津大学学报，2002（2）：203－206.

［248］Rafael，La Porta，Florencio Lopez-de－Silance，Andrei Shleifer，Robert Vishny. Investor Protection and corporate governance. Journal of Financial Economics，2000，58（1，2）：3－27.

［249］Mara，Faccio，Larry H. P. Lang，Leslie Young. Dividends and Expropriation. The Economic Review，2001，91（1）：54－78.

［250］郑志刚. 投资者之间的利益冲突和公司治理机制的整合. 经济研究，2004，02：115－125.

［251］吴育辉，吴世农. 股权集中、大股东掏空与管理层自利行为. 管理科学学报，2011，08：34－44.

［252］叶会，李善民. 大股东地位、产权属性与控制权利益获取——基于大宗股权交易视角的分析. 财经研究，2011，09：134－144.

［253］贺建刚，孙铮，李增泉. 难以抑制的控股股东行为：理论解释与案例分析. 会计研究，2010，03：20－27.

［254］Black，Bernard S.，John C. Coffee，Jr. Hail Britannia：Institutional Investor Behavior under Limited Regulation. Michigan Law Review，1994：92.

［255］施东晖，司徒大年. 值得企业家关注的公司治理评价体系. 国际经济评论，2003，03：53－56.

［256］武立东. 上市公司控股股东行为效应评价与指数分析. 管理科学，2006，05：83－91.

［257］南开大学公司治理研究中心公司治理评价课题组李维安. 中国上市公司治理指数与公司绩效的实证分析——基于中国1149家上市公司的研究. 管理世界，2006，03：104－113.

［258］吴淑琨，李有根. 中国上市公司治理评价体系研究. 中国软科学，

2003，05：65 - 69.

[259] 彭成武. 中国公司治理评价体系. 新疆财经，2003，04：14 - 19.

[260] 徐伟，武立东. 基于中小股东权益保护的股东行为评价研究. 华侨大学学报（哲学社会科学版），2005，02：15 - 22.

[261] 谢永珍，赵琳，王维祝. 治理行为、治理绩效：内涵、传导机理与测量. 山东大学学报（哲学社会科学版），2013，06：80 - 94.

[262] Ensen，M. and J. Warner. The Distribution of Power among Corporate Managers，Shareholders and Dierctors. Journal of Financial Economics，1988.

[263] Steven Kaplan，Bernadette Minton. "Outside" Intervention in Japanese Companies：Its Determinants and Implications for Mangers. NBER Working Papers，1994：4276.

[264] Kang，Jun - Koo，and Anil Shivdasani. Firm Performance，Corporate Governance，and Top Executive Turnover in Japan. Journal of Financial Economics，1995（38）.

[265] Wahal，Sunil. Pension fund activism and firm performance. Journal of Financial and Quantitative Analysis，1996，31：1 - 23.

[266] Hermalin B. E. The Effects of Competition on Executive Behavior. The RAND Journal of Economies，1992，23（3）：350 - 365.

[267] RenÉe B. Adams，Benjamin E. Hermalin，Michael S. Weisbach. The Role of Boards of Directors in Corporate Governance：A Conceptual Framework and Survey. Journal of Economic Literature，2010，48（1）：58 - 107.

[268] 郑志刚，许荣. 公司治理与经理人的进取行为——基于我国 A 股上市公司的实证研究. 金融评论，2013（1）：49 - 63.

[269] Hall B. J.，Murphy K. J. Optimal Exercise Prices for Executive Stock Options. National Bureau of Economic Research，2000.

[270] Finkelstein S. Power in top management teams：Dimensions，measurement and validation. Academy of Management Journal，1992，35：505 - 538.

[271] Chang E. C.，Wong S. M. L. Political Control and Performance in China's Listed Firms. Journal of Comparative Economics，2004，32：617 - 636.

[272] 李维安，王世权. 利益相关者治理理论研究脉络及其进展探析. 外国经济与管理，2007，29（4）：10 - 14.

[273] 曹廷求，刘呼声. 大股东治理与公司治理效率. 改革，2003，01：33 - 37.

[274] 曹廷求. 大股东治理机制与公司绩效：来自中国上市公司的调查证

据. 山东社会科学, 2005, 01: 59 - 64.

[275] 张光荣, 曾勇. 大股东的支撑行为与隧道行为——基于托普软件的案例研究. 管理世界, 2006, 08: 126 - 135.

[276] 钟海燕, 冉茂盛, 文守逊. 政府干预、内部人控制与公司投资. 管理世界, 2010 (7): 98 - 108.

[277] 王维钢. 公司控制权配置及各股东利益均衡机制的研究. 南开大学博士学位论文, 2010.

[278] 武立东, 张云, 何力武. 民营上市公司集团治理与终极控制人侵占效应分析. 南开管理评论, 2007 (4): 58 - 66.

[279] S. Friedrich, A. Gregory, J. Matatko, et al. Short-run Returns around the Trades of Corporate Insiders on the London Stock Exchange. European Financial Management, 2002 (8): 7 - 30.

[280] 俞红海, 徐龙炳. 终极控股股东控制权与全流通背景下的大股东减持. 财经研究, 2010, 01: 123 - 133.

[281] 孙铮, 刘凤委, 李增泉. 市场化程度、政府干预与企业债务期限结构——来自我国上市公司的经验证据. 经济研究, 2005, 05: 52 - 63.

[282] 朱茶芬, 李志文. 政府干预和会计盈余质量的关系研究——来自A股上市公司的经验证据. 商业经济与管理, 2009, 06: 82 - 89.

[283] Reese, W., Weisbach, M. Protection of minority shareholder interests, cross listings in the United States, and subsequent equity offerings. Journal of Financial Economics, 2002 (66).

[284] 吕长江, 肖成民. 最终控制人利益侵占的条件分析——对 LLSV 模型的扩展. 会计研究, 2007, 10: 82 - 86.

[285] 黄志忠, 周炜, 谢文丽. 大股东减持股份的动因: 理论和证据. 经济评论, 2009, 06: 67 - 73 + 120.

[286] McConnell J., Servaes, H. Additional Evidence on Equity Ownership and Corporate Value. Journal of Financial Economics, 1990, 27: 595 - 612.

[287] 白重恩, 刘俏, 陆洲, 宋敏, 张俊喜. 中国上市公司治理结构的实证研究. 经济研究, 2005 (2): 81 - 91.

[288] 冯素玲. 上市公司违规处罚信息市场反应研究. 济南: 山东人民出版社, 2014, 10: 49.

[289] La Porta, R., F. Lopez-de - Silanes, A. Shleifer, R. W. Vishny. Investor Protection and Corporate Valuation. Journal of Finance, 2002, 57 (3): 1147 - 1170.

［290］刘建民，郑国洪，刘星．关联交易研究述评．统计与决策，2010（11）：146－149.

［291］佟岩，王化成．关联交易、控制权收益与盈余质量．会计研究，2007，04：75－82.

［292］谢玲芳，朱晓明．董事会控制、侵占效应与民营上市公司的价值．上海经济研究，2005，01：63－69.

［293］唐建新，李永华，卢剑龙．股权结构、董事会特征与大股东掏空——来自民营上市公司的经验证据．经济评论，2013，01：86－95.

［294］高闯，关鑫．社会资本、网络连带与上市公司终极股东控制权——基于社会资本理论的一个分析框架．中国企业管理研究会、中国社会科学院管理科学研究中心．中国企业改革发展三十年．中国企业管理研究会、中国社会科学院管理科学研究中心，2008：13.

［295］关鑫，高闯，吴维库．终极股东的社会资本控制链真的存在吗——来自中国 60 家上市公司的证据．中国管理现代化研究会．第五届（2010）中国管理学年会——公司治理分会场论文集．中国管理现代化研究会，2010：8.

［296］张功富．政府干预、政治关联与企业非效率投资——基于中国上市公司面板数据的实证研究．财经理论与实践，2011，03：24－30.

［297］Nalebuff，B.，Stiglitz，J. Information，Competition，and Markets. American Economic Review，Papers and Proceedings，1983，73：278－283.

［298］Hermalin，B. The effects of competition executive behavior. Ran Journal of Economics，1992，23：350－365.

［299］谭云清，朱荣林．产品市场竞争、代理成本及代理效率：一个经验分析．上海管理科学，2007，29（4）：76－78.

［300］Dow，Mc Guire. Propping and tunneling：Empirical evidence from Japanese keiretsu. Journal of Banking & Finance，2009（33）：1817－1828.

［301］Mitton，T. Across-firm analysis of the impact of corporate governance on the East Asian financial crisis. Journal of Financial Economics，2002（64）：215－241.

［302］Bae，G. S.，Young soon S. Cheon & Jun－Koo Kang. Intra Group propping：evidence from the stock-price effects of earnings announcements by korean business groups. The Review of Financial Studies，2008，21（5）：2015－2060.

［303］贺勇，李世辉，关键．外部环境、内部制度与控股股东支持行为．财经理论与实践，2010，06：49－54.

［304］孙岩．政府控制国有上市公司影响因素及经济后果研究．西南财经大学博士学位论文，2012.

［305］唐清泉，罗党论．政府补贴动机及其效果的实证研究——来自中国上市公司的经验证据．金融研究，2007，06：149－163.

［306］郑国坚，魏明海．公共治理、公司治理与大股东的内部市场——基于我国上市公司的实证研究．中大管理研究，2007，02：1－21.

［307］Riyanto, E., Toolsema, A. Tunneling and propping: a justification for pyramidal ownership. Working Paper, National University of Singapore, 2003.

［308］魏明海，黄琼宇，程敏英．家族企业关联大股东的治理角色——基于关联交易的视角．管理世界，2013，03：133－147.

［309］王新霞，温军，赵玮．股东权力关联、薪酬激励与企业绩效——以政府控股公司为例．山西财经大学学报，2014，12：70－82.

［310］王文成，王诗卉．中国国有企业社会责任与企业绩效相关性研究．中国软科学，2014，08：131－137.

［311］张红军．中国上市公司股权结构与公司绩效的理论及实证分析．经济科学，2000，04：34－44.

［312］徐向艺，房林林．企业生命周期、股权结构与企业价值——来自制造业上市公司的实证检验．东岳论丛，2015，03：170－178.

［313］曹裕，陈晓红，万光羽．控制权、现金流权与公司价值——基于企业生命周期的视角．中国管理科学，2010，03：185－192.

［314］李姝楠．我国公司股权集中度与公司绩效关系的研究．中南财经政法大学研究生学报，2009，04：19－23.

［315］李勇，李鹏．转型经济中公司资本结构对企业价值有影响吗？——基于中国上市公司面板数据的实证分析．经济经纬，2013，02：105－110.

［316］顾军．上市企业股权特征与企业价值的定性研究．中国外资，2012，22：169＋171.

［317］李彬．管理层权利、过度投资与公司价值——基于集权与分权理论的分析．财经论丛，2013，06：75－82.

［318］刘国亮，王加胜．上市公司股权结构、激励制度及绩效的实证研究．经济理论与经济管理，2000，05：40－45.

［319］郑志刚，许荣，徐向江，赵锡军．公司章程条款的设立、法律对投资者权力保护和公司治理——基于我国 A 股上市公司的证据．管理世界，2011，07：141－153.

［320］侯剑平，李运鑫．高管激励与企业绩效内生性关系研究．西安工业

大学学报，2015，03：235－242.

［321］Coffee J. Liquidity versus control, the institutional investor as corporate monitor. Columbia Law Review, 1991, 91.

［322］Chung R., Firth M., Kim J. B. Institutional monitoring and opportunistic earnings management. Journal of Corporate Finance, 2002, 8 (1): 29－48.

［323］Black, Bernard S., John C. Coffee, Jr. Hail Britannia: Institutional Investor Behavior under Limited Regulation. Michigan Law Review, 1994: 92.

［324］李向前. 机构投资者、公司治理与资本市场稳定研究. 南开经济研究，2002，02：69－73.

［325］潘爱玲，潘清. 机构投资者持股对公司业绩的影响分析——基于2009～2011年沪深上市公司的实证检验. 亚太经济，2013，03：101－104.

［326］刘建徽，陈习定，张芳芳，谢家智. 机构投资者、波动性和股票收益——基于沪深 A 股股票市场的实证研究. 宏观经济研究，2013，01：45－56.

［327］闻岳春，马志鹏. 机构投资者对创业板公司治理及价值表现之影响研究. 证券市场导报，2012，10：35－39.

［328］Aghion P., P. Howitt. A Schumpeterian Perspective on Growth and Competition. Cambridge: Cambridge University Press, 1997.

［329］Cunat V., Guadalupe M. Executive Compensation and Competition in the Banking and Financial Sectors. IZA Discussion Papers, Institute for the Study of Labor, 2004.

［330］张欣哲. 制度演进、市场竞争对公司价值的影响——来自中国原生民营上市公司的经验证据. 山西财经大学学报，2011，03：72－79.

［331］林钟高，魏立江，王海生. 投资者法律保护、产品市场竞争与公司价值. 审计与经济研究，2012，05：57－67.

［332］Blundell R., R. Griffith, J. V. Reenen. Market Share, Market Value and Innovation in a Panel of British Manufacturing Firms. The Review of Economic Studies, 1999, 66 (3): 529－554.

［333］邓建平，曾勇. 政治关联能改善民营企业的经营绩效吗. 中国工业经济，2009，02：98－108.

［334］肖浩. 政府干预、政治关联与公司价值研究. 华中科技大学博士学位论文，2011.

［335］陈信元，黄俊. 政府干预、多元化经营与公司业绩. 管理世界，2007，01：92－97.

［336］ Attig, N., Guedhami, O., Mishra D. Multiple Large Shareholders Control Contests and Implied Cost of Equity. Journal of Corporate Finance, 2008 (14): 721 –737.

［337］ Giaccotto C., White R. Capital structure, executive compensation and investment efficiency. Journal of Banking & Finance, 2013, 37 (2): 549 –562.

［338］ Eisdorfer A., Giaccotto C., White R. Capital structure, executive compensation and investment efficiency. Journal of Banking & Finance, 2013, 37 (2): 549 –562.

［339］ Ferreira, M., Matos, P. The Colors of Investors' Money: The Role of Institutional Investors around the World. Journal of Financial Economics, 2009, 88 (3): 499 –533.

［340］ Titman, S. K., Wei, C. J., Xie, F. Capital Investments and Stock Returns. Journal of Financial and Quantitative Analysis, 2004, 39 (7): 677 –700.

［341］ 刘志远，花贵如. 政府控制、机构投资者持股与投资者权益保护. 财经研究, 2009, 04: 119 –130.

［342］ Holmstrom, B. Moral Hazard in Teams. Bell Journal of Economics, 1982, 13: 324 –340.

［343］ 张祥建，郭岚，李远勤. 部分民营化与企业绩效：基于国有企业民营化发行的研究. 上海市社会科学界联合会. 中国经济 60 年道路、模式与发展：上海市社会科学界第七届学术年会文集（2009 年度）经济、管理学科卷. 上海市社会科学界联合会, 2009: 21.

［344］ 周黎安. 中国地方官员的晋升锦标赛模式研究. 经济研究, 2007, 07: 36 –50.

［345］ 吕峻. 政府干预和治理结构对公司过度投资的影响. 财经问题研究, 2012 (1).

［346］ 赵静，郝颖. 政府干预、产权特征与企业投资效率. 科研管理, 2014, 05: 84 –92.

［347］ 张华，张俊喜，宋敏. 所有权和控制权分离对企业价值的影响——我国民营上市企业的实证研究. 经济学（季刊）, 2004, S1: 1 –14.

［348］ 文芳. 股权集中度、股权制衡与公司 R&D 投资——来自中国上市公司的经验证据. 南方经济, 2008, 04: 11, 41 –52.

［349］ 王斌，解维敏，曾楚宏. 机构持股、公司治理与上市公司 R&D 投入——来自中国上市公司的经验证据. 科技进步与对策, 2011, 06: 78 –82.

［350］ Arrow, K. Economic Welfare and the Allocation of Resources for

Invention. Princeton, NJ: Princeton University Press, 1962: 609 – 625.

[351] 马静玉. 对在技术创新与市场结构关系上几个问题的再明晰. 技术经济, 1996, 12: 19 – 20.

[352] 刘黎清. 市场结构与企业技术创新. 科学管理研究, 2001, 03: 10 – 12.

[353] 张保柱. 政府干预下的中国国有企业改制和企业行为实证研究. 华中科技大学博士学位论文, 2009.

后　记

在本书即将付梓之际，心情非常复杂，充满无比感激和欣喜。感谢国家社科基金结项评审的各位匿名专家，对本书不足之处提出的宝贵建议，感谢5年来项目研究团队朋友们对我的支持和帮助。

回顾课题研究与专著创作过程，很多事情历历在目，似乎发生在昨天。从2003年参加"南开公司治理指数"编制和"中国公司治理评价研究"等课题。开始进入了公司治理股东及股东大会问题研究领域。《控制性股东治理风险与预警研究》博士论文的撰写和日本东北大学的访学期间的研究经历，使我对中国上市公司股东治理及风险有了更加系统的认知，并对国有企业股东的社会责任进行了深入反思。2011年，申报并获批了《国有控股公司控股方行为模式及其治理绩效实证研究》的国家社科基金项目，至此进入国有企业公司治理研究领域。历经5年的课题研究，使本人对中国国有企业公司治理现实问题有了进一步的系统思考，也对中国国有企业制度改革变迁和不断出现的新现象、新问题有了更加深入的认识。因此，本书凝聚了本人十几年来对股东治理行为研究的思考和总结。

非常庆幸能够师从李维安教授，加入南开大学公司治理研究团队。李老师的为师之道、为人之道、为事之道和为学之道都是同样作为大学教师的本人一辈子都学不完的。同时，李老师对公司治理本源的把握和对公司治理发展前瞻性的认识更是让本人受益匪浅。也非常感谢南开大学武立东教授、李建标教授、袁庆红教授以及山东大学谢永珍教授、曹廷求教授、武汉大学严若森教授等，他们都是本人进入公司治理领域的良师益友，在课题研究和专著撰写期间从研究框架到研究内容的确定，都得到了他们热情的指点和帮助。感谢南开大学牛津波副教授和张耀伟副教授对课题研究数据获得给予的支持和帮助。

感谢本人的工作单位——济南大学管理学院的领导、同事和朋友们，感谢他们对本人工作的支持、理解和帮助。尤其感谢周勇、徐向真、陈振凤、张大勇、冯群、周彦丽、宋磊、徐静等老师对本书构架及内容方面提出的宝贵意见和相应的帮助。感谢济南大学图书馆刘金生馆长及他的团队在本人课题研究和专著创作过程中给予的帮助和支持。

感谢本人的研究生们对本书形成给予的帮助和支持。赵晓芳、姜玺玺在跟随本人做课题时，她们的见解和成果给了本人很大的启迪，尤其是姜玺玺带领师弟、师妹们做了大量数据收集工作；感谢高卫、王亚洁、周文梅为资料收集、数据整理以及部分章节的撰写所做出的努力，他们的成果对本书的形成做了很好的支撑。感谢张瑞、张荣荣在本书形成之际，所付出的辛苦整理和编辑工作。

本书虽然对国有控股公司控股方行为模式进行了系统实证分析，并针对市场价值、创新投入以及投资非效率三方面的治理效率，探讨了国有控股公司控股方的有效治理模式。但是，面对不断变化的经济环境、政治环境以及国有企业不断深化改革的现实，很多问题背后的深层次原因未能参透，只是从冰山的一角诠释了某些问题和现象背后的机理。因此，衷心希望在下一个国家社科基金重点课题《国有企业分类治理及其创新驱动》研究中，通过深入的田野调查和质性研究能够对国有企业公司治理问题有更深层次的参悟，对国有企业分类治理改革有所贡献。

徐伟

2016 年 2 月